ウィーン 多民族文化のフーガ

W i e n

饗庭孝男・伊藤哲夫・加藤雅彦・小宮正安・西原 稔・檜山哲彦・平田達治 著

大修館書店

まえがき

ウィーン・フィルのニューイヤー・コンサートは毎年テレビを通して世界中に中継放送され、今や洋の東西を問わずファンにとっては正月に欠かせないイベントのひとつとなった観がある。ウィーンの空気を吸って音楽を身につけた者にしか演奏できないといわれる独特の魅力にあふれたワルツのリズムの背後には、かつてのハプスブルク帝国各地における多民族の文化の息吹が息づいている。作曲家も演奏者もウィーン以外の土地からやってきた人が少なくないのだが、彼らの音楽を育み活気づかせたのはウィーンの空気だったのである。ことは音楽に限らない。建築においても、文学・哲学においても、頑固なまでに保守的な空気が支配する帝都を舞台に、それに反抗するかのように時代を切り拓く新たな潮流が萌え出てきた。さらに、医学、心理学、経済学、法学などの分野においても、二〇世紀をリードしたパイオニア的な学の源流がウィーンに見出されるが、その多くを担ったのもウィーンの外に出自をもつ人々であり、なかでも特筆されるのがユダヤ人の活躍であった。

ウィーンは古来ヨーロッパにおける東西南北を結ぶ交通の要衝に位置し、ローマ帝国の北辺の前線基地としてローマとゲルマンの接点となったことから始まり、近世にはオスマン・トルコと西欧キリスト教世界が対峙したときの最前線となり、冷戦時代には東西両陣営の接点ともなった。そこでは、ゲルマン、スラヴ、イタリア、ハンガリー、トルコなどの文化が、食生活など日常的なレベルでもまじりあい、さらに宮廷を通してブルグントやスペイン、フランスの文化も流れ込んだ。異文化がせめぎあう中にあって、それらが共存し融合するための舞台という役どころが、まるでこの都市の遺伝子のようになってしまっているかのようにすら見える。本書は、こうした多彩な要素がからみあった文化が生み出されたウィーンの文化土壌がいかなるものであり、そこで都市の遺伝子がどのように発現したのかを、「多民族文化」をキーワードに、分野を異にする七人の執筆者の視点から探ったものである。

「1 多民族文化の都」では、クーデンホーフ=カレルギー伯の欧州統合思想の原点は、この多民族文化の都にあったのではないかという今日的な問題意識から出発し、ことに多民族にスポットをあててその歴史をたどる。帝国の十を超える主要民族の出身者が、それぞれいかにしてウィーンに移り住み、融け込み、共生の道を探りつつ多民族文化都市を形成していったか。データや具体的な事実をあげながら検証を行っている。そしてこの多民族文化都市を可能にしたのは、第一に、ハプスブルク家が「日没なき世界帝国」以来育んだ、ウィーンの多文化的風土とそれを支えた歴代帝王の芸術・文化への傾倒。第二に、欧州列強が覇権を争った「ドナウ帝国」時代にあっても、多民族の言語、文化的個性や伝統への配慮を怠らなかった同家独特の超民族的な統治理念であったとしている。

「2 ウィーンの都市空間と建築」では、文化を育む場としての都市がどのように形成されたのかを、古代ローマ期から都市構造の変遷をたどり、そこに建てられた個々の建築の意味を読み解くことを通して浮かび上がらせた。ウィーンにはさまざまな時代や様式の建築が立ち並び、建築の博物館のような様相も呈しているが、物言わぬ石の建築の背後には波乱の歴史の記憶が躍動していることが見えてこよう。この章は、都市構造と建築の変遷を手掛かりにしたウィーン小史のような内容にもなっており、本書全体を理解するための背景説明の役割も果たしている。

「3 ウィーン・バロック」では、現代につながるウィーンの都市景観と文化形成の出発点となったバロックに焦点をあてる。イタリアで発生したバロックの流れが、ウィーンにおいて反宗教改革の動きとも連動して独自の定着を見せたプロセスの中に、ウィーンにおける文化形成の特質を読みとる。また、この時代に猛威をふるったペストへの怖れとウィーン的変容を遂げたバロックが結びついて、ウィーン独特の死生観が形作られたさまも考察する。

「4「音楽の都」ウィーンの秘密」では、ウィーンが「音楽の都」と呼ばれるようになったゆえんを解明することを通して、ハプスブルク宮廷が文化形成に果たした求心力や、市民社会の中で音楽が果たした社会的役割、そして多民族都市ゆえの音楽事情から垣間見える民族問題などに考察を及ぼす。音楽においても、ウィーンの外に出自をもつ人々の活躍はめざましく、十五世紀末に設立された宮廷楽団の発展にはイタリア人音楽家の力があずかっていたし、ワルツでウィーンを席巻したヨハン・シュトラウス父子、ウィーン・フィルの改革者マーラー、音楽評論を確立したハンスリックらはユダヤの血をひいていた。こうした多民族のエネルギーが厳しい聞き手である市民の力と相まってウィーンの音楽風土を活気づけ、そのレベルを引き上げたのである。

「5　劇場都市ウィーンとオペラの世界」では、音楽文化の頂点をなすオペラを題材に、劇場都市ウィーンにおいて市民生活と劇場と舞台がどのように融合してひとつの文化を形成したかを考察する。イタリア生まれで、宮廷の催事に欠かせないスペクタクルとして導入されたオペラが、時代が下るにつれて市民の娯楽として根づいていく過程で、様々な地域の音楽的・演劇的要素が融合した。ウィーンのオペラ文化はモーツァルトの《魔笛》によってひとつの頂点が極められた後、シュトラウスらのオペレッタにその流れが受け継がれた。

「6　学際都市ウィーン」では、十九世紀末に世界史上でもまれな豊穣な開花を見たウィーン世紀末文化を取り上げ、時代と格闘したパイオニアたちの営為を通してそれを支えた知的基盤を探る。世紀末文化のひとつの特徴は、既成の言葉では表現しえない未知の世界に分け入った探究者が、それを表す言葉を求めたことにあったといえよう。フロイトの精神分析は無意識の世界に科学のメスを入れようとした画期的な試みであり、文学の形でそれを実体化したのがシュニッツラーであった。別の言い方をするならば、根強い伝統とそれを守ろうとする虚飾に覆われた宮廷都市ウィーンであったればこそ、それをはぎ取って本質に迫ろうとする精神も強く働いたのかもしれない。哲学におけるヴィトゲンシュタイン、音楽におけるマーラー、そして当時世界の最先端を極めていたウィーン医学の研究者たちにも同様の精神がうかがわれる。そして、それを支えた人々の多くが「一つの見方にとらわれない」ユダヤのディアスポラ的知性の持ち主であったことも特筆される。

「7 文化メトロポーレ・ウィーンの光と影」では、シュニッツラーの『輪舞』を読み解くことによって、十九世紀末の階層社会ウィーンに巣くう市民の深層心理に迫り、その背景をなす都市構造も解明する。まず前提として、ウィーンが円形構造をなす都市として歴史的な発展を遂げ、そこに円環状に強固な階層社会の反映が見られるという特色を持っていることが明らかにされる。『輪舞』には、そうした円形都市の各所にしみついたトポス的意味が巧みに取り込まれ、その背景のもとに強固な階層社会ゆえの矛盾や、表向きの厳格な性モラルの裏で繰り広げられる放縦が、登場人物の鮮やかな心理描写とともに描き出される。そして、性や芸術にこそ、そうした矛盾や虚飾を乗り越える力が秘められていることが暗示される。都市と文学とのダイナミズムを考えるヒントにも満ちた興味尽きない作品といえよう。

もとより本書をもってしては、多彩な要素が長い歴史を経て積み重なり重層的な展開をみせたウィーン文化のすべてを捉えることなどできないが、この街で形成された文化の意味を探る醍醐味は、読者の皆様にお伝えできたのではないかと思う。本書では二〇世紀初頭ぐらいまでの時代を取り上げたが、多文化性が生きる都市というウィーンの遺伝子は今も息づいており、二〇〇二年に小澤征爾氏がウィーン国立歌劇場音楽監督に抜擢されたことを見ても、それは実感されよう。現在のEUにみられるヨーロッパ統合の動きの理念的源流をなしたとされるクーデンホーフ＝カレルギーが、その思想をウィーンで培ったのもゆえなきことではあるまい。近年、日本でもグローバル化の流れの中で、身近に異文化に接する機会が増え、多文化状況にどう対処するかという課題に向き合わざるを得なくなっている。ウィーンにおける文化形成を探ることで、そのための示唆を得ることもできよう。

各々の論考が奏でるメロディーがフーガのように重なり合い、ポリフォニーとなって読者の知的興味を刺激するような響きを発することができるならば、著者一同にとってそれにまさる喜びはない。

二〇一〇年二月

著者一同

ウィーン　多民族文化のフーガ

目次

まえがき……iii
オーストリア=ハンガリー帝国地図……xiv
1910年頃のウィーン主要部地図……xvi

I 多民族文化の都（加藤雅彦）……3

一 混血都市ウィーン……3
二 ウィーン宮廷へ豊穣の西欧文化……6
三 ドナウ多民族帝都……16
四 世紀末文化の多民族性……37

2 ウィーンの都市空間と建築（伊藤哲夫）……43

一 古代ローマ期――ゲルマンに対する防衛拠点……43
二 ロマネスク期――ヨーロッパ交易の十字路として発展……48

三 ゴティク期──帝国の宮廷都市へ……53
四 ルネサンス期──トルコとの戦いと宮廷の整備……59
五 バロック期──繁栄する多民族の帝都……66
六 新古典主義・ビーダーマイヤー期──勃興する市民が支えた都市文化……83
七 近代都市形成期──世紀末文化が花開いたメトロポリス……93

3 ウィーン・バロック
──その形態と思考（饗庭孝男）……127
一 感性の祝宴としてのバロック……127
二 ウィーン・バロックの呼び水──反宗教改革と対トルコ戦の勝利……133
三 ウィーン・バロック建築探訪……135
四 バロック期に培われたウィーン人の死生観……144
五 イタリア人芸術家に先導され、独自の定着をみたウィーン・バロック……146

4 「音楽の都」ウィーンの秘密
──宮廷と「多民族」音楽都市（小宮正安）……155
一 ウィーン・フィルの「調和」……155
二 帝国の音楽……161

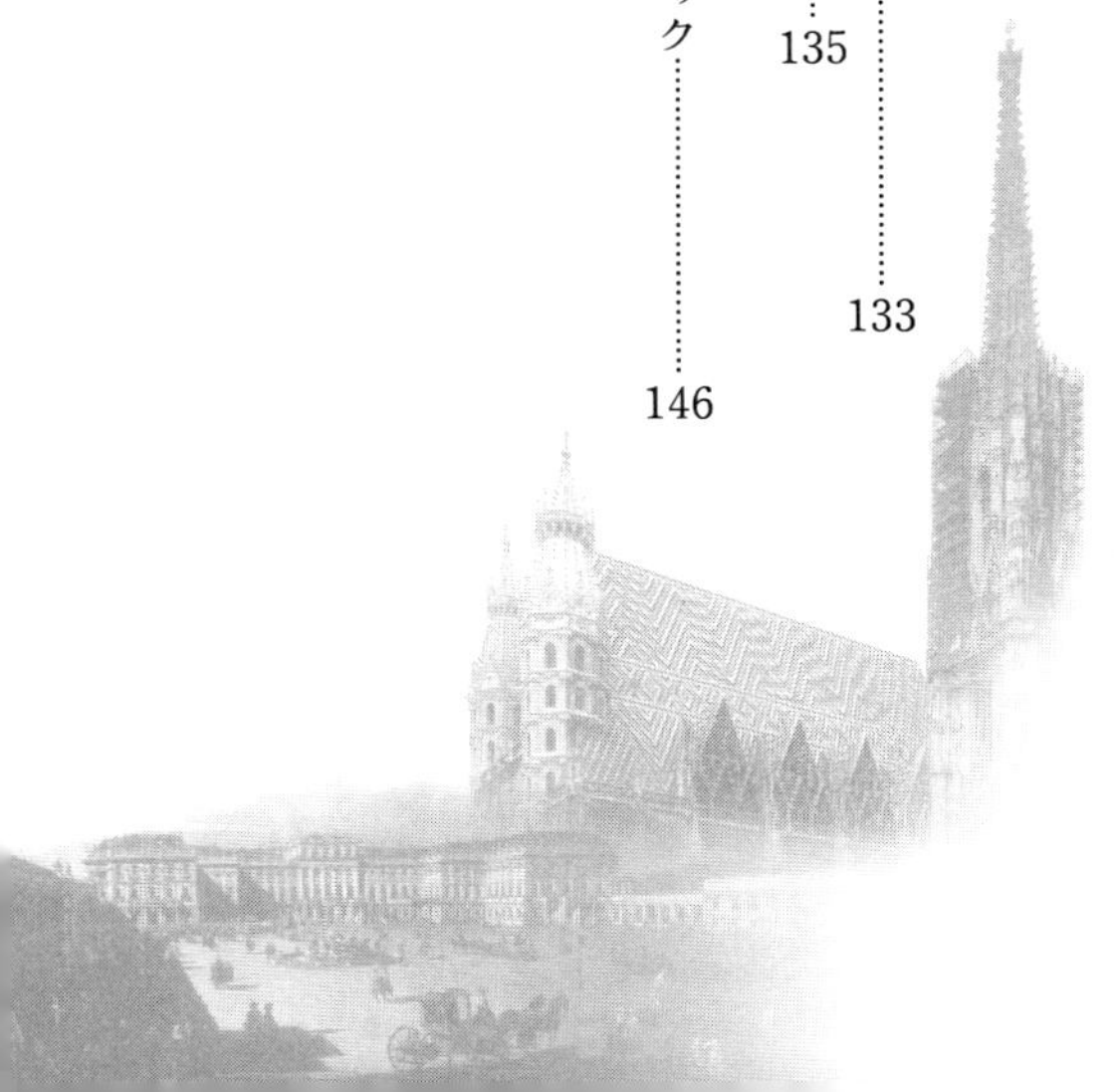

三「宮廷音楽家」列伝……168
四 壁の中の音楽……174
五「音楽都市」のトポロジー……182
六 ドイツ音楽の中心として……188

5 劇場都市ウィーンとオペラの世界
——ジングシュピール文化の形成を中心に（西原 稔）……199
一 オペラという理想……200
二 ウィーンのオペラ様式の成立……206
三 モーツァルトとオペラ……229

6 学際都市ウィーン（檜山哲彦）……239
一 新たな時代の風……239
二 閉塞する伝統に挑む……251
三 強靭な自己観察が切り拓く新たな時代……261

7 文化メトロポーレ・ウィーンの光と影
——シュニッツラーの作品に映し出された十九世紀末ウィーン（平田達治）……273
一 城塞都市から文化メトロポーレへ……273
二 世紀末の円形都市ウィーンを舞台にした『輪舞』……296

あとがき……341
写真・図版出典一覧……347
著者紹介……348

◎装丁＋本文基本デザイン……中村友和（ROVARIS）

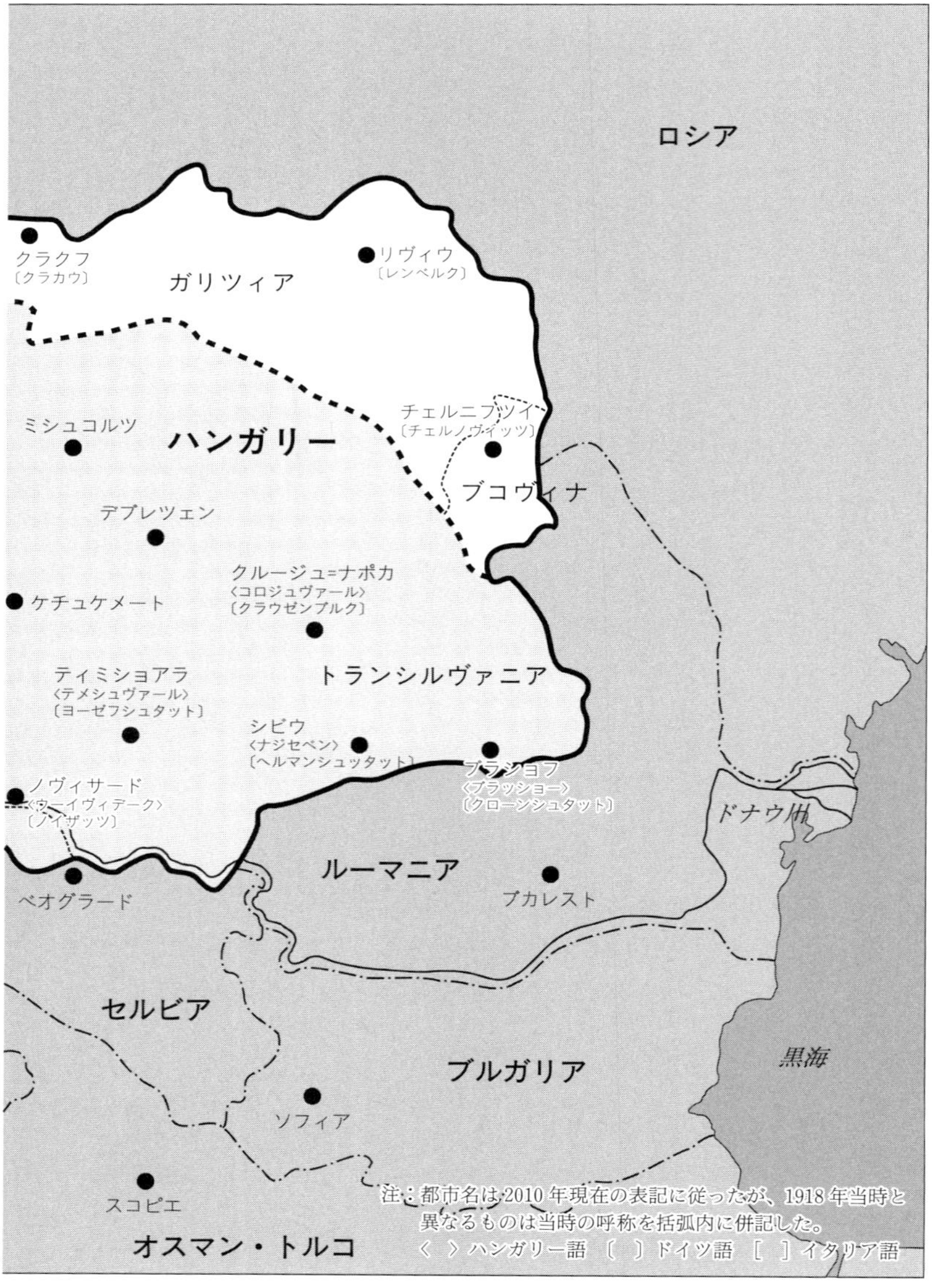
ロシア
クラクフ
〔クラカウ〕
リヴィウ
〔レンベルク〕
ガリツィア
チェルニフツイ
〔チェルノヴィッツ〕
ミシュコルツ
ハンガリー
ブコヴィナ
デブレツェン
クルージュ=ナポカ
〈コロジュヴァール〉
〔クラウゼンブルク〕
ケチュケメート
ティミショアラ
〈テメシュヴァール〉
〔ヨーゼフシュタット〕
トランシルヴァニア
シビウ
〈ナジセベン〉
〔ヘルマンシュッタット〕
ブラショフ
〈ブラッショー〉
〔クローンシュタット〕
ノヴィサード
〈ウーイヴィデーク〉
〔ノイザッツ〕
ドナウ川
ルーマニア
ブカレスト
ベオグラード
セルビア
黒海
ブルガリア
ソフィア
スコピエ
オスマン・トルコ
注：都市名は2010年現在の表記に従ったが、1918年当時と異なるものは当時の呼称を括弧内に併記した。
〈 〉ハンガリー語 〔 〕ドイツ語 [ ] イタリア語

オーストリア=ハンガリー帝国 [国境線は 1918 年]

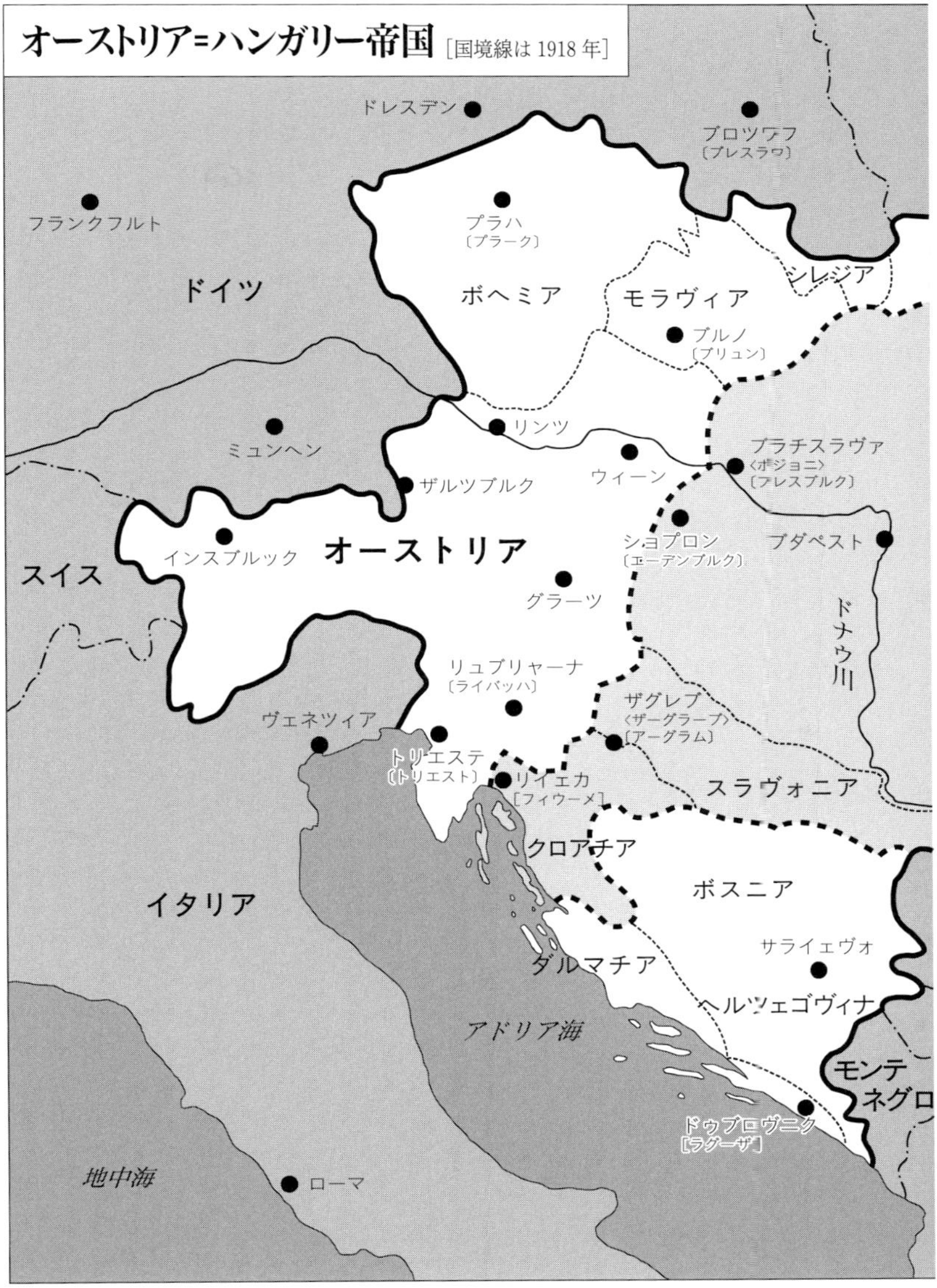
ドレスデン
ブロツワフ
〔ブレスラウ〕
フランクフルト
プラハ
〔プラーク〕
ドイツ
ボヘミア
モラヴィア
シレジア
ブルノ
〔ブリュン〕
ミュンヘン
リンツ
ウィーン
ブラチスラヴァ
〈ポジョニ〉
〔プレスブルク〕
ザルツブルク
インスブルック
オーストリア
ショプロン
〔エーデンブルク〕
ブダペスト
スイス
グラーツ
ドナウ川
リュブリャーナ
〔ライバッハ〕
ザグレブ
〈ザーグラーブ〉
〔アーグラム〕
ヴェネツィア
トリエステ
〔トリエスト〕
リイエカ
〔フィウーメ〕
スラヴォニア
クロアチア
ボスニア
イタリア
サライェヴォ
ダルマチア
ヘルツェゴヴィナ
アドリア海
モンテ
ネグロ
ドゥブロヴニク
〔ラグーザ〕
地中海
ローマ

アウガルテン
北西駅
ドナウ川
北駅
レオポルトシュタット
プラーター
プラーター通り
ターボーア通り
フランツ・ヨーゼフ河岸
ドナウ運河
シュトゥーベン・リング
ウィーン川
市立公園
パルク・リング
ラントシュトラーセ
シュヴァルツェンベルク宮
ベルヴェデーレ宮
①シュテファン教会
②郵便貯金局
③美術工芸学校・
美術工芸博物館
④楽友協会
⑤カール教会
⑥芸術家会館
⑦オペラ劇場
⑧美術アカデミー
⑨宮廷図書館
⑩新王宮
⑪スペイン乗馬学校
⑫ミヒャエル教会
⑬ペーター教会
⑭キンスキー宮
⑮ブルク劇場
⑯美術史美術館
⑰自然史博物館
⑱司法省
⑲国会議事堂
⑳市庁舎
㉑大学
㉒ヴォティーフ教会
㉓証券取引所
㉔ロスアウアー兵営
㉕総合病院

1910年頃のウィーン主要部
0
500 m
フランツ・ヨーゼフ駅
アルザーグルント
アルザー通り
ショッテン・リング
市庁舎公園
フランツェンス・リング
ヨーゼフシュタット
市民庭園
リーニエンヴァル跡
ブルク・リング
ケルントナー通り
オペルン・リング
ノイバウ
ヴィーデン
マリアヒルフ通り
マリアヒルフ
西駅
マルガレーテン

ウィーン
——多民族文化のフーガ

1 多民族文化の都

◎◎加藤雅彦

一 混血都市ウィーン

オーストリアのリヒャルト・クーデンホーフ=カレルギー（一八九四〜一九七二年）が、『汎ヨーロッパ』を出版してヨーロッパ統合運動を展開し、今日のＥＵ（欧州連合）の思想的源流をなしたことは広く知られている。

だが考えてみると、彼は帝国が崩壊した一九一八年まではオーストリア=ハンガリー帝国の国民であった。つまり彼は幼少時代から青年期を多民族・多文化の帝都ウィーンで生きていたのである。とすればこの時代の人生体験は彼の欧州統合思想の形成に少なからぬ影響を与えたと考えてもよいのではあるまいか。
第一次世界大戦前のウィーンは、今日のウィーンからは想像もつかない多民族・多文化のコスモポリタン都市であったにちがいない。アーサー・J・メイはその著書『ハプスブルク帝国一八六七―一九一四』の中で、一八七八年当時のあるジャーナリストのレポートを紹介している。

何世紀もの間スラヴ人、マジャール人、イタリア人の中に浸されて、この町にはもはや純粋なドイツ人の血など一滴もないという。ウィーンには、プラハのようなボヘミア人の劇場があり、イタリア人のオペラ座がある。フランス人やハンガリー人の歌手がおり、ポーランド人のクラブがある。乗合馬車では、時として誰もドイツ語を理解しないため言葉を交わすことができない。カフェの中には、ハンガリー語、チェコ語、スラヴ語、ポーランド語、イタリア語の新聞が置いてあっても、ドイツ語の新聞は一つもないところもある。ウィーンに長年住みつかなかったら、生粋のドイツ人であり続けられるかも知れない。だがそうでなければ、妻はガリツィア人〔現ポーランド南部出〕かポーランド人、料理人はボヘミア人、女中はイストリア人かダルマチア人〔前者は現スロヴェニア、後者は現クロアチアの沿海地方出〕、召使いはセルビア人、御者はスラヴ人、理髪師はマジャール人、家庭教師はフランス人ということになってしまうだろう。……いや、ウィーンはドイツ人の町ではないのだ。

またシュテファン・ツヴァイクは、一九四〇年パリで『昨日のウィーン』と題して行った講演で、世紀末ウィーンの街の様子をつぎのように語っている。

ドイツ語を理解できない外国人でも、この町では道に迷いませんでした。なんの気がねもなく民族衣装のままでいましたので、そこいら中で、隣りの国の人々が彩り豊かに居合わせるのを感じたものです。サーベルをさげ縁飾りのある毛皮をまとったハンガリーの護衛兵がいました。裾の広がった色鮮やかなスカートをつけたボヘミア出の子守がいました。……さらには、短いズボンに赤いトルコ帽といういでたちでトルコパイプやナイフを行商するボスニア人、膝まる出しで羽根毛つきの帽子をかぶったアルプスの山人、巻き毛をたらし長いガウンをまとったガリツィア出のユダヤ人、羊の毛皮を着こんだルテニア人〔ウクライナ人〕、ブルーの前掛けをつけた葡萄摘みの女たちがいました。そしてこれらすべて

❶さまざまな民族衣装をまとった人々が行き交う19 世紀末のウィーン

の真ん中に、統一の象徴としての軍人の色鮮やかな制服と、カトリック僧の聖職服がありました。……彼らはみんなウィーンの街を、故郷にいるのとまったく同じように、故郷の衣装で歩きまわっていたのです。だれ一人としてそれを、はしたないと思う人はいませんでした。といいますのは、彼らはここでは故郷のように感じていましたし、この町は彼らの首都でしたし、ここではよそ者ではありませんでしたし、人々も彼らをよそ者として見ることはなかったからです。

いずれも、多くの民族出身者が共存していた当時のウィーンの雰囲気をいきいきと伝えてくれる。それは、パリやロンドンなど当時のほかのヨーロッパ都市にも見られないウィーン独特の状況であったといってよいであろう。今日世界のどこを探しても、このような都市は存在しないことはいうまでもない。民族紛争にゆれる冷戦後のヨーロッパからすると、このような状況は一体いかにして可能であったのか不思議にすら思える。

二　ウィーン宮廷へ豊穣の西欧文化

■多民族・多文化への道

この様な混血都市ウィーンは長い歴史をへて形成された。もともとウィーンは民族の十字路ともいうべきその地政的位置のゆえに、多くの民族の波に洗われる運命にあった。だがこの地を制したハプスブルク家なくして多民族文化の都ウィーンはありえなかったであろう。

この辺境の地に興ったハプスブルク家は、西欧への王領拡大、さらには「日没なき世界帝国」への飛躍の過程で、精力的にその先進文化を摂取してウィーンに多文化的な風土を醸成していった。この根底にはこの王家の血統ともいうべき芸術、文化への傾倒があった。しかもその後の歴代の帝王たちも、領内の異民族を統治するにあたって、彼らの文化的伝統や遺産を排除することなく、超民族的な帝国統合の理念を育てていったのである。

ローマ人はこの都を、先住のケルト人の呼称をひきついでウィンドボナと呼び、帝国北辺の要衝とした。五世紀にローマ帝国が崩壊すると、アジア系民族アヴァール人やスラヴ人の侵入をみるが、八世紀には西方のフランク王国のカール大帝が、この一帯を東方辺境領とし、ウィーンはフランク人の東辺の要衝となった。

十世紀、マジャール人（今日のハンガリー人の祖）がウィーンをその支配下におさめるが、神聖ローマ皇帝（ドイツ皇帝）により東方辺境伯に任ぜられたバーベンベルク家は、東方への勢力拡大につとめ、十二世紀にはウィーンに居城をおいた。だが十三世紀にバーベンベルク家が絶えると、強大なボヘミア王オトカルがウィーンの新たな支配者として登場する。

この危機にさいして、諸侯によりドイツ王に選ばれたハプスブルク家のルドルフ一世（在位一二七三～九一年）は、ボヘミア王に果敢な戦いを挑んだ。ルドルフは一二七八年、ウィーン郊外マルヒフェルトで壮絶な激戦のすえオトカルを降してウィーンを奪回する。こうしてウィーンを都とする六四〇年のハプスブルク帝国の歴史が始まった。

十五世紀後半から十六世紀前半にかけて、ハプスブルク家は一大飛躍への転機をむかえた。同家独特の結婚政策を通じて、繁栄の絶頂にあったブルゴーニュ公国や、大航海時代最中のスペイン王国を相続する幸運に恵まれたのである。ハプスブルク家はこれらの国々の支配者となったばかりでない。東方の辺境都市にすぎなかったウィーンには、芸術、文化を愛する歴代の王のもとで西欧の成熟した宮廷文化が滔々と流入した。同じく結婚政策によって、ハプスブルク家は、隣接するボヘミアとハンガリーの王位を併せたことによって、ユニークな多民族・多文化帝国として発展する道を歩むことになった。

すでに十六世紀中頃、ウィーンがいかに多くの民族の出会いの場所であったかを示す興味深い文書が残されている。ドイツの上プファルツ生まれのカトリック僧ヴォルフガング・シュメルツルが一五四八年に著した『ウィーン讃辞』である。

それによると、当時町では民族衣装をまとった異邦の商人が行き来し、ありとあらゆる言語が飛び交っていたという。ヘブライ語、ギリシア語、ラテン語、ドイツ語、フランス語、トルコ語、スペイン語、チェコ語、スロヴェニア語、イタリア語、ハンガリー語、オランダ語、アラビア語、クロアチア語、セルビア語、ポーランド語、クルド語。まるでバベルの都にきたかと思ったほどだと著者は驚嘆をもって書き記している。

❷ 18世紀ウィーンの都市景観〔カナレット画、1758年。ベルヴェデーレ宮から中心街を望む。中央に見える塔がシュテファン教会。〕

ウィーンが、帝国の首都にふさわしい威容をととのえるのは、一六八三年にウィーンを包囲したオスマン・トルコの大軍との攻防戦で劇的な勝利を収めてからである。三十年戦争による疲弊、ペストの猛威、そして異教徒による包囲と、あいつぐ災害と恐怖から解放されたウィーンは、いまや自信と生気にみちあふれ、新しい時代精神を具現するバロック建築が花開く中で、華麗な都へと変貌をとげていった。

シェーンブルン、ベルヴェデーレ、リーヒテンシュタイン、ロプコヴィッツ、シュヴァルツェンベルク、ハラッハ、キンスキーなどの王侯貴族の宮殿や、カール教会、ピアリステン教会など、十七世紀末期から十八世紀はじめにかけて、バロック様式の宮殿や教会の建築があいついだ。ウィーンは、ヨーロッパの新しい文化の中心として脚光を浴び、イタリア、スペイン、ネーデルランド、フランスの各国から、多数の芸術家や職人や学者を引きつける魅力ある国際都市となった。

一方、ハプスブルク帝国は、ウィーン包囲戦に敗れたオスマン・トルコを追撃し、バルカンからオスマンの勢力を大きく後退させた。十七世紀末にはハンガリー南部からオスマンを一掃し、さらに十八世紀に入ってバナト（今日のセルビア北部）を獲得した。またスペイン、ポーランド両継承戦争の結果、イタリアでトスカーナはじめ北部イタリアにも領土を拡大した。さらにロシア、プロイセンとともにポーランド分割に参加することにより、ポーランド南部のガリツィアを領有下においた。当時ガリツィアには多数のユダヤ人が居住していた。

こうして帝国は、領内にさらに多くの異民族を抱え、ドナウ川を軸とする多民族帝国の骨格をほぼ形成することになった。以上の西欧文化圏への登場からドナウ多民族帝国にいたる過程の中で、多民族文化都市ウィーンがどのように成長していったか、さらに個別にみていくことにしよう。

■ブルグントの「中世の秋」

ゲルマン世界の東辺に位し、スラヴ、マジャール世界との接点であったウィーンにとって、西方のブルグントおよびスペインとの接触は、文化的にはまったく新しい経験であった。それは、いずれもハプスブルク家独特の結婚政策によってもたらされたのであった。ハプスブルク家は、「戦いは他のものがするがよい。なんじ幸あるオーストリアよ、結婚せよ。」という当時のラテン語詩さながらに、王家間の結婚を重ねることによって、西欧世界に登場したのである。

一四七七年、当時の神聖ローマ皇帝フリードリヒ三世の長男マクシミリアン（後の皇帝マクシミリアン一世、在位一四九三～一五一九年）は、ブルグント（ブルゴーニュ）公家の一人娘マリアと婚姻を結びブルグント公となったが、これによりハプスブルク家はブルグント公国を獲得した。

ブルグントは、もともとフランス王家カペー系の公領であったが、フランドルの毛織物産業がこの国に富をもたらし、そのタピストリーやカーペットはヨーロッパ中に輸出されて、十五世紀にはめざましい経済的発展をとげた。その間、支配地域も現フランスのブルゴーニュから、ルクセンブルク、ベルギーへ、さらにはオランダの一部にまで拡大されて、フランスから半独立的な公国へと発展しつつあった。

当時ブリュージュやガンをはじめ多くの都市では、裕福な都市貴族が生まれ、それらの都市を中心に国は繁栄の極みにあった。ブルグントは、こうした豊かな経済に支えられ、多くの才能が世に出て繚乱たる芸術の開花をみた。ヴァン・アイク兄弟は北欧ルネサンス美術の創始者となり、フランドル楽派のポリフォニーは、ひろくヨーロッパ各国を風靡した。マクシミリアンは、ブルグント獲得によって、この「中世の秋」の豊穣な実りを手にすることになったのである。

ブルグントの宮廷文化はヨーロッパではならび立つものはなかった。貴族たちの豪華な日常生活や、華麗な祝典行事、食事から日常の作法にいたるその洗練された宮廷儀式は、ヨーロッパの諸宮廷の羨望の的であった。当時ドイツ人貴族の食事マナーは、ブルグントでは軽蔑の対象ですらあったといわれるが、ウィーン宮廷は、はからずもこの宮廷文化の継承者となったのである。

またブルグント公と貴族たちを固く結び付けていた「金羊毛騎士団」が、ハプスブルク家に引き継がれたが、これによって、ハプスブルク家は、ブルグント・ネーデルランドの貴族たちを従えることとなり、同時に彼らのフランス・フランドル混合文化をウィーン宮廷にもちこむことになった。今日もウィーンのホーフブルクの宝物殿に展示されている「金羊毛騎士団」首飾りは、ブルグントの宮廷文化に潤されたハプスブルク王家の盛時を思わせる。

■「黄金の世紀」スペイン

ブルグントと同様な結婚政策を通じて、ハプスブルク家はさらにスペインを獲得する。マクシミリアンが十五世紀末、息子フィリップ美公と娘マルガレーテをそれぞれ、スペイン王家の王女ファナ、王子ファンと二重に結ばせたことがその契機となった。スペイン王家に王位継承者がいなくなったのがこの幸いをもたらした。

こうしてマクシミリアンの孫カールは、一五一六年カルロス一世としてスペイン王につき、さらにカール五世として神聖ローマ皇帝（在位一五一九～五六年）を継承した。彼の死後、ハプスブルク家は、オーストリア系とスペイン系とに分かれるが、両家の親密な関係は、スペイン系がブルボン家に引きつがれるまで、およそ二百年におよんだ。この間、両家の間では近親結婚の弊がみられるほどしばしば婚姻が結ばれ、スペインの宮廷文化はウィーンに流入しつづけた。ウィーンはスペイン宮廷を模範とし、もともとブルグントを起源とするその宮廷儀式も「スペイン式」へと変わっていった。

ハプスブルク家が、オーストリアとスペインの両系に分かれたとき、大航海時代をへて「日没なき世界帝国」への途上にあったスペインは、国力ではオーストリアを遥かに凌いでいた。文化的にもスペインは、カール五世の息子フェリペ二世(在位一五五六〜九八年)から三代にわたる「黄金の世紀」の中で、セルバンテス、ベラスケス、エル・グレコらの逸材を輩出し、まさに文化的成熟期を迎えていた。その宮廷儀式、カトリック教養などのウィーンへの影響は十九世紀にまでおよんだ。

今日も王宮の一角に残る「スペイン乗馬学校」は、ウィーンにおけるスペイン文化の名残りの一つであろう。その前身はすでに一五七二年に「スペイン乗馬用厩舎」として記録に登場した。「スペイン」というその名称は、スペイン産の馬のみが使用されたことに由来する。現在使用されているリピツァーナーと呼ばれる名馬も、スペイン馬の古い品種アンダルーシアとの交雑種である。カール六世(在位一七一一〜四〇年)のもとで一七三五年に完成したこのスペイン乗馬学校では、伝統的な礼装で身をかためまばゆいばかりの白馬にまたがる騎手によって、往時の華麗な古典乗馬術が今日もそのまま披露される。

❸スペイン乗馬学校〔400年以上の歴史を誇る古典乗馬術が今日も披露される〕

ウィーン郊外ドナウ川沿いに、カール六世が未完成のまま遺したクロスターノイブルク修道院も、ウィーンがいかにスペイン文化の強い影響の下にあったかを示すいま一つの証しであろう。かねてからスペインに心酔し、世継ぎの絶えたスペイン系ハプスブルク家の跡目を狙い、スペイン継承戦争(一七〇一〜一二年)を戦ったカールは、その夢ならず、スペインへの追慕の念からこの修道院の建立を思い立ったという。カールが範としたのは、スペインのフェリペ二世が、マドリードの西郊に二一年かけて建てた壮大なエル・エスコリアル宮殿であった。なお継承戦争後スペイン王家は、ハプスブルク家からフランスのブルボン家の手に渡った。

■イタリア人建築家と音楽家

以上のほかウィーン宮廷に大きな影響を与えたのはイタリア文化であるが、これは王家の結婚政策の結果もたらされたブルグントやスペインの場合とはまったく異なる。

オスマン・トルコの脅威が去ったあと、勝利と解放感に酔う時代精神を象徴するかのごとく、十八世紀のウィーンは、宮殿や教会建築を中心にバロック文化の最盛期をむかえた。そのさい重要な役割を果たしたのがイタリア人の建築家たちである。現存する旧市街のリーヒテンシュタイン、ハラッハの各宮殿はドメニコ・マルティネッリによって、ロプコヴィッツ宮殿はピエトロ・テンカラによって建てられた。トルコ軍の砲撃によって破壊された宮殿や教会の再建の力となったのも、ウィーンに居住していたイタリア人建築家たちであった。

もちろんこの時代にはオーストリア人の巨匠も輩出し、独自のオーストリア・バロック様式を生み出した。しかし彼らの才能はイタリアで育まれた。シェーンブルン宮殿やカール教会の建築で知られるフィッシャー・フォン・エアラッハ（一六五六〜一七二三年）は、十六年間ローマで修業をした。フィッシャーのライバルで、ベルヴェデーレ宮殿を建てたルーカス・フォン・ヒルデブラント（一六六八〜一七四五年）も、母方はイタリア系で、北イタリアのジェノヴァの生まれ、トリノとローマで修業している。

当時彼らとともに、多くのイタリア人建築家が活躍していたことは、シェーンブルン宮殿を最終的に完成させたのが、オーストリア生まれのイタリア人建築家ニコラウス・パカッシであったことからもうかがえる。これらの建築家のほか、多くの画家や彫刻家がイタリアから来て、宮殿や教会のフレスコ、油絵、彫像などで腕をふるった。

バロック音楽に対するイタリア人の貢献も大きかった。音楽のバロック時代は建築よりも一足早く十七世紀後半にその最盛期を迎えている。

十七世紀はじめに誕生したイタリア・オペラは、早くも一六三一年にはウィーンで上演された。舞台とスペクタルを生命とするオペラは、豪壮華麗をむねとするバロック時代の空気の中でウィーンを風靡するにいたる。ことに音楽の才に秀でたレオポルト一世（在位一六五八〜一七〇五年）は、「ヴェネツィア音楽以上にヴェネツィア的」といわれた音楽を自ら作曲したのみならず、オペラ史上最大規模の舞台装置を駆使したマルク・アントニオ・チェスティのオペラ『金の林檎《イル・ポモ・ドーロ》』を、イタリア人とともに演出するという傾倒ぶりであった。イタリア・オペラの影響は、その後のフランス・オペラの流行とならんで、十九世紀のはじめにまでおよんだ。

十六世紀から十八世紀のウィーンのイタリア人は、建築家、音楽家、役者、演出家から、貿易商、宮廷顧問官、侍医などにおよび、マリア・テレジアの息子ヨーゼフ二世（在位一七六五−九〇年）の時代には、ウィーンに住むイタリア人は七千を数えたという。その文化的・社会的影響力は大きく、イタリア語はウィーンで日常的に用いられるようになった。イギリスやフランスでは、イタリア語は、文学研究の領域にとどまったが、ウィーンでは、音楽から商業取引や日常生活にもおよんだ。イタリア語は、遺言書などの公文書にしばしば用いられ、ドイツ語、ラテン語とならんで公用語としての地位を獲得した。十七、八世紀のウィーンでは、イタリアの影響は、さらに服装からファッションにまでおよんだ。

三　ドナウ多民族帝都

ハプスブルク家の超民族理念

一八〇六年にハプスブルク家の神聖ローマ帝国は、ナポレオンによって解体され、国名をオーストリア帝国と改称するが、ナポレオン失脚後ウィーン会議をへてヨーロッパの大国としての地位を回復する。さらに一八四八年のウィーン革命は、ミラノ、プラハ、ブダペストなど帝国各都市に波及し、国内の諸民族に深刻な動揺をもたらしたが、この危機も革命勢力への力の行使によりかろうじてこれをのり切った。

しかし全体としてみれば、ハプスブルク家が多民族帝国の維持に成功した原因は、帝国内の多くの異民族の統治にあたって、それぞれの言語、民族的特性や文化的伝統への配慮を怠らなかったことによるところが大きい。それがハプスブルク家独特の超民族的な統治理念を育て上げ、多民族帝国としてその存続を可能にしたのである。ウィーンの多民族文化風土は、ことに近代以降、こうしたハプスブルク家の超民族的理念によってさらに進化をとげたということができよう。

十九世紀後半帝国の領土は、ドナウ川を軸に、中欧からバルカンに広がり、主な民族だけでも十一を数えた。いわば多民族ドナウ帝国ともいうべきこの国では、どの民族も過半数を占めるにいたらず、一八八〇年当時帝国の総人口は約三七七九万人。最大の民族集団はドイツ人であったが四分の一をやや上回ったにすぎず、以下マジャール人、チェコ人とつづいた（表1、数字は総人口に占める各民族のパーセント）。一方一八九〇年のウィーンの人口は一三六万に達したが、それを出生地別にみると表2の通りである（数字は総人口に占めるパーセント）。

■市民の四分の一がチェコ人

ウィーンへの移住民のトップに立っていたのはチェコ人（ボヘミアとこれに接するモラヴィアの出身者。両者あわせてボヘミア人とも呼ばれた）であった。表2の出生地別ウィーン人口統計から

表1　オーストリア=ハンガリー帝国(1)民族構成	[%]
ドイツ人	26.4
マジャール人(2)	17.1
チェコ人	13.7
スロヴァキア人	5.0
セルビア人・クロアチア人	7.7
スロヴェニア人	3.0
ポーランド人	8.6
ルテニア人（ウクライナ人）	8.3
ルーマニア人	6.0
イタリア人	1.7
その他	1.6

《注》(1) 1867年にオーストリア帝国は、国名をオーストリア=ハンガリー帝国へと改称した。後出の〈ハンガリーとの「和協」〉の項参照。
(2) 後出の〈ハンガリーとの「和協」〉の項参照。

表2　ウィーン人口の出生地別割合	[総人口に占める%]
ウィーン	44.7(1)
オーストリア（ウィーン以外）	15.1
ボヘミア/モラヴィア(2)	26.0
ハンガリー	7.4
ガリツィアおよびブコヴィナ(3)	1.8
その他の帝国地域	2.3
ドイツ	1.9
不明	0.8

《注》(1) この中には先代がウィーン以外の出生地をもつものもかなり含まれていると推定される。
(2) 両者の領域はほぼ現在のチェコにあたる。
(3) ブコヴィナの北部は現在ウクライナ領、南部はルーマニア領。
なお、この表にはユダヤ人がふくまれていないが、それについては第三節の〈ユダヤ人の社会的台頭〉の項を参照。

も明らかなように、一八九〇年当時ウィーン市人口の二六パーセントをチェコ生まれの市民が占めていた。

今日ウィーンの電話帳を開いてみるとチェコ系の姓が目立つ。四分の一はチェコ系という。一九七二年の調査によると当時、最も多いのがノヴァクで二千以上を数え、以下スヴォボダ、ドヴォルザーク、ノヴォトニー、プロハスカ、チェルニー、ヴェセリー、ポラク、イェリネック、フィアラとつづく。元チェコ大統領と同じハヴェルも少なくない。オーストリア元首相のフラニツキー(「ヴラーナ出身者」の意)もチェコ人名である。これらチェコ人名の多さは、ウィーンとチェコとの関係がそれだけ深いことを示している。

ボヘミアとウィーンとの接触は、古くにさかのぼる。プシェミスル家のボヘミア王オトカル二世(在位一二五三〜七八年)は、ウィーンのバーベンベルク家が断絶したのに乗じ、一二五一年にこの都を占拠した。彼のウィーン支配は、マルヒフェルトの激戦でハプスブルク家のルドルフ一世に惨敗するまで二五年間つづいた。

カレル四世(在位一三四七〜七八年)時代ボヘミアは黄金時代を迎える。神聖ローマ皇帝(ドイツ皇帝)に選ばれたカレルは、帝都にふさわしいプラハの都市づくりを行なった。中欧初の大学を開き、市を貫くヴルタヴァ(モルダウ)川には壮麗な石橋をかけ、教会や宮殿で都を飾った。プラハの繁栄はウィーンを刺激した。ハプスブルク家のルドルフ公は、一三五九年シュテファン寺院の建立に着手し、プラハに遅れること十七年、一三六五年にウィーンに大学を開いた。当時プラハは文化的に先進的地位をしめていたのである。

ウィーンへのチェコ人の移住は、すでに十六世紀にみとめられる。ウィーンは一五二九年にオスマン・トルコ軍による第一次包囲をうけたが、早い冬の訪れで彼らが撤退をよぎなくされた後、イタリア人マイスターとともに市の防壁の強化にあたったのが、チェコ人マイスターと数多くの職人や労働者たちであった。

しかしこの間、ボヘミアとウィーンとの関係は大きな転機を迎えていた。当時ボヘミア王位は、ハンガリー王のラヨシュ二世が兼ねていたが、そのラヨシュが一五二六年、ウィーン攻略の途上にあったオスマン・トルコ軍を、モハチで迎え撃ったさい陣没したのである。このため男系後継者が絶え、ボヘミアの王冠は、ハンガリーの王冠とともに、姻戚関係にあったハプスブルク家が継承することになった。こうしてボヘミアはハプスブルク家の支配下に入った。

ボヘミアにさらに不幸を招いたのは三十年戦争(一六一八〜四八年)であった。ハプスブルク家の厳しい新教弾圧に反抗して、ボヘミアのプロテスタント系貴族が蜂起したのがその発端であった。戦乱で国土は荒廃に帰した。戦いに敗れたボヘミア貴族は故国を後にし、ボヘミアからはかつての栄光は失われた。

▩チェコ人の政治的進出

十八世紀に入ると、ウィーンへ移住するチェコ人が増えはじめた。彼らは職人、零細企業経営者、商人、召使い、徒弟として働いた。十八世紀後半には、チェコ人のウィーン流入はさらにふえ、十九世紀半ばから第一次世界大戦にかけて流入は加速した。一八五七年にウィーンの人口は約四七万人、その中二〇・九パーセントがボヘミア・モラヴィア生まれであった。その後一九一〇年までにウィーンの人口は約二〇三万人へと急膨張するが、その中二三パーセントは彼らによって占められていた。

十九世紀後半ボヘミア人の移住が激増した原因は様々である。第一に、ヨーロッパ全般の状況として、十九世紀に入って農村人口の急激な増加があった。第二に、当時有力な工業地帯であったボヘミアが、一八七三年の株式大暴落にはじまった経済危機で深刻な打撃をうけ、余剰労働力を生んだ。第三に、もともとこの地域の大部分は、北西にかたよっているプラハよりウィーンに近かったため、職を求めてウィーンにいくボヘミア人が急増したのである。

❹中心街のグラーベンにあるチェコ人創業の老舗クニーシェ洋服店

これらの移住者は、仕立、靴、指物、鍵などの職人や見習いとなり、また女性は女中、料理人、子守りとして裕福な家庭に雇われた。しかし彼らはまだましなほうであった。ウィーン南東のファヴォリーテン（十区）、ジンメリング（十一区）、あるいは北西のオッタクリング（十六区）、ヘルナルス（十七区）、ブリギッテナウ（二〇区）など当時の場末の地区には、多くの労働者が、最低の居住環境と衛生状態に耐え、女中一ヶ月分の賃金の半分にもあたる高い家賃を支払わされていた。ことに「ツィーゲルベーメ」と呼ばれた煉瓦工場労働者は、最低の労働条件の下で苦しい生活を強いられていた。これらのチェコ人労働者は、一八八八年ヴィクトル・アドラーの下に創設された欧州初の社会主義政党オーストリア社会民主党の支持者となり、ウィーンのプロレタリア運動の一翼をになうことになる。

その一方で国政レベルでのチェコ人の進出はめざましかった。一八九七年三月の選挙法改正後初の帝国議会選挙で、青年チェコ党は第一党に躍進した。四月には首相バデーニによる言語令が発令された。ボヘミアでチェコ語は、すでに一八八〇年のターフェ言語令によって準公用語の地位を獲得していた。バデーニ言語令はさらに、ボヘミアの官吏に、ドイツ語とチェコ語双方の習得を義務づけるものであった。

しかしこの言語令は、はからずも民族対立を噴出させることになった。十一月に帝国議会では、ドイツ系議員とチェコ系議員が衝突して乱闘状態となり、警官隊によって双方は議場から排除された。帝国議会前では激しい反チェコデモが展開され、この結果この言語令は撤回され、バデーニ首相は辞任した。この帝国議会乱闘事件で、とくに暴力的な議事妨害をした一人に、ゲオルク・フォン・シェーネラーがいた。彼は過激なドイツ民族主義者で、全ドイツ人党を率いていた。

ターフェ言語令が撤回された一八八〇年四月には、反ユダヤ主義を唱えるキリスト教社会党の党首カール・ルエガーが、ウィーン市長に就任した。こうして多民族都市ウィーンは、ナショナリズムの高揚とともに政治的混迷を深めていく。

■ハンガリーとの「和協」

十九世紀後半のウィーンで、非ドイツ系の民族としては、チェコ人についで多数を占めていたのはハンガリー人である。今日もウィーンには、チェコ系とならんでハンガリー系の人名は多い。若干の例をあげると、フェヘール、フェケテ、ゲレグ、ヘゲデューシュ、カトナ、レンジェル、モルナール、ナジ、ネーメト、サボー、シクライ、テレク、ヴェレシュなどがある。

「ハンガリー人」というとき、我々は通常、アジア系民族「マジャール人」を先祖とするハンガリー人を考える。しかし当時のハンガリー領は広大で、今日のスロヴァキア、クロアチア、トランシルヴァニア（現ルーマニア北西部）もふくまれていて、そのハンガリーに居住する民族すべてが、公式にはハンガリー人と呼ばれていた。

ハンガリー人とウィーンとの関わりは、チェコ人同様古くにさかのぼる。ハンガリーは、九世紀アジア系のマジャール人によって建国され、十四世紀ラヨシュ一世の時代には、その領域はバルト海からアドリア海におよんだ。最盛期のマーチャーシュ一世（在位一四五八〜九〇年）の時代には、一時ウィーンを支配下においたこともある。

しかし一五二六年ラヨシュ二世の時代、対トルコ戦に敗れて、すでにのべたようにハンガリー王冠は、ボヘミア同様ハプスブルク家に渡った。これによってハンガリーは三つに分断され、中央部がトルコ支配下、東部のトランシルヴァニア（現ルーマニアの北西部）が半独立状態を維持し、残る北西部のみがハプスブルク帝国に属することになった。ハンガリー中央部がトルコの支配下に入ったため、都のブダにあったハンガリー王国の官庁はウィーンへ避難し、十八世紀半ばまでウィーンにとどまった。

一六九九年にハプスブルク帝国軍がハンガリーからトルコを駆逐し、ハンガリー全土はハプスブルク家に帰属した。ハプスブルク家はハンガリーに対して、トルコ支配時代にくらべればはるかに寛容な統治を行なったため、以後両者間の融和が進んだ。十九世紀前半には、ウィーンは国外の最大のハンガリー人居住地となった。一八四八年コシュート・ラヨシュによる独立運動が起きるが、ロシア軍に支援された弾圧で挫折に追いこまれ、代わってハプスブルクとの協調を訴えるデアーク・フェレンツの路線が支持をうるにいたった。

一方ハプスブルク家も、イタリア独立戦争でイタリア領を失ったのにつづき、一八六六年対プロイセン戦争で大敗を喫し、帝国の維持に深刻な懸念を抱くにいたった。そこでハプスブルク家の選択した道は、ハンガリーとの「アウスグライヒ」（「和協」の意）である。これにより国土は「オーストリア＝ハンガリー帝国」の名称の下に二分され（巻頭xiv〜xvページの地図参照）、ハンガリーは独立の政府と議会をもつことになった。ただ外交・軍事・財政の三つの分野は、それぞれウィーンに設けられた共通省の管轄下におかれた。そしてオーストリア皇帝が同時にハンガリー国王をかねることとなった。

ハンガリーとの「和協」は、同様な自立を熱望する他の民族を刺激した。皇帝フランツ・ヨーゼフは、この「二重帝国」を、さらにボヘミアもふくむ「三重帝国」へと拡大する構想を明らかにしたが、それによって自らの優位を失うことを恐れるドイツ人とハンガリー人の反対で撤回せざるをえなかった。

こうしてハンガリー人は、帝国の諸民族の中では、ドイツ人とならぶ唯一の特権民族となった。彼らはブダペストの自らの議会で、自らの首相を選んだ。ウィーンの共通省でも、国防相以外は、オーストリアと大臣職を分かちあった。一九一八年の帝国崩壊にいたる五一年間の中その三分の一は、外相のポストはアンドラシー・ジュラをはじめとするハンガリー人によって占められ、三分の二以上の期間にわたりハンガリー出身者が蔵相をつとめた。

❺オーストリア=ハンガリー帝国のワッペン〔左がオーストリア、右がハンガリーのもの〕

ハンガリー語はドイツ語と対等の公用語となったが、軍隊だけは別であった。共通軍では、両言語の対等性だけでなく、戦闘にそなえた共通性が必要であった。このため共通軍では、指揮・命令と軍務に関する用語はドイツ語に統一し、軍隊生活や訓練に関する用語は連隊語として各民族語を使うことになった。ここでいう民族語とは、帝国内の構成民族の言語で、必ずしもハンガリー語とはかぎらなかったが、一八七〇年にはハンガリー語を理解する共通軍将校（ドイツ系が主体）は、全体の五分の一にすぎなかったのが、一九〇四年には三分の一を占めるにいたった。

因みにフランツ・ヨーゼフの妃エリザベートが、ハンガリーを愛し、ハンガリー語に堪能であったことはよく知られている。最後の皇帝カール（在位一九一六〜一八年）と妃ツィタもハンガリー語を能くした。フランツ・ヨーゼフ自身も、妃ほどではないが喋ることはできたといわれている。ウィーンのエリート高校テレジアヌムとショッテン・ギムナジウムでは、もともとハンガリー語が選択科目とされていたが、「和協」後はテレジアヌムでは、ハンガリー語が必須科目として全校生徒に課せられることになった。

閣僚を占めた旧ポーランド貴族たち

ポーランド人もまた十九世紀後半のウィーンに数多く住んでいた。ウィーンでは一八八〇年以降、日常語を基準にした民族別の人口調査が行なわれたが、それによると一九〇〇年には四三〇〇人あまりのポーランド人がいた。実際のポーランド人の数は、この調査よりは、多かったのではないかと推定される。日常語を調査の基準にすれば、当然ドイツ語が多くなり、ポーランド人の数を正確には反映しないからである。これとは別に、一八六〇年に四七〇〇人のポーランド人がウィーンにいたという推計もあるが、もし事実とすれば当時のウィーンの人口の八パーセントも占めていたことになる。

ポーランドとウィーンといえば、まず思い浮かべるのは二人のポーランド人であろう。一人は一六八三年のオスマン・トルコによるウィーン包囲のさい、ウィーン救援にかけつけたポーランドのソビエスキ王である。ウィーン空港近くに王を祀るオベリスクが立ち、カーレンベルクの丘のヨーゼフ教会では、今日もポーランド語とドイツ語で王に捧げるミサが執り行なわれる。

いま一人は、対トルコ戦のあと彼らが残したコーヒーの豆を手に入れて、ウィーンで初のコーヒー店を開いたという伝説（実際は別人のアルメニア人であったとの説もある）の主コルシツキである。今日も一区のジンガー通り九番地には、ここに彼が店を開いたとの銘板があり、四区のコルシツキ小路にはコーヒーを手にした彼の彫像が立つ。

いずれにせよこれが発端となりウィーンはコーヒーなるものを知った。カフェはやがて多くの文士や芸術家の溜まり場となり、ウィーン独得のカフェ文化の温床の役割を果たした。それがウィーン世紀末文化を底辺で支えたことはいうまでもない。

ポーランド人とウィーンとの機縁は悲劇的であった。ポーランドは、マリア・テレジアの時代、一七七二年から三回にわたってロシア、プロイセン、オーストリア（二回目は不参加）三国によって分割された。地図から抹殺され故国を失ったポーランド人は、第一次世界大戦まで三国の支配の下におかれる。この間ポーランド南部のガリツィアはオーストリア領となり、多くのポーランド人がウィーンへと移住した。彼らにとって不幸中の幸いは、オーストリアの統治が他の二国にくらべて著しく寛容であったことである。しかも三国の中ではオーストリアだけが、彼らと同じカトリックの信仰国であった。

オーストリア領となったとはいえ、ガリツィアには自治権があたえられ、その支配はポーランド貴族《マグナート》にゆだねられた。このためポーランド貴族の中には、後にウィーンで指導的政治家となった人物が少なくない。一八七〇年に首相となったアルフレッド・ポトツキ。同じく首相で、ドイツ語とチェコ語との平等をめざした言語令で知られるカジミエルシュ・バデーニ(彼についてはすでにふれた)。一八九二年通貨改革を断行し、オーストリア通貨単位をグルデンからクローネへと改めた蔵相のユリアン・フォン・ドナイェフスキは、いずれもポーランド人である。その他ゴウホフスキ内相、ベリンスキ蔵相ら、国政で腕をふるったポーランド人の政治家は十指にあまる。

一九一四年に第一次世界大戦が勃発すると、ウィーンへポーランドからの難民が殺到する。ウィーンには、ポーランド人のための学校、劇場、教会、商店、レストラン、銀行が開かれ、ポーランド語の新聞が発行され、政党まで結成された。しかし大戦中の一九一六年にガリツィアが解放されると、ポーランド人は一斉にウィーンを去りはじめた。ロシア、プロイセン、オーストリアに分割され、国土を失っていたポーランドは、戦後一世紀半ぶりに再建され、ウィーンの中の「ポロニア」も姿を消した。

キンスキーやエステルハージーなど、ボヘミアやハンガリー貴族の館は今日もなおウィーンを飾る。だがチャルトリスキ、ブジェジェ゠ランツコロンスキなど、往時のポーランド貴族の館は取り壊された。いかにもポーランド風の宮殿を思わせるチャルトリスキ邸は一九七五年までヴェーリングに残っていた。多民族都市ウィーンにポーランド人もいたことは、ポーランド名をもつウィーン市民が、今日も数多くいることからうかがい知ることができる。

■トルコ商人とボスニアク

ウィーン旧市街、ドナウ運河近くのフライシュマルクト通りに面して、この都にはめずらしくギリシア正教会が立っている。ウィーンとバルカン、あるいはオリエントとの深いつながりを思い起こさせる一角である。かつてこの近辺には、ギリシア人、アルメニア人、ユダヤ系トルコ人ら、バルカンやアナトリア（今日のトルコ）からきた商人が住んでいた。彼らは、オスマン・トルコの支配下にあったがゆえに「トルコ商人」とも呼ばれていた。

アルメニア人は、十六世紀から十七世紀にかけて東方貿易を支配した。彼らの中には、オスマン・トルコあるいはハプスブルク帝国のスパイや伝書使として雇われ、バルカンを舞台に駆けまわっている者もいた。トルコの勢力がバルカンを北上し、ハンガリーの大半を征服すると、アルメニア商人はウィーンに進出し、ロンドンやアムステルダムとオリエントとの交易拠点とした。

十九世紀に入るとウィーンは、バルカンと中央ヨーロッパとの貿易中継地となる。貿易はもっぱらギリシア商人によって担われ、取引はギリシア語を通じて行われた。一八五七年にウィーンに常住するギリシア正教徒の数は二五一人を数え、その半数以上が貿易に従事していたという。当時ギリシア人豪商が居を構えていたというこの界隈の賑わいはさぞやと想像される。しかし十九世紀も半ばを過ぎると、鉄道網の発達のため、ドナウに依存してきたウィーンは、貿易中継地としての役割を急速に失っていった。

フライシュマルクト通りのギリシア正教会は、ギリシア商人が絶頂期にあった十九世紀半ば、一八五八年から三年間かけて、当時ウィーンで活躍したコペンハーゲンで生まれギリシアに学んだ建築家、テオフィール・ハンセンによって建てられた。教会のファサードは、ビザンティン様式がとり入れられ、その壮麗な建物はオリエントの雰囲気を漂わせ、往時を彷彿させる。フライシュマルクト通りより一本ドナウ運河寄りに「ギリシア通り」があるが、この通りは、近辺にギリシア人が多かったことや、正教会の完成にちなんで一八六二年に命名されたという。

❻旧市街のギリシア正教会〔ハンセン設計〕

ウィーン市民にバルカンを身近にしたのは、ボスニア出の行商人たちであった。一八七八年オーストリア＝ハンガリー帝国は、トルコからボスニア＝ヘルツェゴヴィナの占領・行政権を獲得し、さらに一九〇八年にはこの地を譲り受けて併合した。ウィーンの町にはボスニア人の商人や行商人が流入することになる。一九一〇年には、常住者の数は一八〇人を超え、他にボスニア＝ヘルツェゴヴィナ出身の兵士およそ二千人がウィーンに常駐していた。

「ボスニアク」と呼ばれたこれらボスニア＝ヘルツェゴヴィナ出身者は、ウィーンではひときわ目立つ存在であった。トルコ帽をかぶり、色鮮やかな民族衣装をまとい、あるいは刺繍をほどこした帯をしめ、オパンケと呼ばれる飾りのついた靴をはいたボスニアクの行商人たちは、繁華街に現れては、手細工のきせる、時計、懐中時計のくさり、指輪、トルコナイフや包丁などの日用品を売り歩いた。そのさい彼らは、駆け引きで値を決めるというオリエントのバザールの習慣をもちこんだ。それは第一次大戦で帝国が崩壊して彼らが去るまで、ウィーンの街の風物詩となっていた。

■ユダヤ人の社会的台頭

十九世紀後半にはウィーンに住むユダヤ人の急増が目立った。一八四八年帝都への移住制限が撤廃されたため、大量のユダヤ教徒が、貧困や圧迫から逃れ、あるいは社会的成功を夢み、あるいは文化的生活をもとめて各地からウィーンへ殺到した。一八五七年にはウィーンの人口の三・二パーセントにあたる一万五千人に過ぎなかったユダヤ人は、一九〇〇年には八・八パーセント、十四万七千人に達した。

ここで確認しておかなければならないのは、ユダヤ人は公には、チェコ人やハンガリー人など帝国の他の民族なみに、「ユダヤ人」としては扱われなかったことである。すでにのべたように、ウ

表3　ウィーン居住ユダヤ教徒の出生地別割合	[%]
ウィーン	30.8
ハンガリー	27.8
モラヴィア	12.9
ガリツィア	10.7
ボヘミア	9.7
ブコヴィナ	0.4
その他の帝国地域	3.6
外国	4.1

ィーンでは一八八〇年以降、日常語を指標とする民族別構成を示す人口統計が作成されているが、ユダヤ人は、その日常語であるイディッシュ語が公認されなかったため、この民族別統計にはふくまれなかった。彼らは統計上では「ユダヤ教徒」として別に集計されていた。したがってキリスト教に改宗した同化ユダヤ人は、この統計にはふくまれないことになる。

一八八〇年のウィーン居住のユダヤ教徒七万二六〇〇人を出生地別にみると、表3に示したとおりとなる。

ウィーンのユダヤ人居住は十一世紀にさかのぼるが、平等な市民として扱われるまでには長い苦難の道を歩まねばならなかった。すでに一一九六年には十字軍によって十六人のユダヤ人が殺害されたことが伝えられている。十三世紀のはじめにはユダヤ教会堂《シナゴーグ》も建てられ、今日のウィーン市一区のユダヤ人広場を中心に最初のユダヤ人居住区が形成された。しかし一四二〇年のユダヤ人に対する放火略奪事件をきっかけに、居住ユダヤ人の大部分が追放され、翌年には投獄されていた二〇〇人あまりのユダヤ人が火あぶりの刑に処せられたという。

❼ウィーンのユダヤ人

一六二五年に、時の皇帝フェルディナント二世（在位一六一九〜三七年）の命により、ドナウ本流と支流（今日のドナウ運河）にはさまれたウンテラー・ヴェルトに、ユダヤ人のための集団居住区ゲットーが設けられた。しかし早くもその四四年後の一六九九年には、市民の反ユダヤ感情を懸念する皇帝レオポルト一世の政策により、およそ三千人のユダヤ人の大部分がゲットーを去らなければならなかった。その時以来この地区（現在のウィーン市二区）は、「レオポルトシュタット」（レオポルトの町）と呼ばれて今日にいたっている。

改革王ヨーゼフ二世（在位一七六五〜九〇年）による一七八二年の寛容令は、ユダヤ人解放の第一歩となった。しかしこの恩恵に浴したのは、認可された《トレリールト》ユダヤ人、つまり寛容料の支払と引きかえに特権を与えられたユダヤ人や、一部のユダヤ人学生に限られていた。一八四七年当時、認可されたユダヤ人は一九七家族、学生は数百人にすぎなかった。

一八四八年のウィーン革命でユダヤ人の学生やジャーナリストは解放を目ざして激しく戦ったが、彼らが真の平等を獲得するには一八六七年を待たなければならなかった。この年のいわゆる「十二月憲法」によって、彼らは最終的に市民社会の平等な一員として受け入れられることになったのである。この憲法によって彼らにはじめて信仰の自由が保障され、宗教による差別が撤廃された。他の市民なみに移動と居住の自由が与えられ、土地の所有がみとめられ、職業選択の制約がとり除かれた。

こうしてユダヤ人の社会的地位は大いに改善され、それまで一部の者をのぞいて閉ざされていた高級官吏、大学教授、公証人、医師などの分野に進出できることになった。ウィーンで新婚のユダヤ人男性について行われた調査によると、一八七〇年には商業に従事する者が五五・六パーセントもあったのに対し、一九一〇年には三三・三パーセントへと低下し、反面その間に俸給生活者は二・八パーセントから三五・二パーセントへと激増した。一八八六／八七年には、ウィーン大学の学生の三人に一人をユダヤ人が占めるにいたったが、この事実は、解放後ユダヤ人のあいだで社会的な上昇志向がいかに強かったかを示している。

だがその一方で、こうしたユダヤ人の社会的進出に対する市民の反感は、ことに一八七三年の株式大暴落を機に、ユダヤ人ブルジョワを攻撃対象に表面化するにいたった。すでにふれた過激政治家のシェーネラーは、一八七八年に帝国議会で初の反ユダヤ演説を行なった。同じく反ユダヤ主義者のカール・ルエガーがウィーン市長に就任したのはその二年後であった。この反ユダヤ主義の精神的土壌は、後年ウィーンに滞在する青年ヒトラーに少なからぬ影響を与えることになる。

■ミッテルオイローパの食文化

最後にウィーンが多文化・多民族の都であったことは、今日食卓にのぼるウィーン料理をみても明らかである。そこには、ハプスブルク帝国、地域的にいうならばミッテルオイローパ（中欧）の諸民族の食文化がなお息づいている。

先ず周知のヴィーナー・シュニッツェル（ウィーン風子牛のカツ）であるが、その発祥は、コトレッテ・ア・ラ・ミラネーゼと考えられ、十九世紀にウィーンの料理書に初めて登場したといわれる。しかしミラノからどのようにしてウィーンに伝えられ、今日のような料理へと変容をとげたかについては色々エピソードがあるが定説は存在しない。

ウィーン料理に、多くのハンガリー料理が入っていることも一般に知られている。グラーシュ（原語グヤーシュ。肉類をパプリカで煮たシチュー）や、ゲフュルテ・パプリカ（ピーマンの肉詰め）などがまずあげられる。十六世紀から十七世紀にかけて、国土の大半をオスマン・トルコに支配されていた時代、ハンガリー人はトルコ人からパプリカの栽培を知った。この香辛料を、プスタ（荒野）をさまよう牛飼いたちは、牛肉の肉切れに煮込んで食べるようになった。牛の群れを意味する「グヤー」に由来する「グヤーシュ」とは、もともと牛飼いをさす言葉だったという。

ウィーンで「パラチンケン」と呼ばれるデザートは、いわばミッテルオイローパ共通の食文化から生まれた。クレープ風の薄い皮の中に、ラズベリーやアプリコットなどを包んでくるくる巻いたのがそれである。パラチンケンは、かつて古代ローマ人が住んでいたルーマニアが発祥地とされ、ルーマニアからハンガリーに伝えられ、さらにチェコに広がってウィーンに入ったという。今日もそれぞれの国でそれぞれ独特なパラチンケンが賞味される。デザートのみならず、中に肉をまきこんで食されるパラチンケンもある。

ウィーンの食文化へのオリエントの影響の一例としては、ウィーン名物アプフェル・シュトルーデル（りんごの焼き菓子）をはじめとする一連のシュトルーデルがある。りんごなど中身を包む薄皮作りの技法は、かつてバルカンを攻め上ったトルコ軍の野戦炊事によってもたらされたといわれる。ウィーンがコーヒーを知ったのも、トルコ軍を通じてであったことはすでにふれた。

ウィーン料理を多彩にしたという点で、ボヘミア料理（ここでは隣接するモラヴィアとスロヴァキアの料理もふくめる）の影響はとりわけ大きかった。ウィーンでごく一般的な料理クネーデル（じゃがいもや小麦粉から作られる団子）をはじめ、リープタウアーやスクバンキなどの各種料理、ブフテルンやポヴィドルといったケーキ類は、ボヘミアからウィーンに伝わった。料理名や食材名でチェコ語に由来するものも少なからずみられる。

ボヘミア料理は、ウィーンのみならず、当時ミッテルオイローパ各地で高い評価をえていたが、そのかげにはマグダレーナ・レッティゴヴァー（一七八五〜一八四五年）という一人の女性がいた。中部ボヘミアに官吏の娘として生まれた彼女は、父親の死後貴族の厨房を転々とするうちに天賦ともいうべき料理の才で知られるようになり、家庭料理に関する数多くの著作を公にした。こうして彼女の残したおよそ千二百のレシピは、チェコ人のみならず、ドイツ人、ハンガリー人、クロアチア人などの間に広がったのである。

ちなみに、十九世紀初頭来ウィーンを風靡した舞踏文化《タンツ・クルトウア》も、民族舞踊と舞曲の宝庫ミッテルオイローパなしには考えられない。オーストリア、ドイツを起源とするワルツとならんで、ボヘミアのポルカ、ポーランドのポコネーズ、マズルカ、両者をあわせたポルカ・マズールはウィーンの舞踏会で好んで踊られた。世紀後半に入って流行をみたウィーン・オペレッタにしてもそうである。上演されるストーリーの舞台は、ウィーンのみならずクラクフ、ヴェネツィアからバナト（セルビア北部）にいたるミッテルオイローパ全域におよんだ。

四　世紀末文化の多民族性

▩ウィーン世紀末文化

十九世紀末から二〇世紀はじめにかけて、ウィーンでは絢爛たる世紀末文化が花開く時代を迎える。絵画、音楽、建築、文学から、哲学、法学、経済学、さらには医学、心理学、物理学、生物学と、あらゆる分野にわたって傑出した人物を輩出し、まさに百花繚乱の観を呈した。だがこの世紀末文化も、これまでみてきたような多民族文化都市としてのウィーンなくしてはありえなかったであろう。ウィーンは世紀末文化開花の土壌として大きな可能性を秘めていたのである。

そこでは数世紀にわたり、宮廷、貴族から、一般市民にいたるまで絶えず新しい血が流入した。W・M・ジョンストンは次のようにのべている。

傑出した天才は、互いにかけ離れた地方の出身者間の結婚から生まれることが多い。そのような異系交配が、今までにない遺伝的組み合わせを可能にし、天才を生むのである。十九世紀末期のハプスブルク帝国は、世界中の実にさまざまな遺伝子の溜まり場となり、異質な人種同志の交配が盛んであった。

人種的混血は同時に文化的な混血をもたらす。それによって文化は、より多彩となり内容も豊かにかつユニークとなる。ウィーンでは、ゲルマン的、ラテン的、マジャール的、スラヴ的、ユダヤ的な多民族文化が長きにわたって育て上げられてきた。

これについてシュテファン・ツヴァイクは、本章の冒頭にあげた同じ講演で、世紀末の天才作家フーゴー・ホーフマンスタールを例にとってこうのべている。

四分の一が上部オーストリア人、四分の一がウィーン人、四分の一がユダヤ人、四分の一がイタリア人であるホーフマンスタールは、そのような混血によっていかなる新しい価値が、いかなる繊細さと予想もしなかった幸運が生じうるかをまさに象徴的に示しているのです。詩でも散文でも彼の言葉には、ドイツ語が到達しえたおそらく最高の音楽性が、ドイツ的精神とラテン的精神とのハーモニーがありますが、後者は双方の間に位置するこのオーストリアの地でのみ達成しえたのです。しかし受け入れ、吸収し、精神的な融和をつうじて結合し、不協和音をハーモニーへと解決すること、これは、実際いつもウィーンの真の秘密であったのです。

■多民族の才能たち

しかもこうした都に、世紀末にいたって帝国の様々な地域から、様々の民族出身の学者や芸術家や知識人が、文化的・知的活動の場をもとめて集まった。彼らはここで競い合い、刺激しあい、触発されて、にえたぎる精神の坩堝から新しい文化を生み出した。もともと多文化的な土壌をもつ都は、世紀末文化の開花にとって最適の舞台であったのである。

それは革新的で創造的な文化であった。世紀末ウィーン社会の心の深層にメスを入れた精神病理学者のジークムント・フロイトは、人間の無意識の中にひそむ性の世界をえぐりだして保守的な学界から厳しい批判を浴びたが、まるでこれに呼応するかのごとく、グスタフ・クリムトは夢幻の世界に浮遊する全裸女性の姿態を大胆に描いた『医学』を公にし、この作品を依頼したウィーン大学からクレームをつけられてセンセイションを巻き起こした。

クリムトはアカデミズムと袂を分かち、「時代にはその芸術を、芸術にはその自由を」というスローガンのもとに「分離派《ゼツェシオーン》」を結成、独特の「青春様式《ユーゲントシュティール》」をつうじて、ウィーンのみならず世紀末の帝国諸都市の美術、建築、工芸に大きな影響を与えた。

伝統建築を排し近代建築の先駆者となったオットー・ワーグナーも、世紀末ウィーンに革命的ともいえるインパクトを与えた。我々が今日ウィーンの都心リングシュトラーセで目にする国立オペラ劇場、国会議事堂などの数々の公共建築物は、いずれもウィーン近代化計画のもとに十九世紀後半に建てられながら従来の建築スタイルを一歩も出るものではなかった。これに対して「近代建築」のコンセプトをもって登場したワーグナーは、伝統的な概念を根本的にくつがえす一連の鉄道駅、銀行、住宅、教会などの建築でウィーンの都市景観に新風をもたらした。

これら世紀末文化の担い手にユダヤ人が多いのは特徴的である。ジークムント・フロイトをはじめ、哲学者のエドムント・フッサール、ルートヴィッヒ・ヴィトゲンシュタイン、国際法学者のハンス・ケルゼンらの学者、フーゴー・ホーフマンスタール、アルトゥール・シュニッツラー、シュテファン・ツヴァイクらの作家、グスタフ・マーラー、アルノルト・シェーンベルクらの音楽家、アドルフ・ロースらの建築家などいずれもユダヤ人であった。

世紀末ウィーンでユダヤ系文化人が数多く登場したのは、一八四八年から一八六七年にかけて行われた前述のユダヤ人解放によって、彼らが社会的な平等を獲得したことによるところが大きい。世紀末はちょうど彼らが社会的に登場してきた時期と重なる。

当時ユダヤ人の中には、幼少時へブライ語の習得によって暗記力を養い、またタルムードの学習によって論理的思考と抽象的思考を身につけた者が少なからずいた。彼らは解放によって、こうした潜在的な能力を発揮するチャンスに恵まれたのである。長年の偏見と差別に対する反発も、彼らの知的成功へのエネルギーとなった。しかも彼らは芸術・文化活動では、国境をこえ伝統や因習にとらわれず、たえず新たな実験に挑んだため、しばしば独創的な業績をあげることに成功したのであった。

ウィーン以外の出身者で、世紀末文化の担い手となった人物は、とりわけボヘミアとモラヴィア

（今日のチェコ）に多くみられる。すでにふれたフロイト、ケルゼン、フッサール、マーラー、ロースは、いずれもこの地域の出身者であるが、この他にも、病理解剖学者のカール・ロキタンスキー、打診法の権威ヨーゼフ・シュコダがいた。[1] 経済学者のベーム＝バヴェルク、ヨーゼフ・シュンペーター、建築家のヨーゼフ・オルブリヒらの逸材もまたこの地に生を享けている。

これら両地域のみならず、豊かな知的温床であった帝国各地からは、多くの才能たちがウィーンに集った。彼らの計り知れぬ貢献なくしては、ウィーン世紀末文化の豊穣はありえなかったといっても決して過言ではない。

注

（1） 当時ウィーンの先端医学は、今日の最先進国アメリカをふくめ世界各国の医学者のメッカとなっていた。マリア・テレジアの長男ヨーゼフ二世によって一七八四年に創設されたウィーン総合病院は「ヨーロッパ医学の大聖堂」と呼ばれ、ウィーン大学には各分野の俊英が集まっていた。フロイトのほか、内臓外科の開祖アルベルト・C・T・ビルロート、皮膚病治療の先鞭をつけたフェルディナント・フォン・ヘブラ、眼科手術で名声をはせたフリードリヒ・イェーガー、化膿の原因を究明し消毒の必要をといたイグナツ・P・ゼンメルヴァイスら、近代医学の基礎の確立は、この時代のウィーン医学に負うところがきわめて大きい。

参考文献

A・ヴァントルツカ（江村洋訳）『ハプスブルク家』谷沢書房、一九八一年

大津留厚『ハプスブルクの実験』中央公論社、一九九五年

加藤雅彦『図説・ハプスブルク帝国』河出書房新社、一九九五年

W・M・ジョンストン（井上・岩切・林部訳）『ウィーン精神』（1・2）みすず書房、一九八六年

Forst-Battaglia, Jakub: *Polnisches Wien*. Wien: Herold, 1983.

Glettler, Monika: *Böhmisches Wien*. Wien: Herold, 1985.

Magenschab, Christine-Marie: *K & K Kulinarium*. Wien, 1991.

Magenschab, Hans: *Die Welt der Großväter*. Wien: Edition S - Verlag der österreichischen Staatsdruckerei, 1990.

May, J. Arthur: *Vienna in the Age of Franz Josef*. Norman: University of Oklahoma Press, 1966.

May, J. Arthur: *The Habsburg Monarchy 1867-1914*. New York: W. W. Norton & Co., 1968.

Michael, John/Lichtblau, Albert: *Schmelztiegel— Einst und jetzt*. Wien: Böhlau Verlag Gesellschaft m.b.H und Co.KG, 1993.

Ricaldone, Luisa: *Italienisches Wien*. Wien: Herold, 1986.

Szegö, Johann: *Ungarisches Wien*. Wien: Ueberreuter, 1998.

Vacha, Brigitte (Hg.): *Die Habsburger. Eine europäische Familiengeschichte*. Graz: Styria Verlag, 1992.

Zweig, Stefan: *Zeit und Welt*. Stockholm: Bermann-Fischer Verlag, 1946.

2 ウィーンの都市空間と建築

◎伊藤哲夫

一 古代ローマ期——ゲルマンに対する防衛拠点

■ローマ軍団基地ウィンドボナ

都市文化の厚み、都市空間の質の高さは、その都市の歴史の記憶の重なりと無関係ではあるまい。ウィーンはローマを記憶している。紀元前五世紀頃のケルト人による集落形成の痕跡が認められるというが、ウィーンの都市としての成立は、古代ローマ期に遡るといってよい——古代ローマ軍が駐屯する軍団基地ウィンドボナである。

紀元前一世紀、カエサルあるいはアウグストゥス帝の時代にすでにアルプス北方の国々を帝国に

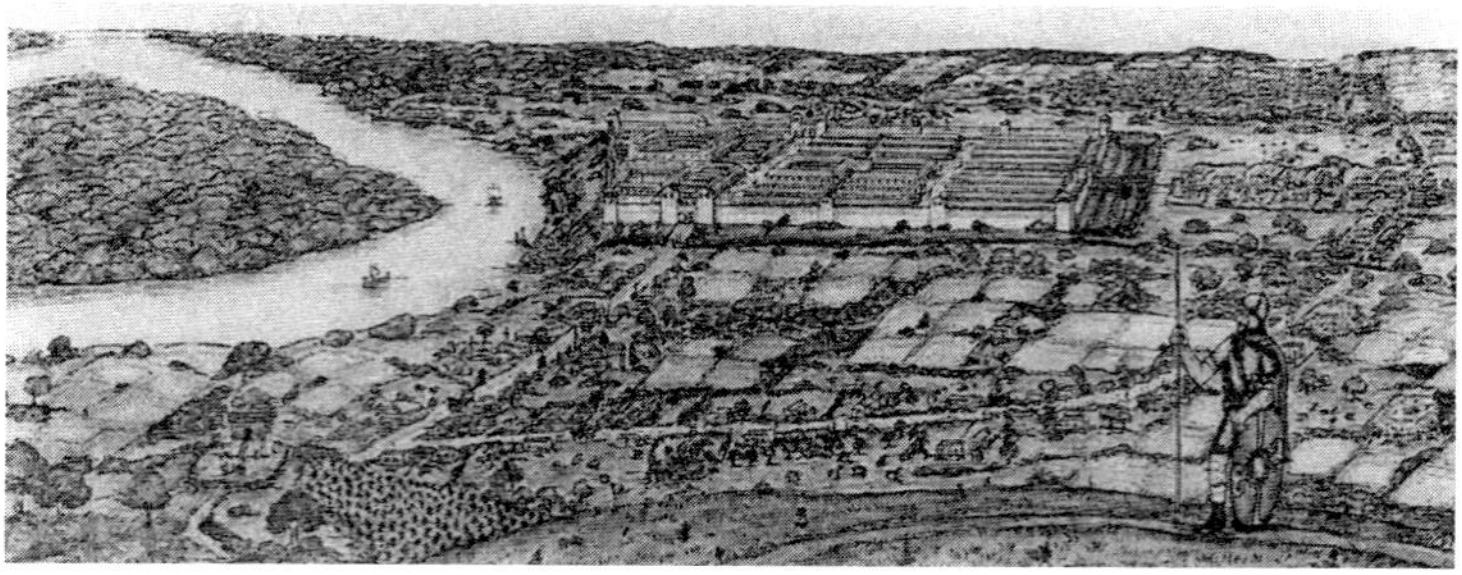

❶紀元2世紀のローマ軍団基地ウィンドボナ〔想像復元図〕

組み入れていったローマ帝国は、紀元後一世紀以降、北の蛮族の攻撃を防ぐためドナウ川―ライン川沿いにリメス（防衛線）を築き増強していった。その防衛拠点のひとつとして建設されたのがウィンドボナであるが、東方四〇キロメートルほどに位置する属州上部パンノニアの首都カルヌントゥムの防衛の役割も担っていた。二世紀後半、北のゲルマン民族の侵入が頻繁となり、これを撃退させる戦いに多くの年月を費やした（あの『自省録』を著した）皇帝マルクス・アウレリウスは、このローマ軍が駐屯する軍団基地ウィンドボナで死去したともされる。

ケルンにしてもボンやマインツ、レーゲンスブルクにしても、ローマ帝国の植民都市あるいは軍団基地を起源とする諸都市は、いずれも川の北に住む蛮族に対し川の南側に立地する。そして都市壁のまわりの濠に川から水を引いて満たした。ウィーンも例外ではない。

古代ローマの都市プランはほぼ四角、正方形で、祭司が執り行う儀式によって都市の中心がまず定められ、それを交点として厳密に南北に走る主要街路カルド・マクシムスと東西に走る主要街路デクマヌス・マクシムスによって都市は四分割され、この四分された地区ごとの組織体が都市運営を担った。そしてこれに従って規則正しく格子状の細街路網が

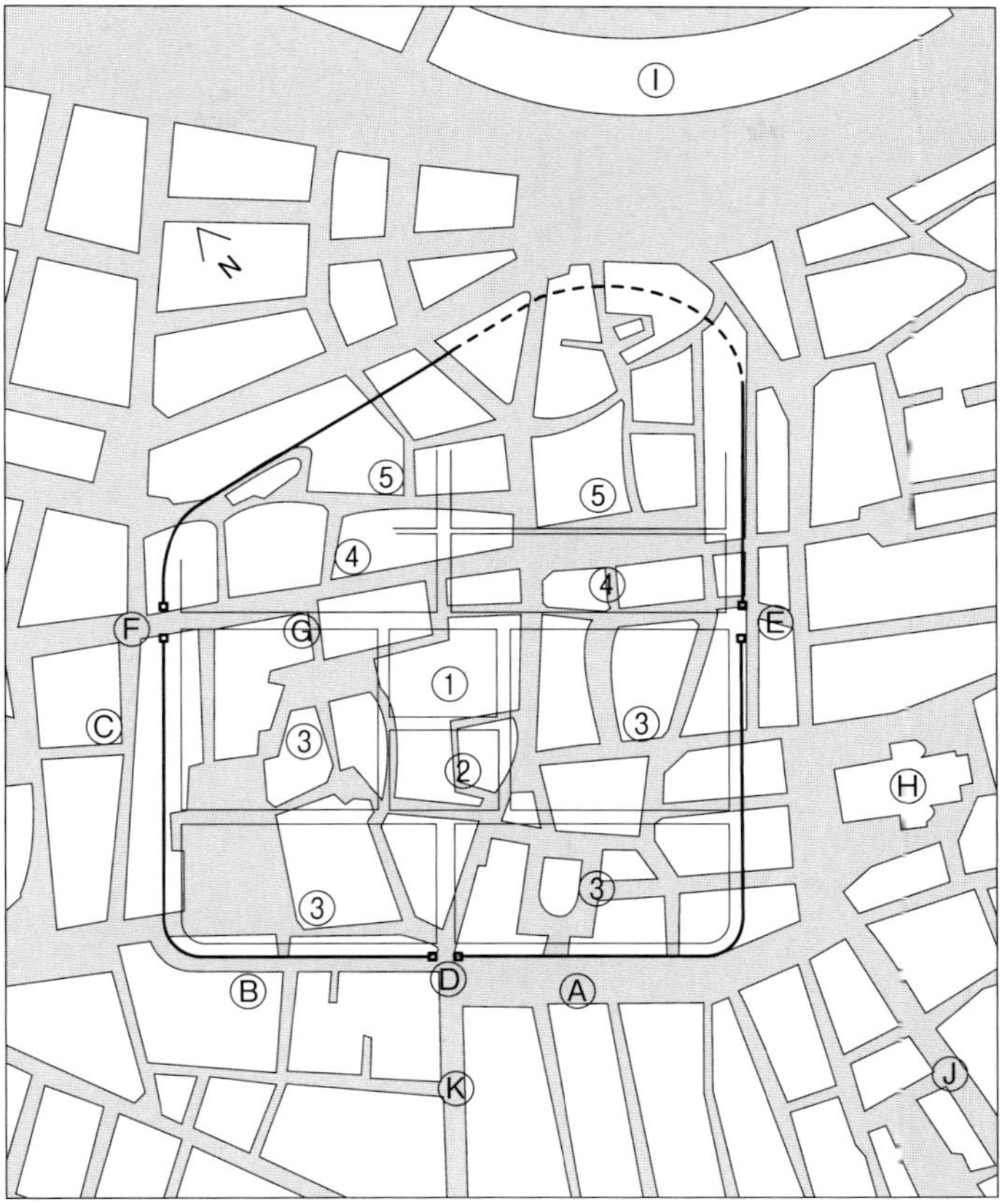

❷軍団基地ウィンドボナと今日のウィーン
Ⓐグラーベン　Ⓑナーグラー街　Ⓒティーファーグラーベン　Ⓓ南門　Ⓔ東門
Ⓕ西門　Ⓖデクマヌス・マクシムス　Ⓗシュテファン教会　Ⓘ今日のドナウ運河
Ⓙケルントナー街　Ⓚコールマルクト
①中庭を囲む司令部　②司令官官舎　③兵舎、倉庫、厩舎等　④将校官舎
⑤病院、浴場、兵舎等

❸《左》古代ローマ時代の湾曲する都市壁の跡をしのばせるナーグラー街。《右》古代ローマ時代に濠であったグラーベン。

形成された。いわゆるローマ正方形・四分法（ローマ・クァドラータ）である。生きるにあたってこれといった手がかりもない混沌とした世界にあって、宇宙の秩序を自分たちの都市に投影させ、その世界観を表明したものだ。ローマ軍の軍団基地のプランは戦時体制に備えるところから機能的配置が優先され、植民のための創建都市とはおのずと異なり、厳密に四分法ではないにしても、デクマヌス・マクシムスは存在し、規則正しい街路網による都市構成は変わらない。

　ウィーンの場合はドナウ川支流に接するという地形的制約から厳密には正方形でなく、四五六メートル×五三一メートルの規模で最大三メートル厚の都市壁で囲まれ、今日の旧市街の核部分と重なる——東西を走るデクマヌス・マクシムスはほぼ今日のヴィプリンガー街と重なり、これとロート街、ティーファー・グラーベンと交差するあたりに東西の都市門が、そしてグラーベンとトゥフラウベンが交差するあたりに南門があった。そしてナーグラー街の湾曲は古代ローマ都市に固有な湾曲する隅部の都市壁と一致する。

　またグラーベン（ドイツ語で「濠」の意味）はまさにこの都市壁

に沿ってつくられた濠であり、今日ケルントナー街と共にウィーンで最も繁華な細長い広場であるグラーベンなる場所と名称は直接古代ローマの記憶を蘇えさせる。

この古代ローマ軍の兵士たちがブドウの植え付けを勤務の余暇にはじめたことに起源するブドウ畑がウィーンをとりまく森の麓に広がり、その年の新しいワインを出す居酒屋であるホイリゲが点在するさまは、自然に恵まれたおだやかなウィーンの景観に欠かせない。

■古代ローマの記憶

そしてウィーンの建築家たちの頭の中に、なんとたびたびローマが想起されることか。カール広場に面して立つバロックの建築家フィッシャーによるカール教会（一七一五～二二年）は、世界に台頭しつつある自らの都市を「栄光のローマ」にあやからせ、異種なる建築的エレメントを共存させて図像学的に表徴された建築だ。現代の建築にもひきつがれている点だが、ここに建築に多様な意味を重層させる、そして過去の歴史をひきずり歴史から離れがたいといったウィーンの建築に固有な面が見出される。十九世紀前半ビーダーマイヤーの建築家コルンホイゼルにも「偉大なるローマ」を意識した顕著な面が見られるし、二〇世紀初め近代建築を切り拓いた建築家のひとりロースはしばしば「ローマ精神」について述べ、自己のテーゼである「装飾と犯罪」の主張にあたってそれを援用する。また同じ時代の新しい芸術運動をウィーンでは、ゼツェシオーンとよぶ。この語も古代ローマの故事（貴族階級からなる既体制からのプレブスすなわち平民による分離・独立運動）

に由来する。

二　ロマネスク期——ヨーロッパ交易の十字路として発展

ゲルマン人による破壊と自然発生的な中世都市の形成

古代ローマ人の都市ウィーンは、五世紀初めドナウ北岸から渡ってきたゲルマン人によって破壊され、次第にゲルマンの都市となっていく。しかし、その後十世紀に至るまでの都市の歴史は未だよくわかっていない。ただ同じくローマ帝国の都市であったドイツのトリーアやケルンの例からすると、ゲルマン人によるウィーンの都市破壊はかなり徹底的であったとみてよい。やがて時が経るとともに、残された都市壁内に安息を求めて人々が住みつくようになり、小さな集落が形成される。破壊された古代ローマの格子状の規則的な街路網であった都市構造の上に、湾曲し不規則な街路網による都市が重層していった。計画的な意志が反映されない、いわば自然発生的な迷路的な街路と広場によって構成される中世の都市空間のはじまりである。

九世紀にかけて都市壁内に教会が建てられはじめた。これらの教会は人々の精神的支えであるばかりでなく、教区の組織が市民の街づくりの組織と重なり、実質的に市民の生活を支え、都市の発展に積極的にかかわった。

十二世紀のヨーロッパは流通経済が発達し、各地に都市が創建された。ドナウ川を利用した交易も活発化し、物資の中継地としてウィーンは発展しはじめる。都市壁外にもシュテファン教会などが建てられ、これを契機に今日のベッカー街、ジンガー街のあたりまで集落が形成されていく。僧侶の館やドナウ川沿いの都市レーゲンスブルクやパッサウ、それにケルンなどからの商人の商館がその中心的存在であるが、都市壁外への都市発展のはじまりである。

この時代、ウィーンとその周辺を統治しはじめたバーベンベルク家は居城をクロスターノイブルクからウィーンに移す（一一五六年）。そして今日のアム・ホーフ広場に面して居館・宮廷としての城塞を築くのだが[1]、このことはウィーンの都市発展に大きな意味をもった。これによってローマ帝国時代の属州上部パンノニアの首都カルヌントゥムにかわって、その防衛を担っていたウィーンが政治的にも、経済的にもオーストリアの中心的都市としての地位を占め、体裁を整えていく。

十三世紀初めのウィーンは宮廷を中心に大いに繁栄した——最初の都市繁栄である。そして東ローマ帝国の皇女との婚姻を機に、東方ビザンチンの文化の影響もあるのだろう、宮廷文化も栄えた。「ケルンの次に美しい都市」とオーストリア公が主張したとも言われ、この時代に書かれたゲルマンの英雄伝説に題材をとった叙事詩『ニーベルンゲンの歌』では何度か「ウィーンの都」として登場し、都市ウィーンはにぎわっていたことがうかがえる。

▒円環状に設けられた都市壁と都市機能の拡張・整備

この頃、都市が拡張・整備された。古代ローマ時代からの都市壁は壊され、濠は埋めたてられ

（今日のグラーベン広場、ナーグラー街等がこれである）、より広い市域をとり囲むかたちで新たに都市壁と濠が、ローマ期のほぼ正方形に対し円環状に建設された。この時の都市域は、都市壁と濠がとり除かれ近代都市へと大きく変貌した一八五七年まで、ウィーンの都市空間を規定した。

交易と十字軍派遣と関連してヴェニスへ通ずるケルントナー街が建設され、この街路沿いに新しい住区も形成された。その中心はこれも新しくつくられた広場ノイアー・マルクトである。ノイアー・マルクトに限らず都市の経済にとって重要な市が開かれる広場がさまざまな形態で形成されたが、これらの広場とその形は今日のウィーンの都市空間形成に大きな役割を果たし、都市空間を特色づける。

また古代ローマ軍団基地ウィンドボナの主要街路デクマヌス・マクシムスとほぼ一致するヴィプリンガー街が主要東西軸を、そして新たに建設されたケルントナー街が主要南北軸を形成した。古代ローマ時代の北方のバルト海地方とイタリアを結ぶ通商路「琥珀の道」と、西のドイツと東のハンガリーを結ぶ「塩の道」とが交差する物資の中継地としての地理的状況が直接反映されたこの東西・南北の都市軸の形成は、ウィーンに特徴的な点だ。各地より物資をはじめさまざまな民族、そして文化がここに交差し融合し、ウィーン固有の都市文化が形成された背景には、これを受容する都市構造があったといえる。

■ウィーンは「ロマネスク都市」といえるか?

このように今日のウィーンの都市構造、都市空間を思いのほか大きく決定づけたロマネスク期のウィーンだが、今日、建築についてみるとその度合いはかなり小さい。教会だけに限ってみると二一もの多くの教会が建てられ、当時の都市景観に支配的役割を果たした。だがそれが残っていたなら、ウィーンは「バロック都市」とともに「ロマネスク都市」とも言ってよかったのだろうが、ウィーンを「ロマネスク都市」とは言わない。今日では僅かしか残っていないからである。

ロマネスク建築というと、ドイツではシュパイヤーやヴォルムス、ヒルデスハイム等の都市の教会が知られるが、ウィーンへはこのドイツを経て遅れて伝わった。ウィーンにおける最古のルプレヒト教会(一一三〇年〜)、それにシュテファン教会(一一三七年〜)等のロマネスク建築は、フランスのそれと比較すると五〇〜一〇〇年ほどの遅れがあり、だから伝わった建築は「最後の後期ロマネスク」と言ってよい。これは後のすべての建築様式に共通することだが、遅れて伝わることから流行の当初の熱情は醒め、ウィーンの文化の中で咀嚼され、その結果かなり固有性を帯びるのがウィーンに特徴的な点だ。ヨーロッパにおいて地理的にも文化的にも周縁にあるという状況が、むしろんその背景にある。

ロマネスクの教会が政治的に不安定な時代にあっても都市の発展に大きな役割を果たし得たのは、教会が城塞的な性格も有し、子供たちの教育それに病人の看護などを含めて人々をいざというときに保護したその庇護性にもある。だから開口部は少なく、囲い込むような堅固な面が強い。前

❹ウィーンにおける最古のロマネスク教会であるルプレヒト教会（1130〜）

述の二つの教会の他に、バーベンベルク家がウィーンに居館を移した折、自家の礼拝堂としてレーゲンスブルクからアイルランド人の僧侶を招き、建てたショッテン僧院・教会、それにマリア・アム・ゲシュターデ教会、ミノリーテン教会、ミヒャエル教会など二一もの教会が建てられたが、その多くはゴティク期に建て替えられたり、バロック期にバロック様式化された。今日なお「ロマネスクのウィーン」の面影を残し、ウィーンの都市景観を大きく規定しているものに、ルプレヒト教会、シュテファン教会の正面ファサードなどがあるが、神が存在する（と認識し始めた）天国に向けて屹立するマッシブな塔や厚く高い壁がこのロマネスク時代の神を希求する精神を伝える。

三　ゴティク期――帝国の宮廷都市へ

■旅をしつつの統治から定住統治へ

ウィーンがオーストリアの首都・宮廷都市として認められるのは、ようやく十三世紀末ゴティク時代になってからである。十三世紀初め、ウィーンの宮廷文化は栄え、抒情詩人のワルター・フォン・デル・フォーゲルワイデも宮廷で青年時代を過ごした。だが首都・宮廷都市として認められつつあったとしても未だ十分ではなかった。それは、中世ドイツにおいては国王はある特定の王宮に定住するのではなく、常に国内を旅をして各地の王宮を巡り統治するという興味深い統治形態をとっていたためであって、バーベンベルクの王はウィーンが気に入り滞在日数が長いとはいえ、定住とはいえないからである。

ほぼ定住と認められるのは、バーベンベルク家が滅び（一二四六年）、もともとはスイスやアルザスに所領をもった小貴族で、東進を重ねつつ富と権勢を高めドイツ国王にも推挙されるに至ったハプスブルク家がかわって支配権を握ってから、とりわけ二代目のアルブレヒト王の時代（一二八一年〜）になってからである。アム・ホーフの城塞的王宮は今日の王宮がある場所ホーフブルクに移され、王はこの王宮にほぼ定住し、宮廷都市として認知されはじめるが、王宮が建築的に充実するのはようやく十六世紀のルネサンスの時代になってからである。

■四つに分けられた都市自治組織

流通経済はますます発展し、手工業者、商人たちが富と力を蓄え、権力者の国王とときには対立しつつも、獲得した自治権をもとに比較的自由な充実した市民社会が繰り広げられる。大学もこの頃創設（一三六五年）される。そして教会が都市のいっそうの発展の担い手となった。教区の組織が市民の街の組織とほぼ重なり、この組織が税金の一括納入、街路の清掃、下級裁判の実施、敵の襲撃時の自分たちの分担分の都市壁の防衛等の運営にあたった。この組織は他の多くの中世都市と同じくウィーンでも四分割されていたことは、同じ都市組織を示した古代ローマの都市四分法を思い起こさせ、興味深い。このように教会が、というより信仰が市民社会の営みに深く浸透していった。

■木造から石造へ——妻入りの街並み景観

都市の居住空間は身分、職業、富つまり社会階級にしたがって分化しはじめる。ホーアー・マルクトは経済的中心であり周辺には富裕な市民が、グラーベン周辺には一般市民が、ノイアー・マルクト周辺には商人が住む。そしてシュテファン教会周辺には僧侶をはじめ教会関係者が、また王宮周辺には貴族が住みつく。当初は木造建築が圧倒的に多かったが、数度の大火に遭い、これを契機に不燃の石造都市へと脱皮していく。ただ主要街路に面しては三〜四階建ての家もあったが、興味深いのは多くの建物が街路から見て妻壁が並ぶいわゆる「妻入りの街並み」の景観であったことだ。これは今日でも北の国々の都市の景観に多く、例えばプラハなどの都市の一部に妻入りの街並みが連続しているが、ウィーンでは十七世紀後半になって「平入りの街並み」に変遷していく。

■林立する教会と僧院の塔

十四世紀になると市壁内における建設活動が盛んになる。なかでも高僧や地方の領主たちが住居を構え、自分たちの教会や僧院を競って建て、その結果、市民の家が壊されたり、市民が家を建てる余地を圧迫することになり、後に十八世紀末になって僧院の取り壊し、閉鎖令が出される事態となった。だからこの時代のウィーンの都市景観は教会・僧院の塔が林立し、宗教建築が支配的であった。

これらの建築様式はゴティクであるが、ウィーンにおいては十三世紀中頃から実に十六世紀中頃まで続く。ゴティクは十二世紀フランスで成立したから、ドイツを経てウィーンへは百年近く遅れて入ってきたのであって、いわゆる「盛期ゴティク」というより大半は「後期ゴティク」である。イタリアでは十五世紀中頃にはすでにルネサンスが開花しつつあったのだから、相当な時代の開きはあるが、この「後期ゴティク」は十七〜十八世紀バロック建築ほどではないにしても、各地で固有な発展をとげる。天井のリブヴォールトの洗練された形態もそのひとつだ。

この時代に建てられた教会には十八世紀にバロック化されたものが多いが、ハプスブルク家の宮廷付属教会としてドイツの建築家によって建てられたアウグスティナ教会（一三三〇〜三九年）はバロック化の後、十八世紀後半再びゴティク化された珍しい例だ。マリア・アム・ゲシュターデ教会（一三四三年〜）は「ゴティクの宝石」とも称されるが、字義どおりドナウ川に向かって下る急斜面の丘沿いに立つという立地から(2)内陣と主廊の軸線が微妙にずれ、比較的暗い祈りの空間としての主廊と神の啓示を予期させる光が充満する内陣の構成による空間は素晴らしい。この微妙な空間のずれなどは今日に至るまで後のウィーンの建築家がアレゴリクに、洗練されたかたちで好んで試みたもので、ウィーンの建築に特徴的な点のひとつといえ、それはこの教会に端を発する。また塔の頂部は透し彫りのような技法で、後期ゴティクに固有なもので、美しい。

シュテファン教会（一一三七年〜、一三〇四年〜）はロマネスク時代の教会建物をそのまま使用しつつ、これを囲むように外周部に建設し、完成後取り壊した。ただ西側正面ファサードのみはロマネスク期のものがそのまま残り、ゴティクと共存している。この時代の教会建築としてけっして稀な例ではないが、ウィーンの建築を特徴づける「異種なるものの共存」の先例といっていい。南側の塔は国王ではなく市民の手によって、それも当初の計画より高く建てられた（一三五九〜一四三三年）もので、市民の信仰心が投影されている——巨大な教会は「世界の山」を象徴し、充満する宇宙の光に包まれつつ中央に岩の山がそびえ立つという都市の景観を希求した中世の人々の精神の投影が。この教会の中に足を踏み入れる者は誰でも、崇高な精神に思いを馳せ心を打たれるにちがいない。「世界でも最も厳粛で素晴しい空間をもった教会——この空間の中に足を踏み入れ、そして一歩外に出る時、どんな素晴しい体験をしたかと後をふりかえることか。この素晴しい空間体験の

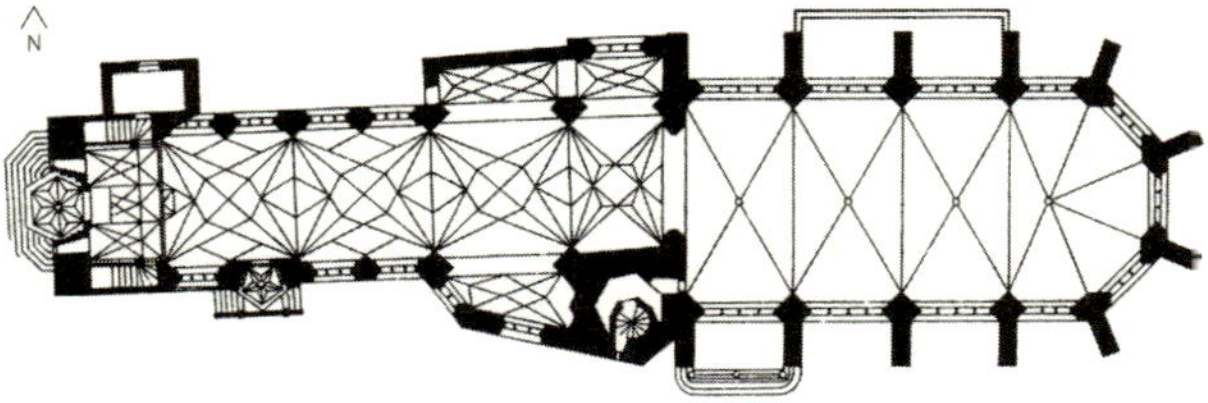

❺ゴティクのマリア・アム・ゲシュターデ教会（1343～）《上左》正面ファサード《上右》内部空間 《下》平面図

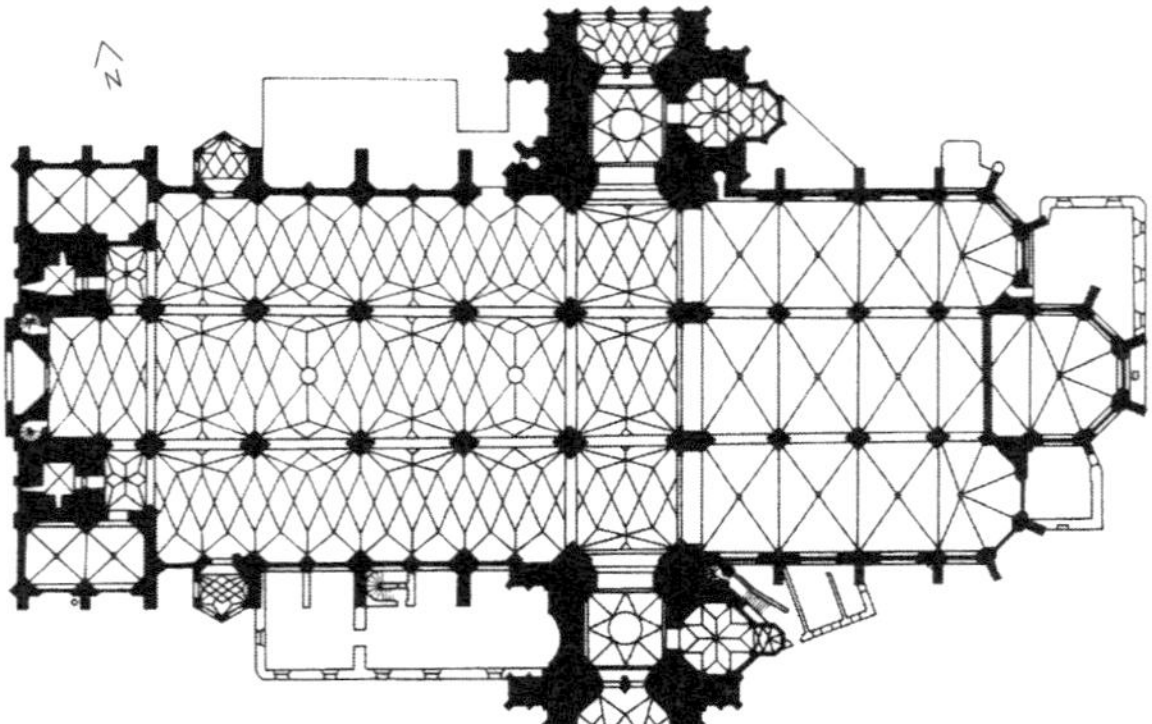

❻シュテファン教会（1137〜、1304〜）《上左》正面ファサード〔ロマネスクとゴティクが共存〕《上右》内部空間　《下》平面図〔西側正面入り口部分のみロマネスク時代のもの〕

強烈さは、ベートーヴェンの第五交響楽を聴くより大きい。この交響曲の素晴しさを体験するには、三〇分以上耳を傾けねばならないだろうが、シュテファン教会では三〇秒でこと足りる」と、建築家アドルフ・ロースが語っている。

今日のウィーンの都市構造を大きく規定したロマネスクの時代に対し、ゴティクの時代はこれらの教会等の建築によって今日の都市景観を規定しているといえよう。

四 ルネサンス期——トルコとの戦いと宮廷の整備

■オスマン・トルコ軍によるウィーン包囲を経て近代的な城塞都市へ

バルカン半島全域をその版図にいれ、ハンガリーをも制圧したシュレイマン大帝率いるオスマン帝国の大軍がウィーン攻略に向けて侵攻し、一五二九年秋ウィーンを包囲する。ウィーン市民総出の防戦の結果、ことなきを得たが、すんでのところで陥落するところだった。市壁が十三世紀以来の旧式なもので、近代戦の砲撃に対し無力であったからである。オスマン・トルコ軍撤退の二年後、早速市壁の防衛強化工事にとりかかる（一五三一年）。イタリア人軍事専門家を招き、先進イタリアの都市防衛壁を模範として近代化を図る——星状に稜堡を十二ヶ所、さらにそれを補強する小稜堡を旧市壁から突き出るように工事を進める。そして市壁周囲に形成されていた集落はトルコ軍によって撤退時に破壊されたが、そのまま市壁周囲を建築禁止区域とする。空地とすることで射程内の敵軍の動きを見やすくするためである。この空地帯（グラシー）は順次拡大され、一六八三年の第二次トルコ軍ウィーン包囲の頃には幅五〇〇メートルに及ぶ広大なものとなり、ところどころに水を溜めて養魚池としたり、果樹程度は植栽され、平和時には市民の散歩道となる。

この近代的市壁とグラシーは一八五八年に撤去されるまで、否、リングシュトラーセはここに建設されたのだから、今日までウィーンの都市空間を大きく規定した。

■王宮の拡張と整備 ── イタリア人建築家の活躍

中世ウィーンの王宮の規模は小さく、その性格は要塞的だ。それは十三世紀末に、各地の王宮を巡りつつ国を統治してきた国王がウィーンにより長く滞在しはじめたとしても、一定しなかったことを示している。王宮（ホーフブルク）の拡張・整備が進められたのは、居住する王宮をウィーンと定めたルネサンスの時代である。これまで国王とときには諍いをしつつも政治的、経済的に自立し「中世の自由な市民生活」が営まれてきたが、その基本となる国王から獲得した自治権が破棄される。かわって「都市秩序法」が制定され（一五二六年）、以後十九世紀に至るまで市民は国王に従属する立場となるが、これは絶対主義の近世への転換期を象徴するできごとである。

まずシュタルブルク（厩舎）が建てられた（一五五八年〜）。もともとはスペインから戻ってきた（後の）マクシミリアン二世の邸館として計画され、後にスペイン乗馬学校の厩舎として改築されたものだ。中庭を囲む吹き放しの三層にわたって重層する列柱廊が美しい。優雅なイタリア・ルネサンスの邸館を思い起こすこのシュタルブルクの後に建てられたのがアマーリエンブルク（一五七五年〜）であり、またやや後になってアマーリエンブルクと中庭を形成するように建てられたのがレオポルト館（一六六〇年〜）である。

これらの建物の設計はいずれもイタリア人の建築家によるものである。百年以上もの年月のずれでイタリアより伝わったルネサンス様式だが、防衛を優先する都市計画にも通じたイタリアの建築家が活躍したのはごく当然だ。

❼シュタルブルク（1558〜）〔マクシミリアン二世の邸館として計画され、後に厩舎に改築された。〕

王宮の拡張と整備はまた十八世紀のバロック期に活発に行われ、一応の終結を見るが、十九世紀後半になってリングシュトラーセの建設と関連して新たな模索が始まる。

■郊外のトルコ軍陣営跡に立つ皇帝の離宮ノイゲボイデ

市内に上水道が敷設され（一五六五年）、広場の泉から上質な飲料水が供給されたり、街路が石畳とされ、たび重なる大火に備えて防火設備が充実し、最初の家屋調査の実施（一五六六年）等々都市施設が充実したのはこのルネサンス時代である。建築的には王宮の拡張と整備、それにトルコ軍に破壊された郊外（都市壁の外）の僧院の都市壁内への移築などのほかに、目立

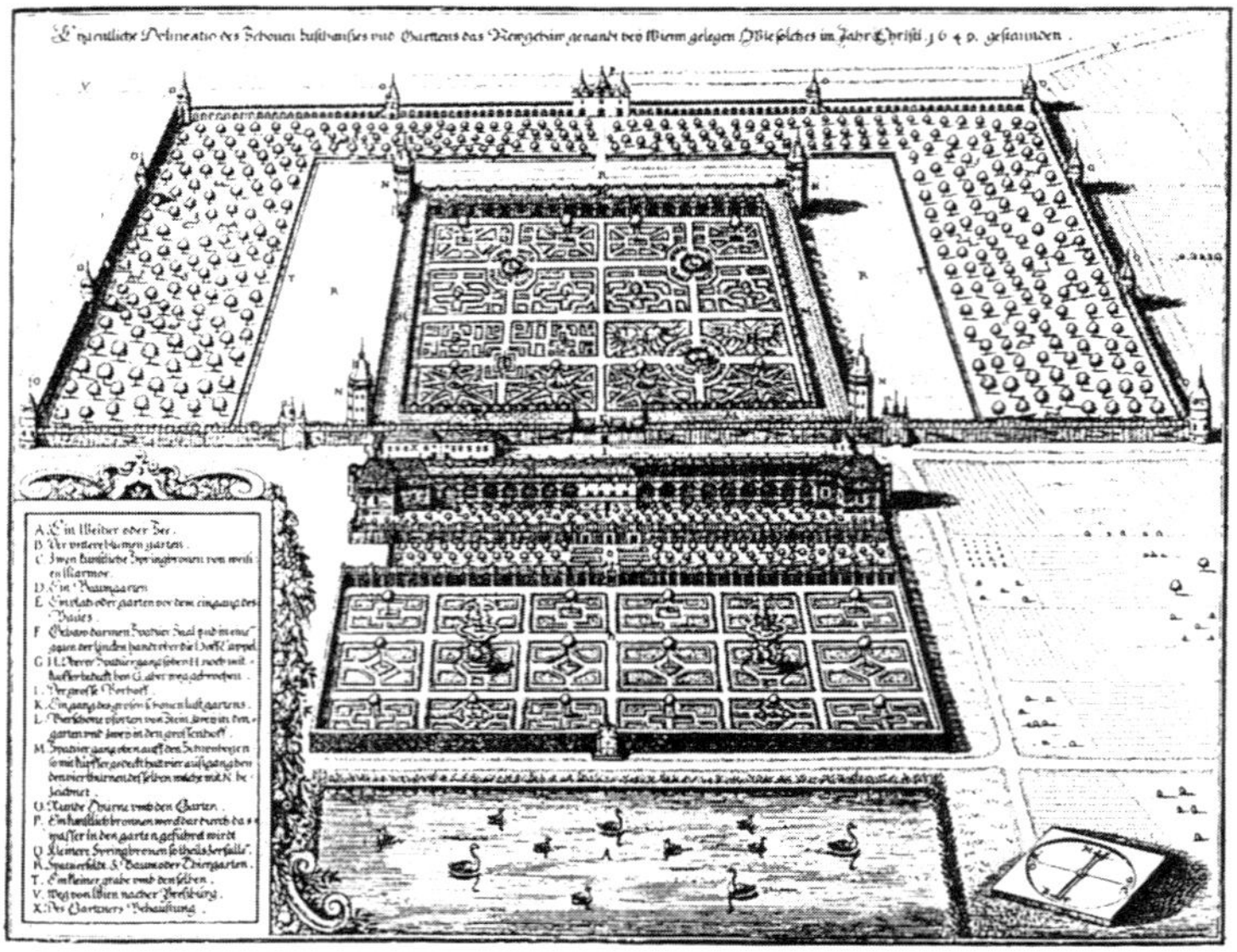

❽皇帝の離宮ノイゲボイデ〔メリアンによる北側から見た鳥瞰図（1649）〕

った活動はない。ゴティクの時代が十六世紀初めまで長く続き、ルネサンスが百年近く遅れて伝わり、ルネサンス期が百年程度と比較的短期間であったこと、それに何よりも市壁の近代化に向けた大改造工事に膨大な費用がかさみ、新建築へ出費を可能とさせる財政が充分でなかったためである。だからウィーンではルネサンス様式が、ゴティクからバロックへ移行する単なる「過渡的様式」とされる場合さえある。

だが「ルネサンスのウィーン」で思い起こされるのは、ウィーンの東南七キロメートルほどの、ジンメリングの中央墓地とクレマトリウム（市営火葬場）の近くにある今日では廃虚となってしまった皇帝の夏の離宮ノイゲボイデ（一五六九～八七年）である。「美しい離宮……」「……庭園というより塔が林立する都市のようだ」「ヨーロッパでも最も壮麗な建築のひとつ……」[3]と伝えられるように、十六世紀末から十七世紀にかけて、多くの人々がこのルネサンスの離宮を一目見んがために足を運んだ。

はるか西方にウィーンを遠望する小高い丘の上に位置するこの伝説的な離宮は、メリアンの都市図（一六四九年）などを見ると、二層の建築で中央は大ホール、その両翼はルネサンス固有の吹き放たれた列柱廊となり、そこから傾斜する地形を利用して幾重にも重なるテラス状の庭園と共にドナウ川を見下ろす。背後には高い塀壁によって二重に囲まれた庭園が広がる。この外側の庭園には珍しい動物が飼育された。そして塀壁のところどころにトルコの野営テントを思い起こさせる塔がそびえる。遠眼には塔が林立し、ルネサンスの列柱廊が水平に延びる壮麗な離宮だ。

スペイン・ハプスブルク王宮に長く滞在し庭園好きなマ

❾ウィーンを包囲したオスマン・トルコ軍の陣営〔バルテル・ベハムによる、ウィーンを南東から見た図（1529）〕

クシミリアン二世帝が建てたこの夏の離宮は、後のバロック期に競うように郊外に建てられた王や貴族の別荘の先駆け的な存在である。

なによりも興味深いのは、離宮が立地する小高い丘に、四〇年前の一五二九年トルコの大軍がウィーンを包囲した折に、指揮するシュレイマン大帝の美しく大きな野営テントが張られていたという事実だ。マクシミリアン二世帝は戦勝記念として意識的にこの地を選定し、豪壮な離宮建設によって帝国の偉容をトルコ帝国はもとより内外に誇示する政治的意図があったにちがいない。それはまた、ウィーン市壁外の郊外にあっても安全であることを身をもって示し、国家の安定を示すことでもあった。

一六六五年ウィーンを来訪したトルコ大使の随行役人が途上この離宮を見た印象を「シュレイマン大帝のテントの城」と記しているが、その庭園を囲む塀壁に付属するいくつもの塔は、実際トルコ軍のテントないしモスクの塔に相似し、表象するものであったことも興味深い。

トルコ軍の置き土産ともされるウィーンの都市文化を彩どるカフェーハウス文化とは別に、ウィーンの建築家たちはトルコの、そして東方オリエントの建築文化にいかに大きな憧れを抱いてきたことか。バビロンの女王セミラミスの空中庭園――テラスハウスを追う夢、モスクのミナレット(尖塔)、それにパラヴァン[4]といわれる住居の部屋の中で目隠しのため使う衝立あるいは屏風や、今日でさえキオスク(小さな園亭)といった軽快な建築に建築家たちはひかれ、秘かに実践している。ウィーンの都市にはトルコの記憶も重なっている。

❿皇帝の離宮ノイゲボイデ（1569～87）〔ヤコポ・ストラーダ設計。今日廃墟となっている。〕

離宮ノイゲボイデは一五六九年に建設が始められ、建物の躯体、外装と庭園部分は完成したが、皇帝マクシミリアンの突然の死（一五七六年）で内装部分のほとんどは完成せず、離宮の建設は未完に終わった。帝位を継いだルドルフ二世は工事を続行させたものの、プラハの王宮に移り住んだこともそのまま未完の原因となる。そして十六世紀末にはすでに荒廃が始まった。設計はイタリア人のヤコポ・ストラーダ。本来は古美術骨董の専門家だが、建築を独学で学んで宮廷建築家としても活躍した。皇帝がイタリアより取り寄せたルネサンス離宮建築例を参考に設計した。

もうひとつ興味深いのは女帝マリア・テレジアの時代、夏の離宮シェーンブルン宮の丘の上のグロリエッテの建設にあたって（一七七五年）、当時すでに廃墟となっていたこの離宮ノイゲボイデのあの華麗な吹き放ちの列柱廊部分を移設、再使用していることだ。設計にあたった新古典主義の建築家ホーエンベルクがこれを惜しんで、シェーンブルン宮の丘の上に見事に再生・蘇らせた。

五　バロック期——繁栄する多民族の帝都

■防塁壁の建設と市壁外における集落の形成

ハプスブルク朝はハンガリーまで迫っているオスマン帝国と使節の定期的な相互訪問をするなど、平和外交政策によってなんとか均衡を保ってきた。その平和外交も実際はトルコ宮廷に毎年巨額の金品を貢物として献上する屈辱的なものだった。その均衡が破れ、一六八三年宰相カラ・ムスタファ・パシャ率いる二五万のトルコ軍が再度来襲しウィーンを包囲したが、近代的な城塞に改造していたためと、それにポーランド王ヤン・ソビエスキやドイツ諸邦の援軍などもあって、前回ほどの危機的状況は少なかったが、いずれにしてもトルコ軍の砲火により都市壁と市民の家々は多大な損害を蒙った。フランス出身の軍人でウィーン宮廷に来た将軍オイゲン公はトルコ軍を追討、これをベオグラードで破り最終的にトルコまで追い払った英雄として称えられ、宮廷において確固たる地位を築いていく。

トルコ軍の撤退後二〇年が経、再度の来襲に備えてウィーンは市壁を遠まき（市壁から一・五～二キロメートル）に囲むように全長二〇キロメートルにおよぶ防塁壁（リーニエンヴァル）を建設し、前線としての防衛線（リーニエ）をはる（一七〇四年）。これは市営鉄道が走り、幅員の大きな、ところによっては並木道となっているほぼ今日のギュルテルと重なる。これを契機に人口増により住居難で悩んでいたウィーンは、この防塁壁内の郊外には集落が急速に形成されていく。むろん、トルコ軍の第一回、第二回ウィーン包囲以前にも集落は形成されていた。宗教改革運動を制して各修道会は郊外に教会・僧院を建設したが、広大な敷地を有し自給自足の生活を営む僧院だけでなく、手工業者、商人、農民たちの集落も形成された。ドナウ川彼岸のレオポルトシュタット、ヴェニスへと通ずる街路沿いのヴィーデン、それにヨーゼフシュタット等、その規模は決して小さくない。だがそうした集落はマクシミリアン二世の離宮ノイゲボイデを除いて、トルコ軍の来襲の度毎に徹底的に破壊されてしまった。これでは安定した郊外地の集落の形成はおぼつかなかった。

防塁壁の建設後、ヨーゼフシュタットなどのように自然発生的な集落だけではなく、あまり多くはないが計画的に形成された集落もあり、後のウィーン市街地として発展していく。

■バロックの宮廷都市への変貌

再度ウィーンを包囲するも敗れ撤退したオスマン帝国との戦争終結は、市民に生活の安定と経済的発展をもたらし、ウィーン全体に建設と都市整備の気運を盛り上げる。とりわけ貴族たちが邸館を競うように建設する。十七世紀半ばからこうした現象が見えはじめたが、それに一層拍車がかけられた。だがそうした建設は一般市民の家の犠牲の上に可能となった――つまり間口の小さないくつかの市民の家が取り壊され、それらの敷地がひとつとなった広い敷地の上に貴族の邸館は建てられたのだ。当初は王宮周辺のヘレン街、ミノリーテン広場、フライウング等に集中していたが、後に他の市民の住区に侵食するようになり、邸館の敷地が占める面積は、ウィーン市壁内の市街地面積の実に二五パーセントにもなった（一七三〇年）。

取り壊された市民の家々の間口は狭く、街路に向かって妻側のファサードを見せるのに対し、貴族の邸館は大きな間口を占め、平入りで堂々たる外観で街路空間を形成する。かくしてそれまでのスケールの小さな妻入りの市民の家々が立ち並ぶ中世的、市民的都市景観にかわって、平入りの堂々たる貴族の邸館が他を圧倒する宮廷都市的景観へとウィーンは変貌をとげる。

ちょうどこの時代の建築様式は華やかでしばしばダイナミックに湾曲するファサードを特色とするバロック様式であり、これらの都市の邸館をはじめ郊外の夏の離宮、それに教会（新しく建築されたものだけでなく、既存の教会がバロック様式化されたものも多かった）、図書館などの建築群が都市景観を華やかに彩どるウィーンは、ローマ、トリノあるいはプラハなどと並んで「バロック都市」といわれる。

またこうした貴族の邸館は市民の家と隣り合せで、時には邸館の一部が賃貸住居として市民に供されることもあった。このように貴族と市民が入り混じって生活することは他の都市には見られないウィーンに固有なことだと言ってよい。

都市域が比較的小さく、人口増に対し住居数が逆に減少する状況にあって、僧院は賃貸住居を併設しなくてはならないといった布令が出されたほどで（今日でもショッテン僧院などには大規模な賃貸住居の併設が見られる)、そうした状況に対処する実利的な精神がウィーンにある(このことは建築的思考に反映する)が、そうした混在を許容する気安さと、他方、見栄を張ることには人後に落ちないというアンビヴァレンツな面がウィーン市民の気質に強いと言わねばなるまい。

このバロックの時代に建てられたローマ的壮大さと気品を有したリヒテンシュタイン宮、優雅さと香気を漂わせるキンスキー宮、オイゲン公宮をはじめ多くの貴族の邸館やカール教会、ペーター教会それにドミニカ教会などの建築の質は高い。宮廷的上品さ、洗練され且つ堂々として祝祭的なファサードをもつ建築群が都市空間を彩る。そしてこれらの建築の質の高さは市民の家の質の向上と無関係ではありえない。市民の建築を見る眼を養い、またこれに触発されてか「都市美化委員会」が設けられ、市民の家の建設にあたり一定の美の基準が設けられる。いずれにせよバロック期のこれらの建築の質の高さが、今日のウィーンの都市空間の質の高さを支えている。

■ウィーン・バロックを支えたフィッシャーとヒルデブラント

十七世紀中頃から建てられはじめた貴族の邸館の設計は、初期には例外なくイタリア人建築家によるものだ。リヒテンシュタイン宮を設計したマルティネリを除いて多くは地方の名もない建築家にもかかわらず、ウィーンで設計したものは質の高いものが多い。このようにウィーンあるいはオーストリアにおけるバロックの初期には自国オーストリア人ではなく、イタリア人建築家が活躍した。こうしたことは古代ローマではギリシア人建築家が、また我が国の明治初期においてイギリスやドイツから政府の「お雇い外国人建築家」が活躍したことなどと同じで、文明的後進国のやむを得ない現象というべきか。

十七世紀初めローマにおいて成立したバロック建築は、西方へはフランス、スペインそしてこれを媒介として中南米諸国へと、また北方へはアルプスを越えてオーストリア、スイス、ドイツ、チェコ、ポーランドといった北の国々へと伝幡していった。時代的に「反」宗教改革運動と合致したことから、主としてカトリックの国々へとその運動と深く関連しつつ伝幡していったわけである。この役割はイタリア人建築家が担ったのだが（やや後になってフランス人建築家も加わった）、その地に受容され、定着するにつれ、ローマにおけるバロックの成立から五〇〜一〇〇年を経て、その地独自の自然風土、精神風土に培われ、ローマ・バロックとは異なるそれぞれ固有のバロック建築が展開した。その固有性は顕著で、また興味深いことは、とりわけ北方の国々のそれはローマ・バロックと比較しても遜色なく、質が高いものが多いことである。

これには受容を容易にし、固有な展開を促がす要因があるからに相違ないが、ここでは建築空間に限ってそのひとつの要因として、バロック建築における楕円への偏愛ともいうべき現象、つまり楕円を手がかりとして建築空間を考えた点を指摘しておこう。ルネサンスに好まれた完全なる幾何学形としての円ではなく、歪んだ円である楕円が例えばアルプス北方の国々の精神風土に合致したわけで、逆にそうでなかったとしたら、北方の国々においてあれ程まで固有の、興味深く質が高いバロックの空間はとうてい展開しなかったのではあるまいか。

ところでウィーンにおけるバロックの受容期にあってはイタリア人建築家が活躍したのに対し、十七世紀末になるとローマで修行し帰国したオーストリア人建築家の活躍が目立つようになる。その建築の質は高く、オーストリア・バロックというよりウィーン・バロックといった方がよい固有なバロックが次第に形成されていく。高まりつつあるナショナリズムの感情を満足させる一方、都市空間も固有性を増す。

ウィーンで活躍をしはじめたのは主として二人の建築家ヨーハン・ベルンハルト・フィッシャー・フォン・エアラッハとヨーハン・ルーカス・フォン・ヒルデブラントである。(5) 二人共ローマで修行し、帰国後、ハプスブルク朝の宮廷建築家の地位を求めて、ウィーンで活動を始めた。初めの主な仕事は郊外に立つ貴族の別荘である点も二人に共通する。ルイ十四世によるパリ郊外のヴェルサイユ宮を真似てか、十七世紀中頃からフランスの貴族たちは郊外に夏の別荘を競うように建てたが、この影響で、そしてむろんローマの教皇たちの別荘の影響もあろう、ウィーンの貴族の間でも流行した。シェーンブルン宮を除いて、多くは防塁壁の内側、ウィーン市街をとり囲むようなかたちで(今日では都心といってもよい市街地に)立地するが、当時の地図を見ると紛れもなく田園の郊外地で、広大な敷地に庭園と建築とが一体となった別荘である。

ヒルデブラントのそうした最初の仕事であるマンスフェルト・フォンディ宮(今日のシュヴァルツェンベルク宮)は躯体ができあがった頃、他の貴族の手に渡り、フィッシャーが設計変更し完成させた、いわば二人の手になる建築(一六九二～一七二二年)だが、中央の楕円ホールが筒状に天に

⓫シュヴァルツェンベルク宮（1692～1722）〔ヒルデブラントとフィッシャーの設計。庭園側ファサード。〕

向かって突き抜けた形態で、全体として奇妙な、だが不思議な魅力を湛えた建築だ。奇妙な形態のとり合わせから背後に異質な形態感覚の存在をうかがわせるが、それにしてもその魅力はいったい何処からくるのか。

ベルヴェデーレ宮とシェーンブルン宮

この建築の隣りの敷地に立つ別荘は英雄オイゲン公のベルヴェデーレ宮（一七一四～二二年）だ。敷地は緩やかな勾配を示す傾斜地で、南側の丘の上に上宮、そして北側の丘の下に下宮と、二つの宮殿が庭園をはさんで対峙するように立っている。オイゲン公の住居であった下宮から見ると、庭園越しに上宮が青空に見事なシルエットを見せながら丘の上に立ちはだかっている（屋根はこのシルエットを意識して小さなスケールに分節化され、大宮殿にもかかわらず親密さを有しているのは、ローマの堂々たる宮殿とはあきらかに異なる）。それが南にあることから逆光の中、淡い光の霞の中に浮遊しているかのように見えるし、庭園中央にある噴水から水が空高く噴き出ている時など、水飛沫の向こうに見え隠れする様は優雅というほかはない。

また上宮の正面玄関ホールは敷地の傾斜を利用して階段ホールとなっており、階段を半階昇ると

⓬ベルヴェデーレ宮（1714〜22）〔ヒルデブラント設計。門扉から見る上宮。〕

⓭庭園から見たベルヴェデーレ上宮〔逆光の中に浮遊しているかのように見える〕

上階の大理石の大広間へと通じ、半階降りると「庭園の間」（サラ・テレーナ）へ、そしてさらに広大な庭園へと通ずる。上階の大広間から庭園、さらには庭園越しにシュテファン教会の塔などがそびえるウィーン市街が遠く見え眺望も良い（ベルヴェデーレ）が、なによりも階段を降りるにしたがい庭園の展望が遠近法的に拓ける様は素晴しい。――この計画は単に建築物の設計ではなく、傾斜地である自然の景観中に建物を融合させたい、と述べたヒルデブラントの意図が成功しており、これほど見事に庭園と一体化した建築はまれだ。

フィッシャーの建築による皇帝の夏の離宮であるシェーンブルン宮（一六九六年〜）も傾斜地に立つ。興味深いのは、実現することなく幻の計画となってしまった最初の計画案である。フランス、ブルボン朝のパリ郊外、ヴェルサイユ宮を凌ぐ離宮を意図したその案は壮大な建築だ。皇帝を迎え入れるように中央に湾曲したファサードを有する宮殿が丘の頂上に立ち、そこに至るまで丘の傾斜に沿ってテラスが幾重にも

⑭皇帝の離宮、シェーンブルン宮第一次計画案〔フィッシャー設計〕

重なっていく。丘の下の正門を入った広場ではハプスブルク朝の強大な力を誇示するかのように軍のパレードが繰り広げられる。まさに舞台効果満点の一大スペクタクルな光景である。バロックに固有な空間演出のひとつだが、この計画案はあまりの壮大さ故に大規模な土木外構工事が必要であり膨大な建設費が予想され、残念ながら実現しなかったものの、「もしこれが実現されていたら、世界でも稀な素晴しい宮殿になっていただろう」と悔やまれる計画案である。シェーンブルン宮は今日見るように、第二次計画案をもとに丘の下に規模も縮小されて建設が始められ、途中皇帝ヨーゼフ一世の死によって中断されるも、マリア・テレジアの時代にパカッシーによって内外にわたる改築工事がなされつつ完成された。一七七五年新古典主義の建築家ホーエンベルクによってフィッシャーの最初の計画案によると主宮殿が立つべき丘の上に、プロイセンにオーストリア軍が勝利した記念建築物としてグロリエッテ（ロジア・列柱廊）が建てられた。宮殿と対峙するように立つこのグ

⓯シェーンブルン宮（1696〜）〔フィッシャー設計。グロリエッテより遠望。〕

⓰シェーンブルン宮のグロリエッテ

ロリエッテこそシェーンブルン全体の空間を引き締める重要なエレメントである。

グロリエッテの列柱は当時既に廃墟となっていたルネサンスの離宮ノイゲボイデのドナウ川を見晴らす列柱廊から移設されたもので、ホーエンベルクの建築を見る眼の確かさと古典建築への憧憬が感ぜられるが、ここに立つとルネサンスの離宮の栄華と没落とが想起され、さらには離宮の地のシュレイマン大帝の天幕がはられたトルコの、東方の記憶が蘇ってくる。

▩異種なるものの共存が魅力のカール教会、バロックの傑作 宮廷図書館

古代ローマ軍の駐屯地ウィンドボナを取りまいていた濠跡であるグラーベンからやや奥まったところにあるペーター教会（一七〇三年〜）は、当時既に兵士のための教会としてあったと言われるほど古いものだが、バロックの時代にヒルデブラントの設計により建て替えられた。ファサードは華麗で祝祭的であるものの、なぜか縮こまった印象を与えるが、教会に足を踏み入れると、楕円の空間と光の力動感に圧倒される。重い木扉を押し開けると暗い闇のようだが、後方の聖歌隊席の開口からモヤのようにたち込める淡い光に誘われ、それを見上げるように身体と視線を移すと空間は一挙に力動し、一瞬グラッと目眩に似た感覚に襲われる。聖歌隊席を包む淡い光は天井にまで上昇し、四方の力強く穿たれた円い開口から射し込む光と融合し、ようやく暗さに慣れてきた眼には、天井画のディテールが少しずつ読み取れるようになるとともに、その天井画も息づき、力動しはじめ、見る者はついにはその画の幻想世界と一体となり天空に飛翔するかのような感じを覚える。

イタリアの強い日射しと相違して、北国の柔和な、か細い頼りなげな光にあって、遠くから対象の輪郭を見る場合と、それに近づいて細部を凝視する場合との両方を強く意識し計画された北方のバロック空間は、ローマ・バロックのそれとは自ずと違う。ペーター教会は柔和な光に優しく包み込まれつつローマ・バロックに劣らない稀にみる力強さと力動性に溢れるウィーンのバロックである。

フィッシャーのカール教会（一七一五〜二二年）も実に興味深い建築だ。中世からたびたび都市中

⓱ペーター教会〔ヒルデブラント設計〕《左》正面ファサード《上》楕円の内部空間

に蔓延し、多数の死者を出したペストの終息を感謝し、聖カール・ボロメウスに捧げ建立されたこの教会は、グラシー沿いにウィーンの街に（正確には王宮に、というべきか）正面ファサードを向けて立っている。そしてそのファサードはなんと奇妙な様相を呈していることか。にもかかわらずなんと不思議な魅力を湛えていることか――。ドーム（円蓋）はミケランジェロによるローマのサン・ピエトロ教会のそれを、破風屋根に覆われた正面玄関柱廊はギリシア神殿を、二つの独立柱は天上の都イェルサレムのソロモン神殿あるいはローマのトライアヌス帝の記念柱を、それを覆う円屋根は東方のモスクのミナレット（尖塔）を、さらには両脇に立つ鐘楼屋根は中国の寺院のそれをいやがうえにも思い起こさせずにはおかない。こうした異種なるものの共存はグロテスクな共存とは違う。異

⑱カール教会（1715〜22）〔フィッシャー設計。正面ファサード。〕

種なるもののコントラストが止揚・解消され、なんと新鮮な刺激を発する華麗な美学が構築されていることか。

トルコの脅威からようやく解放され、経済の発展を背景に繁栄を謳歌し世界に台頭しつつあるウィーンを、「新しいアウグストゥス帝」になぞらえるカール六世統治の神聖ローマ帝国の首都として新しい「栄光のローマ」にあやかりつつ、その第一の教会としてのシンボルとイコンを総収集してカール教会をフィッシャーは設計した。

このように広く世界に眼を向け世界性を有する面、そして歴史から離れられずその歴史の断片を自在に抽出し、いわば異種なるものを共存させ、そこから洗練された美意識のもとに新たな「美学」を構築することは、現代建築にも受け継がれているウィーンに固有な芸術風土だ。洗練された感覚文化である。むろんルネサンス期よりの帝国の領土拡大とイタリアはもとよりスペイン、フランス、オランダ等の宮廷文化との接触と無関係ではない。

他にもウィーン都市空間を彩どる数々の建築があるが、なかでもとりわけ印象的なのはフィッシ

⑲宮廷図書館〔フィッシャー設計。今日の国立図書館。〕《上》正面ファサード《下》力動的な内部空間

ャーによる宮廷図書館（一七一九〜三五年）である。美しいヨーゼフ広場を形成するファサードもよいが、力動感と緊張感に溢れる内部空間には眼をみはる。最も素晴しいバロック建築のひとつだ。そしてもう一方でファサードの抑制された扱いや階段の空間の簡素な扱い、それに本物の石ではなく安価な材料の使用など禁欲的ともいえる実質・実利を志向する面がフィッシャーにあることは指摘されねばなるまい。こうした面は後のウィーンの建築の伝統となっていく。

マリア・テレジア女帝一家の住まいとしてのシェーンブルン宮

イタリアの、そしてフランスのバロックに学び、これと格闘し止揚してウィーン・バロックを形成したフィッシャーやヒルデブラント等にかわって次の世代の建築家が台頭するにつれ、もともと古典主義傾向の強いフランス・バロックの影響が顕著になる。フィッシャーにもそうした傾向があったが、この父の助言のもとパリへ建築の修行に出た息子エマヌエル・フィッシャーは、父の死後、その仕事を継いでカール教会や宮廷図書館を完成させたり、王宮の拡張計画を進めるなど活躍した。またアム・ホーフ広場に面して立つ市民の武器庫（ツォイクハウス、一七三二年）は明らかにウィーン・バロックとは様相を異にし、はやくもフランス的新古典主義の傾向を示し、また旧ウィーン大学講堂（一七五五年）は宮廷に招かれたフランス人建築家の設計によるものだ。こうしたことはマリア・テレジアが結婚したロレーヌ公の宮廷の影響や、ブルボン朝との婚姻政策をはじめとするフランスとの政治的接近と無関係ではないが、マリア・テレジアをフランス建築びいきとさせる契機が、一家が居住するシェーンブルン宮にあった。

一七三六年マリア・テレジアの結婚を機にそれまで未完成のまま放置されていたシェーンブルン宮を、娘夫婦の居城にすべくカール六世によって工事が再開され、後に女帝は宮廷建築家パカッシの手を借りて「女帝一家の住まい」として改築していく（一七四八年～）。一家の主婦・母親としての眼差しでもって、政治の場、皇帝の富と権力を誇示するための宮殿だけではなく、実利的に住まいとしての居住性をも追求する。

フィッシャーの計画案を見ると、各部屋は大きく、それらの位置関係においても例えば南の庭に面した広間を両翼とも謁見の間とするなど、機能性よりも堂々たる空間とその外見を優先させる。全体として外観も、内部においても左右対称的構成で、格式を重んじるあまり形式主義に陥っているともいえよう。正面入口前中庭に面して、「皇帝の階段」なる壮大な階段の空間がある。ドイツのバロック宮殿には途方もなく壮大な階段の空間が多いが、それを見たフ

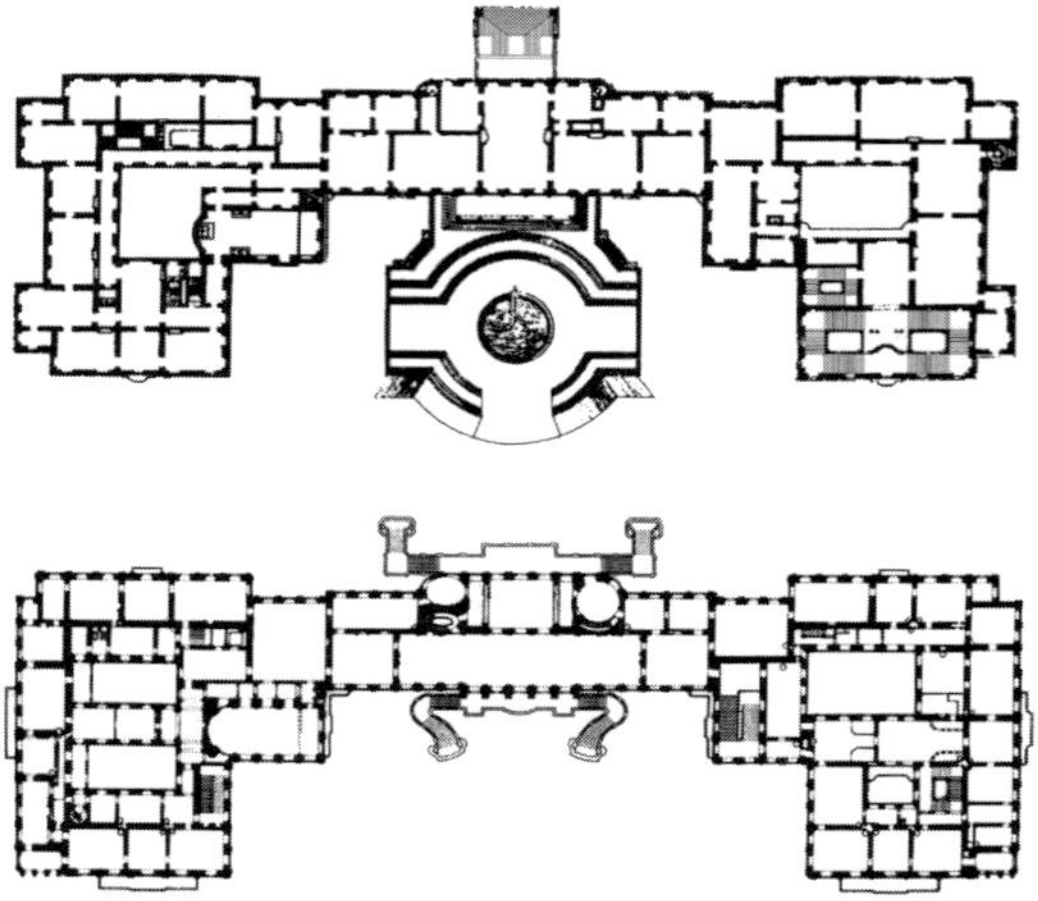

⑳シェーンブルン宮　《上》厳格な左右対称的構成の、当初の宮殿　《下》マリア・テレジア女帝一家の住まいとしての宮殿〔壮大な階段室などを取り壊し、小さな家族の部屋とした。〕

ランス人は、建物内部の居住性といった機能性を充足させることなどせず、何と馬鹿げたことだと呆れかえったという。紀元前一世紀古代ローマの建築家ウィトルウィウスのいう「用（コモディタス）」としての居住性を建築に要求する社会的枠組みがフランスにはあった（このころ既にウィトルウィウスの『建築十書』のフランス語訳が出版されていた）。逆に言うとそうした社会的枠組みがなかった故に、後進の北ヨーロッパの国々の建築家たちは階段の空間に自由な想像力を翔せ得た。

マリア・テレジアはフランスで修行したあるいはフランス出身の建築家をはじめフランスの社会の影響もあるのであろう、実利的に住まいとしての宮殿のありようをも思考した。壮大な階段を取り壊し、必要な数の天井高も低い小さな家族の間とした。南の庭に面した謁見の間も廃し、いくつかの小さな部屋やサロンなどにした。宮殿の天井高も高い大きな広間ばかりでは、住まいの居心地の良さ、親密性は得られないからだ。そして部屋はフランスで流行ったロココの優雅さでしつらえた。ここにはフランス風の過度の装飾に走ることなく、抑制の効いた十九世紀前半のビーダーマイヤーに通ずる優しく愛らしい空間があった。こうして皇帝の宮殿として格式を保つ一方、マリア・テレジア女帝一家に「生きられる」ことによって左右対称性という形式は崩れていった。

六 新古典主義・ビーダーマイヤー期――勃興する市民が支えた都市文化

■ヨーゼフ二世と目的建築――新古典主義建築の登場

啓蒙の精神に燃えたヨーゼフ二世は数々の社会改革を進めたが、それはすべてウィーンの都市空間と関連するものだ。宗教の改革のうち信教の自由の保障はユダヤ教会その他の教会の建設に、僧院の改革は跡地における賃貸住居の建設につながり、また行政・教育・社会福祉制度の改革は役所や学校、病院といった実用を主とするいわゆる「目的建築」の建設につながる。また自分の所有する狩領地を市民に開放して公園としたり（プラーター、アウガルテン）、市壁の周囲の広大な空き地グラシーに植樹し、遊歩道を設け市民の憩いの場とした。

この皇帝はフランス人建築家カヌヴァレを重用した。その設計したもののひとつに総合病院と病院内の精神病棟（一七八四年）がある。他の病棟とは隔離された単純な円筒形の建築で、円の周囲に各病室が均等に配置され、中央の管理室がこれらを「監視」する非常に合理的な平面計画である。純粋な立体幾何学形と合目的性はフランス新古典主義の革命建築[6]のそれだ。

ポンペイやエルコラーノの発掘、そして年来の夢であったイタリア旅行を実現させたゲーテが初めて見る古代ギリシアの神殿が立つ地として胸をときめかせて訪れたパエストゥムをはじめ各地の発掘調査、さらにはアテネのアクロポリスの丘のパルテノン神殿の報告や旅行記などに刺激され、

㉑総合病院内の精神病棟（1784）〔カヌヴァレ設計。円筒形の外観。〕

十八世紀後半から十九世紀にかけてのヨーロッパは古代ギリシア・ローマの文物の研究熱にうかされ、またロマンティズムも芽生えた時代だが、そうした背景のもとにウィーンにおける新古典主義は、十八世紀末ともなると主としてカヌヴァレのようなフランス人建築家の影響によって浸透、展開する。

新古典主義のウィーン的相貌

ノビレ設計の王宮前ブルク門（一八二四年）やテセウス神殿（一八二三年）のように古代ギリシア・ローマの建築をコピーした典型的な新古典主義の建築もあるが、コルンホイゼルの設計によるユダヤ教会、シナゴーグ（一八二六年）のような、[7] ウィーンの新古典主義建築を考える上で興味深い建築もある。簡素だが格調あるユダヤ人の賃貸住居の奥にひっそりとたたずむようにあるそのシナゴーグの空間は素晴しい。バロックに特徴的な楕円の平面形に、古代ローマのパンテオンを想起させずにはおかない頂の開口から光が射し込むドーム天井となっている。イオニア式の列柱が支える上層のギャラリー（婦人用の席）がとり囲む。ローマの記憶が蘇る力強い空間だが、星座が描かれた青い天井や色彩や手摺などのディテールの扱いは繊細で、

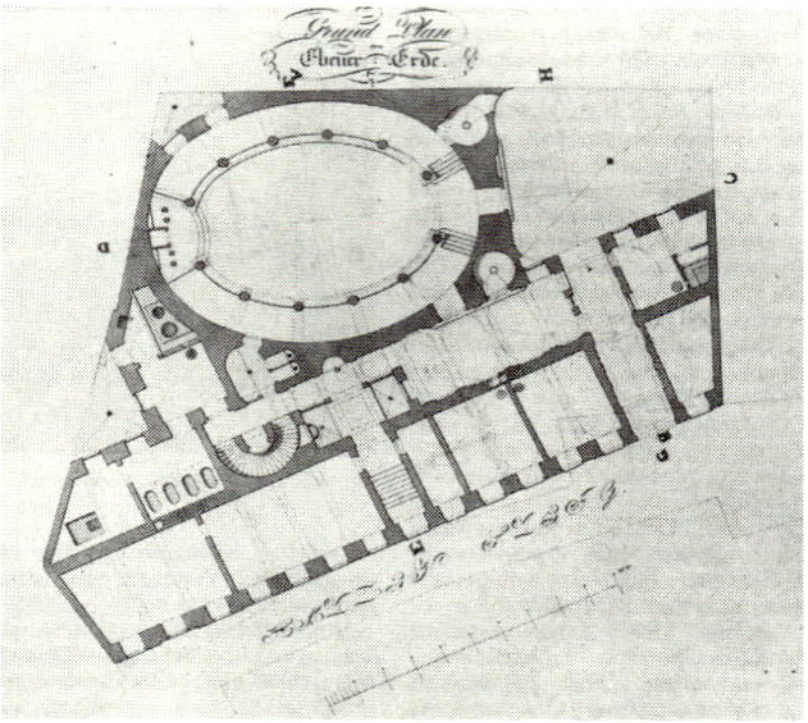

㉒《左》コルンホイゼル設計によるユダヤ人の賃貸住居とシナゴーグの平面図〔ザイテンシュテッテン街に面して賃貸住居があり、内部にシナゴーグがしつらえられている。〕《右》ユダヤ人賃貸住居の外観〔その奥にシナゴーグ（1826）がひそむ〕

㉓ユダヤ人賃貸住居内にあるシナゴーグ〔楕円の内部空間〕

ロココの趣味もある。ここでは、新古典主義の建築が否定し、そして訣別の対象としたバロックそしてロココの面影を臆面もなく引きずっている。そしてそれがこの空間をなんと生き生きさせていることか。この過去の歴史を引きずる、あるいはラディカルな変革を好まない様相は、建築においてもウィーンの伝統である。

㉔パラヴィチーニ宮（1784）〔ホーエンベルク設計〕

シェーンブルン宮の丘の上にグロリエッテを設計した新古典主義の建築家ホーエンベルクによる邸館フリース宮（今日のパラヴィチーニ宮、一七八四年）も興味深い建築だ。この時代に台頭し、貴族にならって建設をはじめた富裕な市民階級の邸館のひとつだ。フィッシャーの宮廷図書館の真向い、ヨーゼフ広場に面して立つこの建築は建設当初、そのあまりの無装飾性、簡素さ故にスキャンダルとなったというが、抑制された形態、プレーンな面で簡素だが堂々たるファサードには新古典主義建築の標榜する「節度と品位」がある。それもフランス流の厳格さではなく、ウィーンの風土を反映してか温稚なおおらかさがある。

■ウィーンの近代建築家たちの古代ギリシア・ローマ建築への傾倒

ウィーンの新古典主義にはこれほどではないにしても一定の水準をもった建築が多い。エスタブリッシュされたギリシア・ローマの古典建築の造形言語を駆使してのものだからであるが、これを安易な設計手段とすると形骸化し、権威主義的建築に堕しやすい。二〇世紀初めのウィーンの近代建築家ロースは、方向を見失い混乱しつつある近代都市空間にあって、この新古典主義の時代の伝統に戻って、これを継承するべきだと主張したが、簡素であっても節度と品位のある建築群が構成するウィーンの都市空間のありようを考えると興味ある発言だ。

それにしてもワーグナーやロース、ホフマンそれにプレチニク等ウィーンを代表する近代建築家たちの古代ギリシア・ローマ建築への驚くほどの執着、傾倒は何故か。過去の様式建築との訣別をモーメントとして展開した近代建築に、そして近代建築家にはおよそ考えられないことだ。歴史の参照・過去の歴史から離れられないということはウィーンの伝統でもあるが、何よりも多様な民族・文化の坩堝のようなウィーンの混乱しがちな都市空間にあって、増々失われつつある近代ヨーロッパの統一的文化への建築的手がかりとなるものが、これに通底する造形言語としてのギリシア・ローマの古典建築であるとして、標榜したのではあるまいか。

■ビーダーマイヤーの住文化とコルンホイゼルの賃貸住居

十八世紀の百年間に限っても、ウィーンの人口は八万人から二一万人へと大きく増大し、慢性的な住居難に陥っている。市壁内については住居難はすでに十七世紀から顕在化し、前述の僧院の賃貸住居併設令、ヨーゼフ二世の僧院改革令による僧院取り壊し後の敷地における賃貸住居の建設、あるいは建設促進のため残されていた空き地への建設に対し一定期間の免税措置など、種々の対策が講じられたが、一向に解決に向かわなかった。

人口増はしたがって市壁外の防塁壁（リーニエンヴァル）に囲まれた郊外地に集中する。ウィーンにも工業化の波が押し寄せ、立地しはじめた工場制手工業であるマニュファクチュアの数は増大し、人口増に拍車をかける。オーストリア国内だけでなく、ドイツ、チェコ、モラヴィア、ハンガリーといった周辺諸国の農村から人々が賃金労働者として工場で働く職を求めて移住してくる。こうした人たちのための賃貸住居群が、点在する貴族の夏の別荘などをとり囲むかたちで郊外地を埋め尽くしはじめる。

市壁内の宮廷都市の景観に対し、市壁外の主として賃貸住居群によって形成された市街地の景観という二つの対照的な景観がウィーンの都市景観となりはじめる。今日に至るまでウィーンは「労働者都市」としての一面をも有しているが、それは十八世紀後半のこうした急速なマニュファクチュアの立地と拡大に遡る。

このような市壁外の市街地は十八世紀末から十九世紀前半にかけて計画的な街区ブロックとして開発、整備され、ヨーゼフ二世の社会改革[8]による教会、学校、病院等の建設と共に、ヨーゼフシュタットやレオポルトシュタットに劇場などの市民文化的拠点というものが形成される。

都市郊外を埋め尽くしはじめた賃貸住居のうち建築家コルンホイゼルが設計したいくつかは興味深い。資産階級による賃貸住居の建設は、当時は（今日でも）多くは単に金儲けが目的で、設計にあたってはそうした建て主の意図を十分配慮しなければならない。つまりは限られた予算でたくさんの住居を安価に、それも高い家賃で貸せる住居をつくる——といった「横暴な搾取者のシンボル」として当時の人々から揶揄される大家らしい虫のいい企てだが、コルンホイゼルはそれによく応えた。たとえ敷地が変形していても、巧みな平面計画は機能を充足しつつ非常に明快である。全体としてシンメトリック（左右対称）で、一貫した秩序原理は構造計画においても経済的利点は大きい。ファサードを見ると装飾的要素は抑制され、全体としてプレーンな面を形成し、また複数階にわたって各部屋、各開口は同じものを加算していくシステマティクな規則性を示す。近代的合理の精神がそれらの設計に一貫している。

❷❺ベアトリクス街の賃貸住居（1833）
〔コルンホイゼル設計〕

しかし仕上げ材は安価で簡素だが、プロポーションが良く格調も高いファサードの奥に、玄関ホールや階段室の空間あるいは中庭などのここぞと思う場所に思いもよらない力強い魅力的な空間が展開する。

そうしたコルンホイゼルによる賃貸住居は、「賃貸住居のプロトタイプ」をつくったといえ、ウィーンの賃貸住居計画に大きな影響を与えた。建築における近代的合理の精神の芽生えが反映したコルンホイゼルの建物が、利潤追求を第一とするある意味で近代社会の典型的な一面をのぞかせる賃貸住居の計画であった点も興味深い。

ウィーンの市立公園の裏手、当時はグラシー沿いの人気の高い高級市街地として開発された地域であるベアトリクス街にも、コルンホイゼルの賃貸住居（一八三三年）がある。ファサードは安価な仕上げ材で、装飾が少なく、簡素で控え目だが、静謐で調和がとれて品格がある。そしてどこか愛らしく、家庭的暖かさと親密性が感じられる――ビーダーマイヤーの特色がよく表われた代表的な建築のひとつだ。

ビーダーマイヤーというのはナポレオン戦争などの混乱の後、ウィーン会議からヨーロッパ各地に起こった市民革命の時期に至る約三〇年間（一八一五～四八年）の、一時の平和が訪れた時代の物質的には貧しいがつましい平穏な家庭生活を求めたドイツ、オーストリアの市民的生活様式・文化をいうが、ほのぼのする居心地の良い独特な住文化が開花した。住居の外観においても、内部のしつらえにおいても、見かけの豪華さよりも実質性、簡素なつつましさ、優しくこまやかに細部へ気を配った親密さ、居心地の良さが志向された。そして新古典主義の格調とウィーン宮廷文化の洗練された優雅さがその基調にある。壁紙、カーテン、椅子、机、燭台、ランプ、飾り棚のような家具、照明器具からナイフ、フォーク、スプーン、皿、グラス、コップ、コーヒーポットといった食器類に至るまで住空間を形づくるものが、より実質的にそしてつつましく、だが洗練された趣味の良いデザインでつくられた。

■近代建築に影響を及ぼしたイギリスとビーダーマイヤーの住文化

ビーダーマイヤーというと政治や社会の問題には眼をつむり、今日でいう「マイホーム主義」で居心地のよい家庭生活に閉じこもりがちな「俗物的小市民的文化」といわれ、従来この否定的な面のみが強調され、嘲笑の対象でしかなかったが、近年では肯定的な面が見直され、この時代の文化の再評価がされつつある。実際、今日のウィーン市民の住文化はここに根ざしているし、また二〇世紀初めの世界の近代建築運動に大きな影響力をもったウィーンの近代建築の展開に、ビーダーマイヤーの住文化は少なからぬ役割を果たした。

イギリスのより実質的住文化を包括的に、確かな眼で大陸に伝えたのはムテジウス[9]だが、近代建築展開へのモーメントはこのイギリスの精神と住への眼差しであったことは疑いない。建築家は市庁舎や美術館や劇場、教会、つまりは大規模な社会の代表的な建物の設計にしか関心が無かったのだが、一般市民の小住宅にも、そして日常生活のこまごましたものにも眼差しを投げかけはじめた。そしてその場合、大陸と比較してイギリスのより実質的住文化に大きな刺激を受けた。とりわけロース、ホフマン等のウィーンの建築家たちはそうした過程の中で、次第にビーダーマイヤーの住文化にも眼を向けていった。そして熱心に学んだ。小住宅の設計思考から近代建築が展開していったと言ってもいい。

❷❻ウィーンのカフェーハウス　《上左》カフェ・ツェントラール　《上右・下左》カフェ・シュペルル　《下右》カフェ・ムゼーウム〔ロース設計〕

ウィーンの市壁の外の市街地の多くは、このようなビーダーマイヤーの賃貸住居によって形成された。そして「ビーダーマイヤーの建築家」コルンホイゼルはバロックのフィッシャー以来、ゼムパー、ワーグナー、ロースへと連なるウィーンの建築の伝統、つまりザッハリヒ[10]といえるほどより実質的なものへの関心、意味の少ない装飾による表層の戯れよりも平面計画、内部空間への関心というウィーンの伝統上にある。

■ウィーンのカフェーハウス

ウィーンの都市空間、都市文化を考える上で欠かせぬもののひとつに、トルコの記憶を思い起こさせ、東方（オリエント）への憧憬を誘うカフェーハウスがある。他のヨーロッパの都市のカフェと際立って相違させるものは、質素でも市民の住居のように親密で、ゲミュートリヒな（居心地の良い）こと、それでいてどこか知的で、洗練され、ワルツの響もある。空間も（客が「ヘル・オーバー」と呼びかける給仕も？）古典の格調と品位を有する点であろう。ビーダーマイヤーに特徴的な点だが、このような「ウィーンのカフェーハウス」はビーダーマイヤーの時代に成立した。

七 近代都市形成期――世紀末文化が花開いたメトロポリス

■リングシュトラーセの建設による近代都市への変貌

平穏な家庭生活に浸ってきたかに思えたビーダーマイヤーの時代にも、メッテルニヒの監視制度によって抑え付けられ続けてきた労働者をはじめとする貧しい市民たちの不満が、一八四八年に労働者と学生の峰起という市民革命のかたちをとって一気に爆発する。皇帝はチェコに逃亡し、かわって若きフランツ・ヨーゼフ一世が即位した激動のこの年を境に、ウィーンは近代化に向けて急速に進む。

実質的にはウィーンの都市の部分であった市壁外、防衛線（リーニエ）内の市街地・集落はウィーン市に編入され、市政の改革が実行される（一八五〇年）も、長年の社会問題である住居難は更に増大し、家賃は高騰する。こうした情況において皇帝はついにウィーンの都市改造を決断する

㉗都市防衛の要であった市壁とそれをとり囲む広大なグラシー〔ナーゲルの図（1773)〕

（一八五七年）――中世より堅持してきた都市を取り囲む市壁と稜堡を取り壊し、濠を埋めたて、それまで都市防衛上から一切の建築行為を禁止してきた幅五〇〇メートルに及ぶ帯環状の広大なグラシーを一転して市街地として建設、整備するもので、いわゆるリングシュトラーセ（環状道路）の建設である。

これによって手狭になっていたウィーン旧市街を拡張し、住居難を多少とも解消し、同時に編入された周囲の市街地と一体化を図るものだ。稜堡もグラシーも近代戦には無益なものと誰もが感じ、こうした意図はずっと以前の一八三

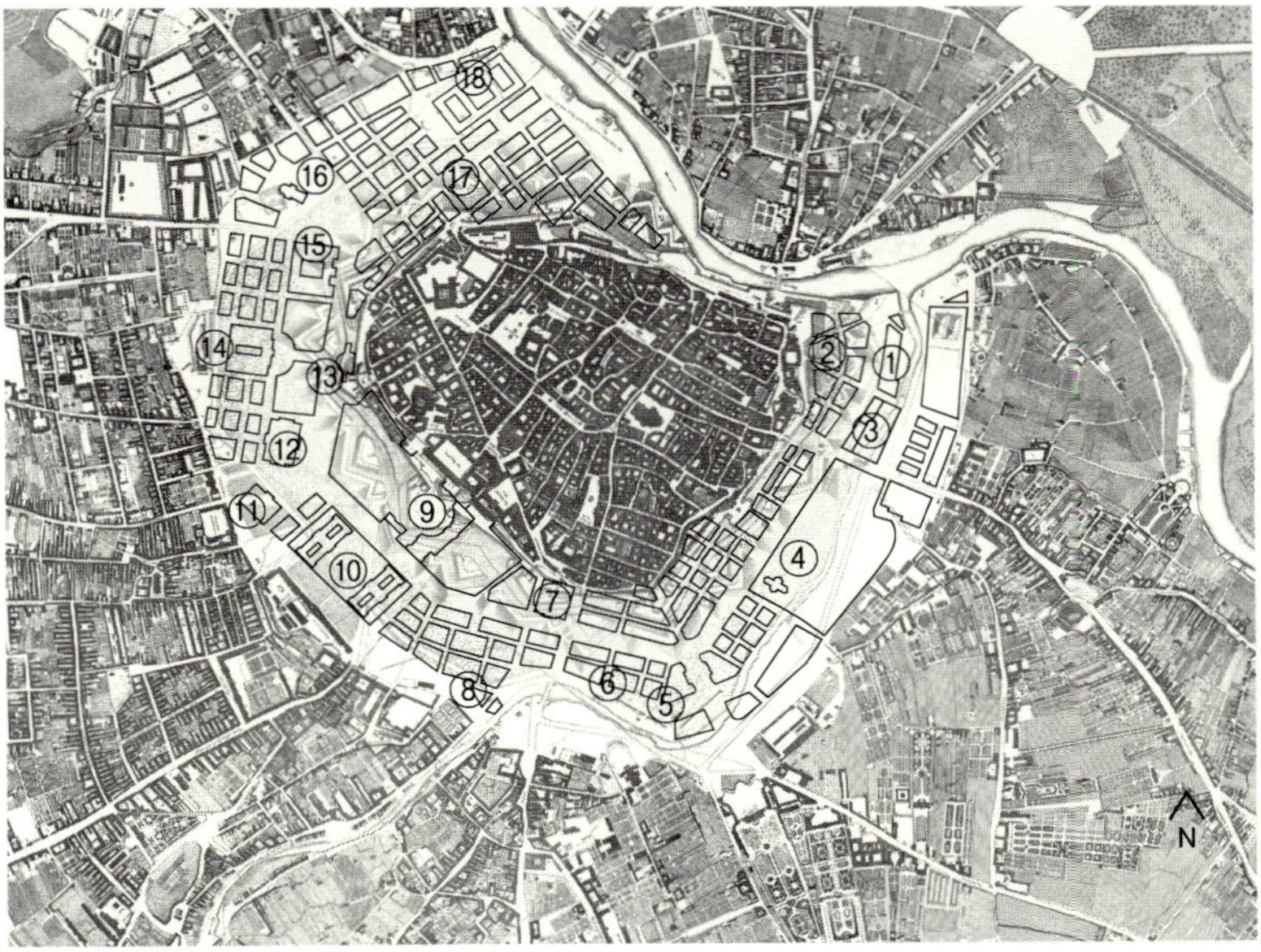

㉘リングシュトラーセの建設と新たに建てられた公共建築〔①陸軍省　②郵便貯金局　③美術工芸学校・美術工芸博物館　④市立公園　⑤楽友協会　⑥芸術家会館　⑦オペラ劇場　⑧美術アカデミー　⑨新王宮　⑩自然史・美術史博物館　⑪司法省　⑫国会議事堂　⑬ブルク劇場　⑭市庁舎　⑮ウィーン大学　⑯ヴォティーフ教会　⑰証券取引所　⑱ロッサウアー兵舎〕

○～四○年代からあったのだ。が、都市防衛を主張する軍部の反対にあって実現に至らなかった。

社会改革を進めたヨーゼフ二世を強く意識し、近代化へ向けて改革を進める（進めざるをえない）フランツ・ヨーゼフ一世はこの計画を実行すべく以前から周到に準備をすすめたようで、早速翌年には稜堡の取り壊し工事を開始し、そしてグラシーを含めた環状の地帯の総合建設計画について広く建築家たちに案を求める公開設計競技を実施する。

八五もの応募案から入選したフェルスターやジッカルツブルク、ファン・デア・ニュル等三人の建築家の案をもとに、「都市拡張委員会」が計画を練り直した総合建設計画案が翌年完成し、承認される。それは旧市街をとり囲むように環状に走る広大な並木道リングシュトラーセとその外周部に走るサービス道路とが全体を秩序・構造づける主要街路となり、それと細街路とによって整然と区画、構成された街区から成るもので、主としてリングシュトラーセ沿いの街区には国会議事堂、市庁舎、大学、ブルク劇場、新王宮、博物館、オペラ劇場、音楽ホールそれに軍の建物、証券取引所などの公共建築それに広場や公園が計画され、他は民間の建物の建設用地とされた。旧市街については手を付けず、埋めたて工事と道路建設等の土木工事や公共建築の建設などに要する費用は、区画、整地した民間建設予定地の売却益によって賄われる。

工事は皇帝によるウィーン拡張計画決断の六年後の一八六五年には、リングシュトラーセの一部が完成するなど急ピッチに進み、その後の三〇年間に実に九〇以上もの新街路や新広場、公園、それに五〇〇以上の公共建築や民間建築が建設された。民間建築の多くは「宮殿のように豪華な賃貸住居」や富裕な市民の邸館である。

▩リングシュトラーセをとりまく景観

リングシュトラーセの建設ラッシュとこれが誘因となっての経済の活況に湧きかえる中、濠と都市壁に囲まれたウィーンの中世的都市景観は近代的都市景観へと大きくそして急速に変貌する。

リングシュトラーセを飾るように立ち並ぶ公共建築群は古代ギリシア・ローマ、ゴティク、ルネサンス、バロックあるいはその折衷とさまざまな様式で建てられ、この時代の建築思潮を反映している――歴史主義あるいは折衷様式である。既に十九世紀前半の新古典主義の時代において、「われわれはいったいどの様式で建築したらよいのか」と世に問うた建築家（ハインリヒ・ヒュプシュ）がいたことはよく知られている。古代ローマ建築の遺構研究に熱を上げ、自ら古典建築を標榜したあのホーエンベルクは、アウグスティナ教会の再ゴティク様式化の仕事をしているし、ドイツの新古典主義の建築家シンケルはベルリンのある教会設計において、ルネサンスとゴティクの二通りの様式の設計案を作って、建主である教会側に選択させた。(11) こうしたことに端的に示されるように、自身の様式を持たずに「本源性を失い、そのかわりに選択の自由を得た新しいタイプの人間」の出現が、十九世紀ヨーロッパの現象だ。建築においては過去の様式の自由な選択と引用である。

リングシュトラーセの公共建築の様式選択においては、多くはそれぞれの様式が象徴する意味を担わせる。市庁舎は中世の市民の自治を象徴するゴティク様式、国会議事堂は古代ギリシア民主制を象徴する古典ギリシア様式、大学は学問のルネサンスを象徴するルネサンス様式、それに教会は中世の信仰を象徴するゴティク様式などと。やや幼稚な発想といわざるを得ないが、理解しやすかったのであろう、市民にはよく受け容れられた。むろん、依然としてハプスブルク朝の支配の封建制下にもかかわらず、市民革命を経ていくばくかの自由と民主化が許容されつつ近代都市へと脱皮するウィーンと無関係ではない。

㉙オペラ劇場（1869）〔ジッカルツブルクとニュル設計〕

オペラ劇場建設と建築家の自死

一八六九年リングシュトラーセの最初の公共建築としてオペラ劇場が完成し、モーツァルトの「ドン・ジョヴァンニ」とともに柿が落とされる。オペラ劇場はブルク門跡の場所で、総合建設計画案に既に示された位置と一致する。建築様式は強いていえばルネサンスで、自由な芸術の開花を象徴するのだろうか。リングシュトラーセに向って吹き放たれた二層の列柱廊のファサードをもった堂々たる建築だ。設計者は昔から共同で仕事をしてきてこの設計競技を勝ちとったジッカルツブルクとニュルだが、工事完成を待たずにその前年の春、二人共あいついで死去している。一人は自殺、もう一人は心臓発作による死である。その背景には工事中の度重なる問題による心身の衰弱もあげられよう。だがなんといってもオペラ劇場が完成に近づき姿をあらわし始めた頃、新聞にいくつかの欠点が大げさに書きたてられ、噂好きな市民がこれに扇動され、皇帝も気に入らないと言ったとも伝えられたことがこれにさらに拍車をかけ、スキャンダルとなったことである。[12]

たしかに同じ年（一八六一年）に工事が開始されたパリのオペラ劇場と比べても、リングシュトラーセと劇場との間に充分なひきがないが、これは敷地の制約によるもので設計者の責任ではない。あるいはホワイエなどの空間のスケールがやや小さいかも知れない。だがやはりスキャンダルとなった非難は市民が、そして時代が好んだ見かけの豪奢さやゴテゴテの装飾に欠けているためだ。今日、オペラ劇場を見るとウィーン美術アカデミー教授である二人の建築家を死に追いやる程の欠点は見い出せない。一部のジャーナリズムの扇動に市民が乗せられての非難だが、一般市民による建築を判断する眼の難しさをも知る事件である。

■デンマーク出身の建築家ハンセンの活躍と影響

リングシュトラーセ沿いに立つ国会議事堂（一八八三年）、楽友協会建物（一八七〇年）、美術アカデミー（一八七七年）、それに証券取引所（一八七七年）はいずれもハンセンの設計による。ハンセンはデンマーク人で、コペンハーゲンの美術アカデミーで建築を学び、卒業後やはり建築家である兄を追ってギリシアに渡り、兄弟二人アテネにおいて活躍した。[13]その後ウィーンに来たが、古典ギリシア建築を信奉するこの才能豊かな建築家は、新古典主義建築が根づいたウィーンの土壌に合ったのか、よく受け容れられ、活躍した。

ハンセンのような外国人建築家が各時代にわたってウィーンに来て、容易に受け容れられ、活躍

㉚楽友協会建物（1870）〔ハンセン設計〕《上》外観　《下》内部空間〔コンサートホール〕

したことは他の都市にあまり例がなく、ウィーンの建築を特徴づけるもののひとつといってよい。また興味深いことはそうした多くの外国人建築家がウィーンの精神・文化、そしてウィーンの建築とは如何なるものか、そのゲニウス・ロキ[14]を問い、ウィーン生粋の建築家（ほんの僅かだが）以上に深く考えたことだ。

さてハンセンの建築は今日から見て、歴史主義に由来するある物足らなさは否定し得ないが、楽友協会建物の音響の良さでも有名なコンサートホールや美術アカデミーの講堂ホール等の内部空間

❸❶美術アカデミー（1877）〔ハンセン設計〕《上》正面ファサード〔手前にシラー像〕《下》内部空間〔講堂ホール〕

は、歴史主義の建築といって侮れない気品があり、美しい。建築の歴史の記述とは、様式の変遷とか新しさのみを問題として、個々の建築の質を問わない。

リングシュトラーセに立つ賃貸住居もハンセンは多く設計した。ウィーンの賃貸住居群は貴族の「宮殿」に住みたいという富裕な市民の夢を満たすような豪華なものだが、華美に走らずある抑制が働き、それなりの品格を保っているのは新古典主義から由来するもので、ギリシアに学び、実践したハンセンの思考と作品の影響が大であったからだ。

■社会意識に目覚めた近代建築家ゼムパーによる新王宮計画

リングシュトラーセの景観形成においてハンセンに劣らず大きな役割を果たしたのはゼムパー[15]である。賛否両論の王宮整備計画について意見を求められウィーンに招かれたゼムパーは、それがきっかけとなって、「皇帝広場」を囲むように湾曲する新王宮（一八七三〜九四年）と美術史・自然史博物館（一八七一〜九一年）をハーゼナウアーの協力を得て完成している。沈みゆく帝国の威信をなおも象徴するような皇帝広場を形成するはずの新王宮は片方のみ完成しただけで、全体としては未完に終ったが、この未完のまま放置されるという点もウィーン建築に例が多く、その特色のひとつだ。

後の近代建築家ワーグナーは新しい時代の要求に応えない歴史主義・折衷主義のリングシュトラーセの建築には批判的だが、美術史・自然史博物館についてはスケールの確かさ、プロポーションの良さ等をあげ唯一肯定的な評価をしている。これもゼムパーによるブルク劇場（一八七四〜八八年）は市庁舎と対峙しつつリングシュトラーセをはさんで広場の形成を充分意識した設計だが、同じくこの建築家によるドイツ、ドレスデンのオペラ劇場の内部の機能が形態により直截に表現された近代性はここには欠ける。

㉜新王宮（1873～94）〔ゼムパーとハーゼナウアー設計〕

ゼムパーはかつてドレスデンの美術アカデミーの教授であり、前述のオペラ劇場などを設計したいわば体制側の建築家であったが、一八四九年の市民革命の折、ロマン主義の作曲家リヒャルト・ワーグナー等と共に人民側に加担し、自からバリケードづくりに協力したため、革命の挫折後、亡命を余儀なくされたといった社会意識に目覚めつつある近代建築家像を象徴するような逸話を残している。

亡命先の当時の先進国であるイギリスでの工場建築などの体験をもとに「芸術は唯一人の主しか知らない。それは必要性だ」とするテーゼをたて、建築材料と形態の関係について考察を進め、合理的実利的建築思考を深めた建築家である。晩年になってウィーンに招かれ、設計した建物にはそうした近代思考が反映されているとは言い難いが、このゼムパーが短期間であるにせよウィーンに滞在し、その発言あるいは著書などによってワーグナーやロース等に影響を与え、その後のウィーンにおける近代建築の成立、発展に大きな役割を果たした。コルンホイゼル、ゼムパー、ワーグナーそしてロースと近代建築へつながる太い線がひかれることになったからである。

記念像が立つ広場と緑豊かな広大な街路、そして飾るようにモニュメンタルな建築群が並び立つリングシュトラーセの景観は、他の都市に類例がないような壮大さを誇るといってよい。都市の形成を美的観点から把えたウィーンの都市計画家ジッテの主張[16]を反映したともいえよう。

ただ、外国からの観光客の眼を愉しませることは確かだが、他方リングシュトラーセにしても広場にしても、日用品店舗もなくまた市が立つでもなく、よそゆきの顔をして、いわば見世物的性格が強く、市民生活との関連が薄い。散歩するくらいで市民とは離れた存在だ。旧市街とそれをとりまくように発展した郊外の市街地とを結ぶ役割を期待されたリングシュトラーセはその意味で緩衝地帯にとどまり、その責を充分果たしているとは言い難い面があることは指摘せねばなるまい。

■防塁壁の取り壊し――都市の際限ない拡大

十九世紀前半に既に防塁壁（リーニエンヴァル）の外側の地域への市街化は始まったのだが、後半となると帝国周辺地域からウィーンを目指して移住する人達による爆発的ともいえる人口増による市街化は一挙に進み、都市壁、グラシーと同様にこれまた存在意義を失なった十八世紀初めの建設の防塁壁は一八九〇年に取り壊される。それは市営鉄道が走り街路樹が植樹された幅員の大きなギュルテルとなり、ウィーンを遠まきに取り囲むように走る。

それとともに防塁壁外に立地するそれらの市街地と四三の集落を編入し、ウィーンは大きな面積を有する大都市へと変貌する。パリと同様、十九の区からなる区制に組織され、都市運営される。

また深刻化するさまざまな都市問題を解決すべく、市営鉄道をはじめドナウ川とウィーン川治水整備事業等の都市基盤整備事業が積極的に進められていく。

ウィーン近代建築を方向付けた巨匠、オットー・ワーグナー

この頃ヨーロッパの各都市と呼応するかのようにウィーンにおいても成立、展開しはじめた近代建築は、大きく変貌しつつあるウィーンの都市景観に大きな役割を果す。それまでのどの時代の質の高い建築にも劣らず、それらと競い合うように都市を彩った。このことは貧弱なものが多い現代建築と大きく相違するところだ。またウィーンの近代建築は質の高さ、華やかなる魅力そしてラディカルな思考にもかかわらず普遍性を有することから、他のどの都市のものよりも、後の世界の近代建築の発展に大きな影響力を有し得たが、このことはこの時代に活躍したワーグナー[17]という建築家の思考とその建築によるところが多く、その存在なくしては到底考えられない。

ワーグナーは一八八〇年代から自身もそれまで実践していた歴史主義・折衷主義建築を克服し、近代建築を標榜しはじめた。著書『近代建築』において「芸術の創造的活動の唯一の出発点は、現代生活しかあり得ない」から始まる有名な近代建築へのテーゼを提唱しているが[18]、コルンホイゼルやゼムパーの思考をふまえて、さらに明快に、より合目的な建築を志向するものだ。

ワーグナーを近代建築の思考へと促がした契機は、大きくそして急速に変わるウィーンという大都市の問題への洞察であろう。台頭する大衆社会という時代の動向と要求を認識し、新しい材料と

技術を積極的に用いて、より実質的、より合目的な建築によってそれに応える必要性を強く自覚した。

ドナウ川から分岐し運河へと流れ込む水量を調整するヌスドルフの水門（一八九八年）と運河内の水量を調整するカイザーバートの水門と監視所（一九〇七年）はワーグナーの初期の近代建築で、従来はエンジニアが設計したこのような技術的建物に取り組み、美的建築にまで高められた水門施設は、ドナウの景観を美しく形成している。水門堰自体は現存しないが、例えば今日見ることのできるカイザーバートの水門監視所の基壇部分は花崗石板、上層の壁は大理石板によって被覆されている。以前の建築ではこれを本物の石を積み重ねる、あるいは積んだ石造のようにみせかけたのだが、ワーグナーは近代社会では石塊を使用するのは不経済だとし、薄い石板に切り、それを貼って壁体を覆うのだが、その場合その事実を露出したボルトで固定することによって率直にそして明快に視覚化する。そしてそのボルトが美的表現の一手段となる――ボルトが一定の心地よい秩序感を生み出すその知的方法が美へとつながるありようこそ、ワーグナーの建築の魅力となる。

また上部壁は白線のはいった青色のタイルの組み合わせによって「美しき青きドナウのさざ波」を象徴する。ファサード中央の監視室はむき出しの鉄骨造で、ザッハリッヒな処理であり、大理石石板貼りの壁と奇妙な対立的な様相を呈しているが、にもかかわらずなんとも美しい建築だ。

このドナウ川とウィーン川治水整備事業と関連して、都市内の大量輸送手段としての鉄道施設工事をウィーン市は行ったが、ワーグナーは駅舎をはじめ高架橋などの路線工事の建築部分を設計している。駅舎（一八九四年〜）はどれもその動線計画は明快且つ機能的で、小さな規模にもかかわらず堂々として美しい。ウィーンの都市を走る市営鉄道の駅舎が多数立地（ワーグナー設計の駅舎の数は三六にものぼる）しているところから、ワーグナーの美しい駅舎は今日のウィーンの都市景観形成にたいへん大きな役割を果している。

㉝カイザーバートの水門監視所（1907）〔ワーグナー設計〕
《上》ドナウ運河に面した正面ファサード　《下》側面

ウィーンの森の麓、アム・シュタインホーフの精神病院内の教会（一九〇七年）は、ワーグナーが標榜した「近代建築」としての教会建築でありながら白と金色からなる明澄な空間はバロック、ロココのあでやかさが彩り、さらには東方、オリエントの匂いが漂う魅力的なものだ。ザルツブルクを経て西方のドイツやフランスに通ずる街道の近くに立っており、その堂々たるシルエットが遠望され、ウィーンを訪れる者にとっての「都市の門」を象徴する建築である。

ビーダーマイヤー期のコルンホイゼルに相似したその近代合理精神に貫かれた賃貸住居の設計も興味深いが、やや奥まっているもののリングシュトラーセに面して堂々とそして華麗に立つワーグナーの郵便貯金局（一九〇四〜一二年）こそ近代建築のマイルストンともいえる建築だ。

玄関ホールのゆったりした階段を昇り、窓口ホールに足を踏み入れた時、その空間の明澄さ、透明性、そして完成後百年にもなる今日なお失われることのない新鮮さは誰にとっても忘れ難いに相違ない。その新鮮さはワーグナーの思考のたゆまない革新性による。鉄骨とガラスによる空間の明

❸❹アム・シュタインホーフ教会（1907）〔ワーグナー設計〕《上》正面ファサード　《下》内部空間

㉟郵便貯金局（1904〜12）〔ワーグナー設計〕《上》正面ファサード 《下》内部空間〔窓口ホール〕

快な組み立てを全面に出し、ガラス天井を透して空間中に充満する明るい光が、床に敷きつめられたガラスブロックを透して下階の作業室へ再透過するありよう、逆に夕方になって照明が灯された下階の作業室の光がガラスブロックを透して窓口ホールの空間を下から淡く映し出し、浮遊する感覚を与える方法、あるいは暖房機具としてのアルミニウムの温風吹出管（これがまたなんとも美しい）を露出させるなど、新しい材料を駆使しての従来ではおよそ考えつかないようなザッハリッヒな手法だ。

■建築のポエジーにとらわれるワーグナー・シューレの建築家たち

ワーグナーは一八九四年ウィーン美術アカデミーの教授となり、多くのすぐれた建築家を育てた。ワーグナーのもとで学んだ学生達の作品は「ワーグナー・シューレ」[19]なる作品展として展示公開され、また作品集として出版され、人々はその個々の作品の質の高さに驚いた。

これらの学生たちは卒業後、ウィーンあるいは故郷に帰って（外国人学生も多数いた）、指導的建築家として活躍したが、師である大建築家ワーグナーの影響力があまりにも大きい故か、多くは終生その影響から脱することがなかった。が、こうした建築家たちを通してワーグナーの標榜した近代建築思考が各地に浸透していったわけで、ワーグナー・シューレの果たした役割は大きい。

ワーグナーが弟子たちのなかで最も高く評価したのはオルブリヒである。前任教授ハーゼナウアーに学んだが、その死去（一八九四年）にともない後任教授となったワーグナーのアトリエに残り、卒業後主として市営鉄道駅舎の設計に携わった。オルブリヒの独立後の仕事はゼツェシオーン館（一八九八年）である。ヨーロッパ各都市に起きた新芸術運動は、ウィーンではアカデミズムから分離して新芸術を標榜するところから、ゼツェシオーンといったが、その展示館である。オルブリヒは画家のクリムト等とその主要創設メンバーである。

黄金に輝く月桂樹の冠を戴くオルブリヒ二九歳の時の作品であるゼツェシオーン館を見てもわか

るように、形態と装飾を小器用にまとめる、否、小器用というにはあまりに芸術性の豊かな建築家である。だが高く評価したワーグナー自身が「オルブリヒは建築のポエジーにこだわり過ぎて、建築の目的の把握が充分でない」と人に語ったように、ワーグナーの思考の継承者ではなかった。空席となった美術アカデミーの教授にはワーグナーによる推薦にもかかわらず、近代建築を容認しようとしない皇太子とそれに追従する当局の拒否に会い、オルブリヒは失意のうちにウィーンを去る。ドイツ、ヘッセンのルードヴィヒ大公に招かれ、南ドイツのダルムシュタットに芸術家村やデュッセルドルフに百貨店等を設計したが、その地で四一歳の若さで白血病が因で死去してしまう。

ホフマンはワーグナーに学び、モーザー等とウィーン工房を設立し、建築はむろんのこと家具、食器、工芸、服装それにポスターに至るまでデザインする多彩な才能を発揮する。ビーダーマイヤーの伝統を継ぎ、モダンに洗練されたデザインだ。またウィーン美術工芸学校の教授として若い建築家を育て、ワーグナー亡き後、第二次大戦後に至るまでウィーン、オーストリアの建築・デザイン界をリードした。ビーダーマイヤーやイギリスの住文化の影響のもと、小住宅の設計を手がかりに近代建築を切り拓いたことは間違いないが、オルブリヒと同様やはり建築の目的の把握より、ポエジーにより心を砕いた建築家だ。

■ポチョムキンの都市としてウィーンの都市と建築を告発したロース

ワーグナーの近代建築思考を継承し、これをさらに尖鋭化させたのは、ワーグナーの弟子でもないロースである。[20] 建築家としては一匹狼的存在であるが、クラウスやアルテンベルク、ココシュカそれにシェーンベルク等作家、画家、音楽家たちとの知的連帯を背景に、ウィーンにおいては他所者《よそもの》的存在らしい臭覚の鋭さで、その社会・文化の欺瞞性を嗅ぎとり、その批判をモーメントに近代建築思考を展開した。

ウィーン市民の貴族社会に追従する虚栄に満ちた生活と豪奢な建物への好みが直接反映した、例えばリングシュトラーセの「宮殿のような賃貸住居」群は外観上は豪華とはいえ、新古典主義のあるいはハンセンの影響の故にそれなりの節度と品位を保ってはいるものの、住居の内部を見ると日当りの良い最上の部屋は使わずにただ人に見せるためにとっておき、家中雑多なギラギラ光るものが氾濫し、まるで骨董屋のようだという。見せかけだけが支配し、そこにあきらかに欠けているものは実用とか目的とかいった観念である（エゴン・フリーデル）。

ロシアのエカテリーナ女帝がウクライナ地方に行幸した折、狡猾な寵臣ポチョムキンが巨大なキャンバスに賑わい栄えた村の姿を描かせ、女帝に知行の繁栄を見せかけ騙したという故事をロースは引き合いに出して、外見だけを分不相応にとりつくろいたがる欺瞞と虚構に満ちたウィーンを「ポチョムキンの都市」と揶揄する。

またオルブリヒやホフマン等が標榜するゼツェシオーンは、否定したはずの装飾を新たに発明するウィーンの社会と文化に通底する虚飾であり、国民経済への犯罪的行為であるとする――「装飾と犯罪」と題した講演におけるロースの主張である。[21] 装飾と犯罪がどう結びつくのか、「その名文句には誰もが耳をそば立て、一度聞くと誰もが小声で反復した」と言われたように[22]、ロースの主張を伝えるに効果的な表題であるが、建築の合目的性を手がかりとする近代建築の核心を言い表すこのレトリックに巧みな表題ひとつで、その後の近代建築の展開にロースは大きな影響力を有した。

王宮前のミヒャエル広場に面して立つロース設計の建物（一九一一年）は、こうした社会・文化の批判を建築的に実践したものだ。住居、事務所が入った上階のファサードには装飾はなく、簡素な漆喰塗りである。それに対して紳士服店が入る下階のそれは豪華な大理石板貼りとして、上階の無装飾性、簡素さを一層際立たせる。そして入口部分には否定したはずの装飾としか言いようがない——何故なら、構造的には意味がない——大理石の円柱が並び立つ。

㊱ロースハウス（1911）〔ロース設計。ミヒャエル広場に面した正面ファサード。〕

工事が進むにつれ、上階の装飾がないあまりに簡素なファサードに気づいた新聞と市民が騒ぎ立て、一大スキャンダルとなり、一時は工事が中止

❸❼アメリカン・バー（1908）〔ロース設計〕《上》正面ファサード　《下》内部空間

に追い込まれる事態となる。

　鏡を使って増幅され無限に広がる空間のアメリカン・バー（一九〇八年）、それにグラーベンに面して立つ紳士服装品店クニーシェもウィーンの都市空間を豊かにしているエレメントだが、ロースの近代建築思考への最も大きな貢献は「ラウムプラン」のイデーである。住居でいえば部屋割を従来のように各階ごとに平面で考えるのではなく、三次元の空間、立体において考える。つまり部屋割を三次元空間中において考えるということは、居間、食堂、寝室それに便所など各室はそれぞれ異なる要求を直接的に満たすべく、形と広さと天井高がそれぞれ異なる固有な空間を獲得し、そしてそれら断片としての空間が統合され、住居全体として豊かな空間となる——といった思考だが、この大きな可能性を有する思考は驚くべきことに作曲家のシェーンベルクの高い評価[23]にもかかわらず、未だ今日においても建築家たちから正しく理解されていない。この思考によるロースのいくつかの住居が郊外の住宅地に立っている。

■ウィーンの近代建築の固有な様相

アム・シュタインホーフの教会の献堂式に出席した皇太子フェルディナンドが、近代建築は気に入らない、昔のマリア・テレジア様式が一番良いと主張し、その後、皇太子が背後にある当局とワーグナーが対立を続けた事実、またミヒャエル広場に面して立つロース設計の建物にまつわるスキャンダラスな事件、それにワーグナーによる近代建築を志向する自分の弟子たちの美術アカデミーの教授への推薦がことごとく当局に拒否されたことなどからもわかるように、ウィーンにおいては他の前衛芸術と同様、近代建築もなかなか受け容れられなかった。市民の啓蒙なくしては、市民に理解され得ず、近代建築の「市民権の獲得」など到底難しい。

そのためには近代建築の主張が建築の形態に明快に反映され、だれもがはっきりと読み取れねば

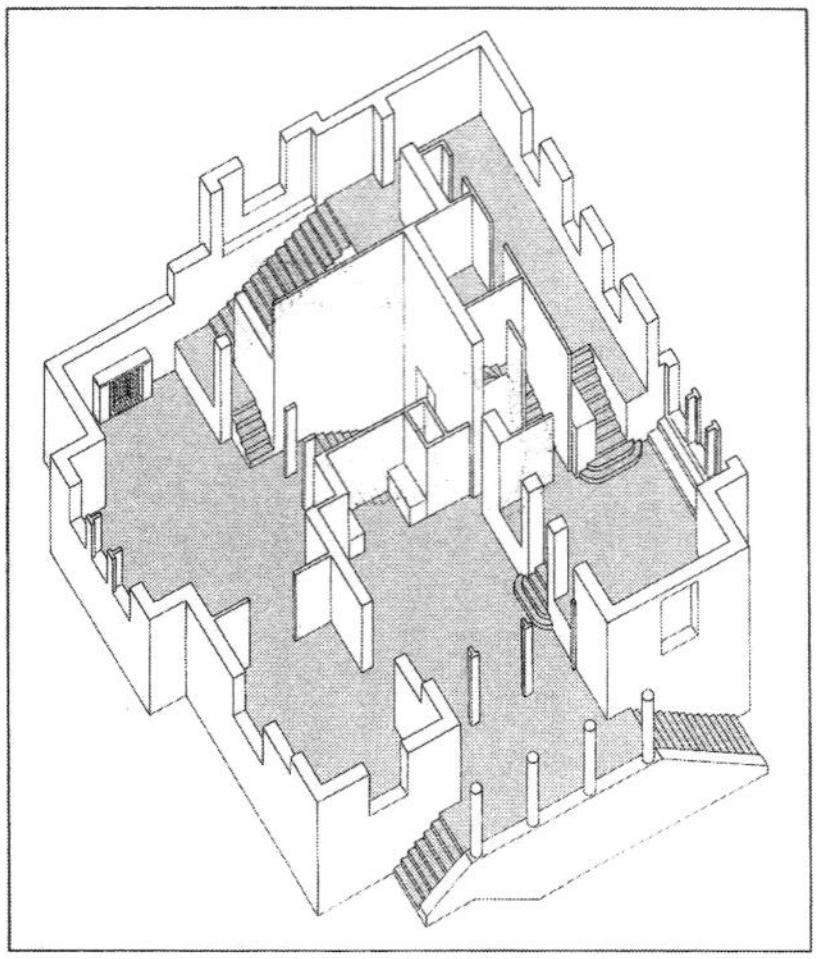

㊳ロースの建築思考「ラウムプラン」〔ある住宅計画案〕

なるまい。露出したボルトで石を壁体に固定することで、薄い石板で建物を被覆しているその事実を明らさまに強調するワーグナーの建築、あるいはミヒャエル広場に面して立つロース設計の建物にしても、向いの王宮や周囲の豊かに装飾が施こされた様式建築が立ち並ぶ中にあって、なにもかも装飾を剝ぎ取ったいわば裸形の真っ白な上階のファサードなどは、市民に「我々の時代の建築とはこうあるべきだ」となんと雄弁に語りかけていることか。近代建築を市民に理解させるべく、建築を意識的に操作した。

ウィーンにおいて成立した近代建築の思考が尖鋭化し、そして普遍性を有したこと、それが反映された建築が高い質を獲得したこと、またこのウィーンの近代建築が後に展開した「国際様式（インターナショナル・スタイル）」に最も大きな影響を及ぼし得たのも、ワーグナーという偉大な建築家の存在が欠かせないとしても、こうしたウィーンの背景と切り離せない。むろん、ウィーンの厚い建築文化の伝統とも切り離せない。反抗する対象としての伝統が厚ければ厚いほど、より一層尖鋭化し、厚みを増すからだ。

それにしてもワーグナーやホフマン、ロース等の建築を見ると、その後世界中に展開した近代建築と如何に微妙に様相を異にすることか。ワーグナーにはフィッシャーの影響かバロックへの好みも認められるが、共通するのは古代ギリシア・ローマ建築への傾倒である。あれほど声高に主張する近代建築のなかに、異種なるエレメントとしての古典建築が共存している。そしてそれが人を魅了する。このように歴史を参照する、歴史から離れられない点など、いとも簡単にきっぱりと過去と訣別した近代建築にはおよそ考えられない。

注

（1）それまでドイツ帝国の一封建領主に過ぎなかったバーベンベルク家は、ハンガリーとの争いで指導的役割を果たし、オーストリア辺境伯としてしだいに台頭した。敬虔で偉大なレオポルド四世とハインリヒ二世の時代になってオーストリアは公領となり、ドイツ皇帝家と姻戚関係を結び、都市ウィーンの支配権をも把握し、それまでのクロスターノイブルクの居城をウィーンに移した。またホーフとは宮廷を意味し、今日アム・ホーフという広場の名は、かつてこの広場に面して宮廷があったことを思い起こさせる。なおハインリヒ二世（治世一一四一～七一年）が築いた居城は今日のアム・ホーフ広場の南西隅部に建てられ、広場は祝祭の催しもののためでもあった。

（2）ゲシュターデ（Gestade）とは岸の意味で、岸辺の聖マリア教会のこと。古代ローマの都市ウィーン、ウィンドボナにおいて、この辺りはドナウ川岸（塩の取引場であった今日のザルツグリース）に向かって急傾斜になっておりこの縁に沿って教会が建てられた。空間の軸線のずれはこれに起因する。

（3）十七～十八世紀にウィーンを訪れたさまざまな人たち（イギリス、フランス、ドイツ、トルコの外交官、僧侶あるいは商人）による旅日記や旅の報告書、印象記などにおいて、「ノイゲボイデ」について語られている。Hilda Lietzmann：*Das Neugebäude in Wien.* Deutscher Kunstverlag, 1987から、再引用（pp.20～23）。

（4）パラヴァン（衝立、屏風）はトルコ語のParavânaに由来。キオスクも同じ。なおウィーンにしばしば見られる中庭の住居をつなぐ屋根に覆われた廊下はパヴラッチェと言われ、これもトルコに由来すると誤解されていることが多いが、チェコに由来する。

（5）ヨーハン・ベルンハルト・フィッシャー・フォン・エアラッハ（Johann Bernhard Fischer von Erlach, 1656〜1723）とヨーハン・ルーカス・フォン・ヒルデブラント（Johann Lucas von Hildebrandt, 1668〜1745）は、ともにウィーン・バロックを代表する建築家。フィッシャーはグラーツに生まれ、十四歳のとき、宮廷彫刻家であった父と同じく彫刻家を志してローマへ修行に行く。建築もその際学んだ。十六年にわたる修行の後（一六八六年）、三一歳で帰国。ウィーンの宮廷にて彫刻家、そして建築家として働きはじめる。息子のエマヌエル・フィッシャーも建築家で、父の仕事を助け、いくつかの建築を完成させた。ヒルデブラントはイタリア、ジェノバに生まれる。父はオーストリアの軍人、母親はイタリア人。ローマにて建築家カルロ・フォンターナのもとで修業。後に一六九〇年代、父親の故郷ウィーンに帰り、ウィーンの宮廷に建築家としての職を求める。

（6）革命建築とは、E・カウフマンが著書『ルドゥーからル・コルビュジエまで――自立的建築の起源と展開』（一九三四年）において述べた概念で、フランス革命前夜に活躍したフランス新古典主義の建築家ルドゥー（一七三六〜一八〇六年）やブーレ（一七二八〜一七九九年）等の建築を指す。球、円筒、四角錐等の立体幾何学形を手がかりに、機能とは関係少ない抽象的なモニュメントとしての建築を標榜した。フランス革命期に特有な熱情と関連し、誇大妄想的だと、ゼードルマイヤーは著書『中心の喪失』（一九四八年）において指摘している。

（7）ヨーゼフ・コルンホイゼル（Josef Kornhäusel, 1782〜1860）は、ウィーンに生まれ、父親は建設業を営んでいたことのみが知られ、その建築教育や生涯、また肖像画のひとつもないことから、その容貌等々不明な部分が多いビーダーマイヤーの興味深い建築家。このユダヤ人のための住宅、集会所、学校、シナゴーグがある住居施設のほかに、ウィーン近郊の温泉保養都市バーデンにおいて、市庁舎、劇場、宰相メッテルニヒの夏の家、ホテルザウアーホーフ、アスペルンの戦いでナポオレン軍を破った英雄カール公の夏の家であるヴァイルブルク城館、それにウィーンの賃貸住宅等の設計がある。なおコルンホイゼルについては、拙稿「謎多いビーダーマイヤーの建築家コルンホイゼル」(『森と楕円――アルプス北方の空間』井上書院、一九九二年、所収)を参照されたい。

(8) ヨーゼフ二世による「劇場建設を市民にも許可する」布告(一七七六年)をもとに、各地に小劇場が建設された。その代表的なものがヨーゼフシュタット劇場(一八二二年)。設計はヨーゼフ・コルンホイゼル。今日においても市民に愛される劇場。一八四一年に街路沿いに増築がされたが、後部にコルンホイゼルのファサードは今日においても残っており、ビーダーマイヤー的アットホームな親密性を有し、興味深い劇場だ。なおレオポルトシュタット劇場は、一七八一年にジャン・バティスト・ブルクァンの設計によってプラーター街に建てられ、ライムントなどの作品も公演された市民劇場であった。

(9) ヘルマン・ムテジウス(Hermann Muthesius, 1861~1927)は、ドイツの建築家。ベルリンの工科大学に学び、一八九六~一九〇三年の七年間、在英ドイツ大使館文化アタシェとしてロンドンに滞在し、イギリスの住宅や工場建築を研究。その研究成果として、名著『イギリスの住宅』(一九〇五年)を出版し、大陸ヨーロッパの住宅建築に、さらにはそれを通して近代建築の発展に多くの影響を及ぼした。またイギリスのモリス等のアーツ・アンド・クラフツ運動にも刺激を受け、ドイツに帰国後、ドイツ工作連盟創設に尽力し、その後もこの組織の活動をリードした。建築家としては、ベルリンにおいていくつかのイギリス風住宅を設計している。

(10) ザッハリヒ(sachlich)とは、建築の分野では、建築的目的を情緒を介さず、直接的に充足することを意味するのであろう。Sache(事柄)から派生した形容詞で、「事柄に即した」といった意味であり、ここで事柄とは建築の目的である。だからザッハリヒとは一般に即物的とも訳されるが、物、ものではなく、事柄なのだから、誤解を生じかねない訳語とも言えよう。イギリスの美術史家ニコラウス・ペヴスナーは著書*Pioneers of Mod-*

ern Design (1949)（日本語訳は白石博三訳『モダンデザインの展開』みすず書房、一九五七年）のなかで、「ザッハリヒなる語は英語に翻訳できない」と述べている。ザッハリヒとは一般的には、具体的な、実質的なという意味で、また飾り気がない実用本位なというような広義にまで用いられ、例えば「ザッハリヒな家具」とは飾り気がない実用的な家具といった意味である。

(11) カール・フリードリヒ・シンケル（Karl Friedrich Schinkel, 1781〜1841）は、十九世紀の新古典主義建築を代表するドイツの建築家。彼はベルリンのヴェルダー教会の設計案（一八二一年）において、二通りの様式の設計案をつくり、建て主に選択させた。そしてゴティク様式案が選択・採用され、実現された（一八三〇年）。

(12) オペラ劇場の設計にあたったアウグスト・ジカルト・フォン・ジッカルツブルク（August Sicard von Sicardsburg, 1813〜1868）とエドゥアルト・ファン・デア・ニュル（Eduard van der Nüll, 1812〜1868）は、ともにウィーン美術アカデミーに学び、共同で設計アトリエを運営。後に二人ともウィーン美術アカデミー教授。オペラ劇場の他にはプラーター街のカール劇場（一八四七年）、アルゼナール（兵器廠、一八五六年）等の設計をしている。またワーグナーは美術アカデミーにおいて、この二人に学んだ。

なお皇帝の言については、工事が進められていた当時オペラ劇場の入口部分が、未完成のため未だ特定されていなかったリングシュトラーセのレベルより一メートルほど下がっていたためか、それを見た皇帝は「オペラ劇場は沈んだ箱みたいだ」と語ったという。設計者のひとりであるファン・デア・ニュルは自殺し、「フランツ・ヨーゼフ皇帝はこの悲劇的な事件にいたく驚き、これ以後は二度と公の場で個人的な感想を述べることを避けた」といわれる（ゲオルク・マルクス著　江村洋訳『ハプスブルク夜話』河出書房新社、一九九二年）。

(13) テオフィール・ハンセン（Theophil Hansen, 1813〜1891）はデンマーク人で、コペンハーゲンの美術大学を卒業後、ギリシアに渡り、兄ハンス・クリスチャン（アテネ大学を設計した）と共にギリシアで活躍した。アテネの美しい建築である科学アカデミーや国立図書館等を設計した。アテネ工科大学の教授でもあったが、ギリシアにおける外国人の活動の制限という政治的理由もあって、一八四〇年代にルードヴィヒ・フェルスターによってウィーンに招かれ、この地に移り住み、フェルスターによるグンペンドルフの福音教会の設計（一八四九年）に協力し、その後独立して設計活動を進め、リングシュトラーセの建物群を設計した。ファン・デア・ニュルの死後、ウィーン美術アカデミーの後任教授となった。なおこのハンセンとオットー・ワーグナーとの関係は深い。ワーグナーが幼い時父が亡くなり、母は賃貸住居建設を企み、ハンセンに設計を依頼している。それ以来ワーグナーがウィーン工科大学に学んだ後、ベルリンの王立建築アカデミーで学ぶことを薦めたり、ハンセンはワーグナーの良き相談相手だったようだ。また後年ワーグナーはこのハンセンに仕事の上で協力（エプシュタイン邸新築工事の現場管理、一八七一年）したことも知られている。

(14)「ゲニウス・ロキ」とは、場所、土地に宿る神、土地霊を表すラテン語に由来し、都市や建築においては、その場所や土地に（精神的・風土的に）固有なものを希求・配慮することをいう。「ゲニウス」は、古代ローマ時代において「場所、もの、人の中に宿っている神」のことを意味した。また「ロキ」はロクス（「場所」の意）の単数属格形。

(15) ゴットフリート・ゼムパー（Gottfried Semper, 1803～1879）は近代建築の理論的先駆者。ハンブルクに生まれる。古典ギリシア建築の彩色についての論文がシンケルの目にとまり、シンケルの推薦でドレスデンの美術アカデミーの教授となる。ドレスデンではオペラ劇場のほか美術館等を設計した。パリ、ロンドンに亡命の後スイス、チューリッヒの連邦工科大学の教授となり、その工科大学棟やヴィンタートゥールの市庁舎なども設計した。ウィーンには晩年の一八七一年頃になってハプスブルク朝の王宮整備計画の問題に関する顧問として招かれ、これをきっかけとして新王宮、自然史博物館、美術史博物館それにブルク劇場等を設計した。いずれもルネッサンス、古典主義的傾向を示す。

著書に『科学と産業と芸術』（一八三四年）、『テキスタイル芸術について』（一八五九年）等々多数ある。「芸術の主は唯一、それは必要性だ」というテーゼを前提として、「建築家にそれぞれ課せられた課題に最も適した材料を使用する」と、まず材料の選択にもそして形態もこの材料と密接な関係がある、といった主張において、目的合理主義的思考を鮮明にする。ワーグナーもロースもゼムパーについてしばしば言及し、二人はその主張においてもゼムパーの言をそのまま踏襲した、といっても過言ではないほどである。

(16) カミロ・ジッテ（Camillo Sitte, 1843〜1903）は都市計画家・建築家。ウィーンに生まれ、ウィーンとミュンヘンのアカデミーに学ぶ。オールミュッツ、マリーエンベルク等の都市計画。ベルリンで雑誌『都市計画』を発行。またウィーンのヴェスラウ教会などの建築の設計もしている。主要著書の *Der Städtebau nach seinen künstlerischen Grundsätzen*（美的原則による都市の計画。日本語訳に、大石敏男訳『広場の造形』美術出版社、一九六八年）が示すように、都市造形における美しさと実用性の関係を思考した。なおリングシュトラーセに関しては、各建物の前に特色ある広場を形成することによって、街路空間が単調にならないよう、提案している。

(17) オットー・ワーグナー（Otto Wagner, 1841〜1918）は、ウィーンに生まれた建築家。ウィーン工科大学とベルリンの王立建築アカデミーに学んだ後、ウィーン美術アカデミーにてウィーンオペラ劇場の設計者であるジッカルツブルクとファン・デア・ニュルに学び、卒業。独立して設計事務所を開いた初期の建物には、他の建築家と同じように、歴史主義・折衷主義的傾向を示していたが、こうした初期の頃にも、「今日のわれわれの種々の状況、それに材料や構造についての近代の成果を充分考慮したやや自由なルネッサンス様式の建築こそ、現在、将来にわたって唯一正しいものだと思う」といった文章を書いているように、徐々に近代を意識した建築を志向していった。そしてゼムパーの影響が強かった。だが一方で、一八九〇年代以降、近代建築を志向した後でも、「趣味性」や古典建築への執着など、「歴史と離れられない」といったウィーン的相貌があることは否定し得ない。

(18) ワーグナーは一八九四年、五三歳のとき、ウィーン美術アカデミーの教授となり、この年の講義録（聴講したワーグナーのアトリエの所員であったマックス・ファビアーニなどの講義ノート）をもとにした *Moderne Architektur*（『近代建築』）が翌年出版された。近代建築を明快に標榜する建築書として有名で、そのなかで(1)目的をできるだけ厳密に把握し、これを完全に充足させる、(2)材料の適切な選択（入手、加工が容易で、耐久性が大きく、経済的な材料であるもの）、(3)単純で、経済的な構造であること。そしてこれらの三つの点を充分考慮した上で、(4)これらの原則から生成する形態、とする近代建築へのテーゼを提唱している。

(19) 「ワーグナー・シューレ（Wagner Schule）」とは、ワーグナー・スクール、ワーグナー派のこと。ワーグナーは一九一二年まで十八年間、ウィーン美術アカデミーの教授として教え、ワーグナーの下で学んだ国内外の建築家たちがワーグナーの建築思考を共有して、建築的活動をする。これをワーグナー・スクールを形成するともいう。

(20) アドルフ・ロース（Adolf Loos, 1870〜1933）は、十九世紀末から二〇世紀前半にかけてウィーンを中心に活躍した革新的建築家。オーストリアとの国境に近いチェコの地方都市ブルノに生まれる。父親は石工。ドイツ・ドレスデンの工科大学に学ぶも、中途退学。アメリカに叔父を頼って三年間各地を旅行。このアメリカ体験、とりわけこの時代のシカゴ派の建築などが大きな影響を与える。帰国後ウィーンに居を定め、建築家として活動を始める。そして文化・建築評論を新聞、雑誌等にたびたび発表しはじめる。作品は主としてカール・クラウスの紹介で、クラウスの弟や知り合いの住宅の内装・改築計画、カフェ・ムゼーウム（一八九九年）、アメリカン・バー（一九〇七年）、それに紳士服店クニーシェ（一九一三年）などを設計。第一次世界大戦後、ウィーン市の住宅建設局の主任建築家となり、数々の集合住宅計画案を作り、そのうちいくつかを実現させるも、労働者のためのテラスハウス計画案の実施が市議会で否決される。落胆したロースはパリへ移住（一九二三～二八年）。パリのサロン・ドトンヌ展に招かれる。パリではトリスタン・ツァラ邸（一九二六年）を実現。さらにウィーンにモラー邸（一九二八年）、プラハにミュラー邸（一九三〇年）を実現。一九三三年ウィーン郊外カルクスブルクのサナトリウムにて死去。葬儀では長年の友であるカール・クラウスが弔辞を読んだ。

(21) 「装飾と犯罪」という用語の初出はフランスの雑誌『カイエ・ドジュルドゥィ』（一九一三年）。そこではフランス語の訳語が載ったが、ドイツ語（Ornament und Verbrechen）の初出は不明。なお「装飾と犯罪」と題したロースの講演文は、拙訳編『ロース：装飾と犯罪』（中央公論美術出版、二〇〇五年）中に収められている。

(22) 劇作家、評論家ヘルマン・バール（Hermann Bahr, 1863～1934）の言。

(23) 作曲家アルノルト・シェーンベルク（Arnold Schönberg, 1874～1951）とアドルフ・ロースは非常に親しい関係にあった。一九〇五年頃ウィーンで、知人の家にて知り合ったと思われる。ロースはシェーンベルクのコンサートが実現するように経済的援助（資金を集めたり、切符を知人に売ったり等々）をしたり、またそのコンサート評を書くよう各新聞に働きかけたりした。またシェーンベルクにしても、ロースがドイツの大学での教師の職を得られるよう努力した。

「僕は君のことをたびたび思い出している。もし僕にお金があったら、君に住宅を設計してもらって、そこに住みたいと思っている……」とシェーンベルクは一九三一年、バルセロナからロースに手紙を書き送っているように、ロースの建築を高く評価している。そしてその評価の仕方は、ロースの建築の核心としてのラウムプランによる建築空間を見とおすなど、非常に興味深い。例えばロースが一九三〇年六〇歳の誕生日を迎えた折、

シェーンベルクはお祝いの小文で次のように記している

「……アドルフ・ロースが設計した建物の前に立つと、私は他の建築家の手になるものと異なるものを感ずる。ロースの建物には、あの偉大な彫刻家ミケランジェロの作品の場合と同じような、直接的な三次元的なコンセプトがあると思う。ロースの建物が立体としての空間の中で考えられ、工夫され、構成され、形態化されたのであり、当座しのぎのものや、手助けとなる床面や、立面、断面も必要としなかったのである。まさにもの全体が透明であるかのように直接的であり、また精神の眼が、部分としても、同時に全体としても、その空間を把握するかのようである。

建築にズブの素人がこのような発言をするのは大胆すぎるかもしれない。また、こんな場合には〝私はそんな印象を持った……〟といった言葉で自分を説明するのが常である。こんなことは百も承知で私はあえてそう主張したい。ロースにおいて新しさとは、より高次な空間についての考え方であり、またそれは、これから発展するであろうすばらしい建築へと一歩を踏み出す布石となるものである。またこれはロースという天性の才から生まれでたものだといえよう。

この点については、専門家といえども私に反論し得る者はいない。」

その他これに関するシェーンベルクの発言については、前掲ロース著書中の訳者による訳注を参照されたい。

参照した主な文献

Czeike, Felix und Walther Brauneis: *Wien und Umgebung*. Köln: Du Mont Buchverlag, 1977.

Geretsegger, Heinz und Max Peintner: *Otto Wagner 1841-1918*. Salzburg: Residenz Verlag, 1964.（伊藤哲夫他訳『オットー・ワーグナー』鹿島出版会、一九八四）

Goebl, Renate, et al.: *Klassizismus in Wien*. Ausstellungskatalog des Historischen Museums der Stadt Wien, 1978.
Lietzmann, Hilda: *Das Neugebäude in Wien*. München: Deutscher Kunstverlag, 1987.
Loos, Adolf: Gesamtschriften.（伊藤哲夫訳編『ロース：装飾と犯罪』中央公論美術出版、二〇〇五）
Steiner, Dietmar, et al.: *Architektur in Wien*. Magistrat der Stadt Wien, 1984.
Uhl, Ottokar: *Moderne Architekur in Wien*. Wien / München: Schrollverlag, 1966.
Vogt, Adolf: *19. Jahrhundert, Belser Stilgeschichte*. Stuttgart: Belser Verlag, 1971.（千足伸行訳『フォークト：一九世紀の美術』グラフィック社、一九七八）
Zöllner, Erich: *Geschichte Österreichs*. Wien: Oldenbourg.（リンツビヒラ裕美訳 『ツェルナー：オーストリア史』彩流社、二〇〇〇）

付記

建物の完成年については、設計した年と完成年との間に大きなひらきがある場合には、設計年と完成年を記し、そうでない場合には完成年を記した。これについては公式のウィーン建築案内ともいうべき、右記のD. Steiner: *Architektur in Wien* を参照した。

3 ウィーン・バロック
——その形態と思考

◎◎ 饗庭孝男

一 感性の祝宴としてのバロック

ウィーン・バロックについて語る前に、そもそもバロックとは何か、という問題を考えてみたいと思う。ワイリー・サイファーは『ルネサンス様式の四段階』の中でバロックについて長い頁をさいている。よくバロックについて持ち出された「トリエント宗教会議[1]」の信仰のドグマについて、それを「官能と霊魂の相剋」であったとし、聖イグナチウス・ロヨラと聖女テレサをひき合いに出して、このドグマの中で優位を占めるようになる感覚のテーマにふれ、ロヨラについて次のようにのべている。

修行者が良心を鍛錬するには祈禱をドラマティックに仕立てるために『五感の活用』が必要とされ、祈りの間、視覚、嗅覚、味覚、聴覚、そして触覚の多機能を十全に働かすべきであるとしている。（河村錠一郎訳）

又、聖女テレサの宗教体験が「官能において成就する」のであり、天使は「肉の形」をまとってあらわれ、テレサを刺して死のような苦しみであると同時に「鋭くかつ歓ばしき苦痛を与えた」として彼女自身の言葉を引用する。

……天使はこの槍で私の心臓を幾度か突かれ、臓腑まで貫くかと思われた。槍をお抜きになる時、臓腑が抜き出され、かわって全身が神の大いなる愛で満ちその火で燃えあがった。痛みがあまりに激しかったので私は幾度となく呻き声を発した。この激烈な苦痛が引き起こした甘美な歓びは失うのが惜しいほど大きかった。

この両者に共通するものこそ感覚的体験、とくに聖女テレサにみられるそれが恍惚をひきおこす宗教的官能をもたらしていることに注目したい。彼女は血をひたたらせた復活のキリストを「ああ、まことの〈恋人〉」と呼んでいるのである。恋人という自己と同じ次元で見るこの態度は、すでに十三世紀以来、修道女が、しばしば、キリストが彼女らにむかって心臓の交換を求めて幻視されたという事実とふかいつながりがあるだろう。

それがシエナのカテリーナがキリストの思いが霊に入るたびに「五感の機能が失われた」という事実や、一六一九年から一六二二年にかけて、フィレンツェの近く、ペシアの女子修道院長に青年キリストがあらわれて心臓の交換を求めたこととともかかわっていよう。これは見方をかえれば、キリストとのひそやかな肉の交換にほかならない。エロティックな想像力の産物と呼んでもいいだろう。しかも恋人のようであるから一対一の同じ次元と考えられるものである。

ベルニーニがローマのサンタ・マリア・デルラ・ヴィットーリア教会祭壇につくった「聖女テレサの恍惚」の官能にみちあふれた彫像がまさにそのことを具体的に示していよう。他方、思想としてのバロックを生きたフランスのパスカルが、「決定的回心」の夜、「歓喜の涙」にひたされ、その神秘的体験のあと、病のうちに世を去るにあたって、自らのつくった苦行帯を用いて自らを責め、苦悶のうちにキリストとの神秘的交流を示したのも、聖女テレサやロヨラの修行の極限をあらわしたものと何らかかわるところがない。

❶ベルニーニ作「聖女テレサの恍惚」(1647〜52年)〔ローマ、サンタ・マリア・デルラ・ヴィットーリア教会〕

右にひいたサンタ・マリア・デルラ・ヴィットーリア教会に加えてサン・カルロ・アルレ・クワットロ・フォンターネ、サンタ・マリア・デルラ・ルーチェ教会、あるいはサン・ピエトロ広場の壮大な量塊とエネルギーは、色彩を加えた多元的なバロックの誇張語法の実現なのであった。それはまさに多元的な力動性を持っており、ルネサンスの調和と均衡の古代的生命の表現のあと、冷たく、異形な姿で萎縮したマニエリスムの反動といわれる出現なのであった。建築、絵画、彫刻の各領域にわたって、量塊、力、垂直な上昇性、構造的エネルギーにみちた巨大な天上への志向は、まさしく「トリエント宗教会議」のうち、感覚による肉体的真理の実現であったということができる。ゆたかにして華麗、壮大さ、爆発的解放と自己肯定、要するに肉体への霊的存在の注入、即ち感覚的現在性を与えるキリストへの讃歌なのであった。

それというのも、バロックの「トリエント宗教会議」が感覚への信頼と依存を人々に与え、可視的な形でも聖なる人々の存在を信じることができるようにした。即ち古くからのミサにおけるパンをキリストの肉に、葡萄酒をその血にあらわすかぎりにおいて「精霊としての食物」となり、本質的な霊と肉は、このいっそう具体的な形での「托　身《アンカルナシヨン》」の意識を肉の方によせて二元論を克服したのである。ヴァルター・フリートレンダーの言葉では、「起絶世界の世俗化」を人々はよろこびをもって迎え入れたのである。

したがって可塑的な肉が教会、修道院の建築上では巨大な至上志向によって壮大な建物を構成する量的な構造と視覚的にもエネルギーを感じさせるものがある。同様、楕円の天井、正面玄関の独自性、たとえばサン・カルロ・アルレ・クワットロ・フォンターネ教会の運動を感じさせる壁面、両柱によって構成される二階の運動、即ち一階が凹凸凹、二階が凹凹凹という形をなし、しかも二階のひさしのところに楕円形がはめこまれている。それに円天井があたるところが同じく楕円形をなしている。

これらは一致して上昇し、凹凸し、楕円によってルネサンスの円天井を変形し、すべてがエネルギーの運動によって示されているのである。

あるいは又、サン・ピエトロ広場における二重アーケードと二重円柱のつくり出す劇場的空間の圧倒的な目にみえないドラマ性を感じるだけでよい。

❷サン・カルロ・アルレ・クワットロ・フォンターネ教会のファサード（1628〜68年）〔フランチェスコ・ボルロミーニ設計〕

おそらくはサイファーが指摘するようにガリレオが一六四二年（ニュートンの生まれた年）に没するまでに、物体には力が内在していること、動力、慣性、重量等の動きの法則が物理学から建築に適用され、一つのエネルギー表現の美学にかえられてしまったからであろう。いいかえれば「肉体」や「感覚」の概念がそれとむすびついてバロックの主要な形態を決定したと言ってもよい。

それに又、バロックは簡素な調和をもつものではなくて装飾性を多くもつ。それはさながら感性の祝宴《フェスタ》の趣きを呈する。スペイン、トレド大聖堂のトラスパレンテ祭壇、ヴュルツブルク館のバロック末期のロカイユ様式のおびただしい装飾等を見ればよい。眩惑的なまでの光、又、天井画における無重力的にうかぶ天使や聖人の姿、まさに全てが不協和的表現と秩序の自覚的混乱をみるものに与えるものである。

しかも教会全体から言えば、ファサードは、そこからさながら自立して「個」の表現に自足しているように思われる。先にのべたサン・カルロ・アルレ・クワットロ・フォンターネ教会のファサードはその典型であって、教会の約束事にしたがいながらも別の「夢」を見ているような観がある。教会全体を見よ、と言っているのではなくて、ファサードに注目せよ、その建築の眩惑的装飾の効果を味わえ、とのべているようだ。

このように考える時、同じくバロックのサンタ・マリア・デルラ・ヴィットーリア教会の祭壇に、なぜ、肉と感覚が同時に宗教的体験の神秘性に射ぬかれた聖女テレサをおいたかという理由が見えてくるだろう。バロック的ファサードの「夢」の中に、地上において聖女テレサの陶酔との同化のよろこびを教会にすすみ入って味わうことのなかに、感覚の回路がはっきりと天上性を志向していることがわかろう。

バロックという、人間存在の知覚器官を無視してはばからなかった中世への反動として、ルネサンスの「人間性《フマニタス》」を経由して、さながら地上の楽園のような世界が現出されたのである。想像力の力の行使は、バロックが求めた多様な形態の表現をとおしてまばゆいまでにうち出されたのである。

もし中世のゴシックの先端があくまで天上をめざす神にむかっておのれをたかめる意志の象徴ならば、近世のバロックは地上的に、空間的に壮大なこの大地と平行な形でその「夢」を実現したものである。それをつくろうとするエネルギーとは意志であり、力であり、それらがぶつかり合ってバロック的情熱のモニュメントを表現するのである。

これらの壮大な空間はいわば公共建物、教会、宮殿や貴族の館を意味しよう。個人の家やその内部空間はむしろ後にくるロココである。ルネサンスは均衡と相称であり、調和であるが、バロックは不均斉であり、ルネサンスが力動的に変容しているように思われる。どのような意味においても静止的ではない。しかしロココの曲線とくらべるとルネサンスの円を楕円に変形し建物に装飾性と変形を加えて創造しているように思われる。

二 ウィーン・バロックの呼び水——反宗教改革と対トルコ戦の勝利

話をウィーン・バロックに転じてみよう。ハプスブルク帝国は、プロテスタントの「宗教改革」を阻止するために全力をあげた。W・M・ジョンストンによれば一五五〇年当時、ドイツ人（ハプスブルク家領内の）は大半がプロテスタントであった。これに対し、カトリック側では教育制度と修道院の力を利用してプロテスタントの追放や改宗を行って対抗した。一六二二年にプラハからウィーンに移ったフェルディナント二世は、「領主の宗教は領民の宗教」として徹底した反プロテスタント活動を行い、彼らからとった領地をカトリックの貴族に与えることもしたのであった。これでカトリックが拡がったこともバロックの基礎をつくったことになろう。

次の要因は対トルコとの戦いであった。ウィーンはトルコの包囲に遭って陥落寸前まで行ったが、一六八三年、ついにこれを撃退した。それというのも西方キリスト教の最前線として異教のイスラムに勝たねばならぬという使命感がハプスブルクにはあったからである。皇帝レオポルト一世が首都を助ける十字軍まで組織した。これらの軍隊を整備し、精鋭にしたのがサヴォイ公のプリンツ・オイゲンであった。

このようにして対プロテスタントとトルコに勝利をおさめたところから、荒れはてた首都のあちらこちらにバロック建築が生まれはじめたのである。それはあとでのべるように、南にあるイタリア・バロックの影響であり、そこに学んだ人々の成果であったといえるだろう。

それらはたとえばダウン・キンスキー宮であり、ベルヴェデーレ宮、カール教会（ザンクト・カール・ボロメウス聖堂）等があげられよう。これらバロック宮や教会は、いわばこの世の天国といった趣きで豪奢をきわめている。『ウィーン精神』をかいたW・M・ジョンストンは、この点に関して次のようにのべた。

イタリアからきたしっくい職人や、ザクセンの建築家、オーストリアの画家や彫刻家、さらにはスペインのユダヤ人金細工師やしっしゅう職人が、力を合わせて、造物主に石造りの讃歌を捧げたのである。天地創造に対する崇拝の念があるため、万物に神が宿っていると考えるようになり、芸術も、聖体の秘蹟と同じように神が本当に存在していることを伝えるかのようであった。このように、バロックは宇宙の秩序に対する信仰を浸透させた。この信仰は十九世紀になると、耽美主義、実証主義、そして印象主義という、さまざまな形をとって世俗化していったのである。

ハプスブルク帝国の文化は、この分化の基盤をつくり、耽美主義といえばクリムトのような装飾的な美的快楽を世俗化のシンボルとしたと言ってよい。

三　ウィーン・バロック建築探訪

それでは個別にこのウィーン・バロックを検証して行ってみよう。たとえば、ショッテン通りから南へ、ヘレン通りにさしかかった右側にダウン・キンスキー宮がある。一七一三年から一六年にかけてつくられた貴族の館である。これをつくったのは、かつてイタリアに留学したヨハン・ルーカス・フォン・ヒルデブラントであった。他に彼はグラーベン通りに近いペーター教会、ベルヴェデーレ宮もつくっている。

しかしこの建物は、イタリア・バロックの豪奢で華麗な奔放さをもったものではなくて、まるで「部分バロック」といわれるようなフランスのバロックのように節度があり、均衡感にみちているものである。とは言っても、そのファサード二階正面の窓の上、一階玄関左右の柱と軒の上には人像をふくめ、円、曲線、半円をふくんだバロック風の装飾があり、とりわけ玄関上部には横に、多くの縦の美しい浮彫がほどこされている。玄関左右には支柱が二本ずつ立っているが、内側にはそれを上半部で支えるヘラクレス風の男性像がそれぞれにつけられていて、視覚的な重力の軽減がはかられている。

二階の張り出した棚の上に、左右から半円状の支柱があり、そこに衣服を着た女性がおのおの凭れかかっており、上下の支柱となる二人の男性像と対をなしている。その間に窓があるが、窓の上部には楕円形の琴がおかれており、それに右から指がさながらこれを弾くようにかけられてあった。

このように考えてみると、キンスキー宮のファサードは、他のバロック建築と同様に、それ自身が独立した自己主張をあらわしており、それだけの完結性を示していると見ることができよう。全てこのファサードは窓上部にある琴の奏でる音楽に収斂している。ここは音楽をその本質の一つとしている都であるからであろう。その左右に一つずつ天使がいるのは、しかもまるでバロックの教会の力動的な祭壇を思わせる雰囲気がある。

このキンスキー宮の上に、たとえば晩秋の夕焼けが拡がる時、そこには美しい音楽の諧調が流れ出すにちがいない。それは世俗の建物でありながら祭壇と音楽的効果によってまさにバロックとしか言いようのないものだ。もし、ニーベルシュッツの言うように（『バロックとロココ』）バロックにおいて、「音楽」と「建築」とのかかわりがもっとも緊密だとすれば、まさにそれはこのキンスキー宮正面にあらわれているのではないだろうか。

もう一つバロックでヒルデブラントがつくったベルヴェデーレ宮（上宮・下宮、一七一四〜二二年）がある。これはトルコの脅威がなくなったこともあり、郊外に近いところに建てられたものである。この宮殿は上下に分かれていて、最初に下の宮殿がつくられ、そのあとに上がつくられた。二つの間には庭園があり、建築との調和を目指したということができよう。二つの宮殿がほぼ三層からなることは共通しているが、両翼におのおの円い塔をもった部分がある。

フランスのヴェルサイユ宮にヒントを得たといわれるが、現実はさほど似ていない。シェーンブルン宮のほうがヴェルサイ

❸ダウン・キンスキー宮のファサード（1713〜16年）〔ヒルデブラント設計〕

ユに似ているといえるかもしれない。

ベルヴェデーレ宮の下宮は背面に池があり、二つの建物の池への反映も当然のことながら効果に入れていたであろう。この二つの宮殿は正面からも入れるが、バロック美術館のある通りからゆっくり上がってゆけば、広大な庭園の彼方、多くの彫像の向うに宮殿があらわれて来て美しい風景をつくり上げている。ふりかえればウィーンが一望の下に見えるのである。

ところでヒルデブラントは上宮と同じく下宮にも見事な大理石の広間をつくった。主として茶と白の大理石を用いているが、華麗なのはその装飾性である。床一面と、広間をわたってくる廊下、その門と暖炉から壁面全体の大部分が茶色であるが、廊下の戸口上部と、暖炉の火床の上に、おのおの白の楕円形の浮彫りが大理石であり、さらに天井近い壁面にも銃や十字架をもった戦士らしい彫像が花のようにひらいている。暖炉の左右は「トロンプ・ルイユ（だまし絵）」が二層にわたってえがかれ、奥行をみせているのも興味ぶかい。彫りのある渦巻、曲線の使用はきたるべきロココの時代を先どりしているようで人々の関心を惹こう。これらが又、窓から入ってくる光線のあたり具合、時間の移行にともなってみせるにはたとえようがない。そうした効果は当然のことながらバロックの光学の中にとり入れられたに違いないのである。

上宮では庭の方にむかう大理石の大広間と入口広間の間に階段部屋をつくり、大広間からの段階的空間を下方にむかってつくるなど、周到な空間構成には人々の嘆賞をさそうものがあろう。

ヒルデブラントはそれ以外、シュヴァルツェンベルク宮をフィッシャー・フォン・エアラッハ

（後述）とつくり、また単独にはシュタルヘンベルク・シェーンブルク離宮も造営した。半円形の玄関をもつこの離宮は独自な個性をもっているものの、両翼の建物とのバランスがやや悪い感を与える。

むしろグラーベン通りからやや北に入ったペーター教会はバロックというより、外のその装飾性の少ない構造はルネサンス風の趣きがあると言ってよい。一階正面の入口は三角形の左右上部にバロックらしい窓を支えるものの、ファサード左右三層にわたる四角形の塔と、円天井がルネサンス風の印象を与えずにはおかないのである。

ヒルデブラントはかつてローマに留学したが、フィッシャー・フォン・エアラッハも又、ローマに留学している。山一つ越えた向うのアドリア海の彼方、バロックの中心、ローマが彼らを魅惑したことは言うまでもない。反宗教改革としてイエズス会を先頭とした、このカトリックの高揚は、教会やそれを保護する宮殿を地上の楽園というべきバロックの豪奢な夢でかざったのである。

エアラッハが手がけたものは、すでにザルツブルクの聖三位一体教会（一六九四～九八年）があり、それにつづいてこの町にコレーギェン教会（一六九六～一七〇七年）をつくりあげていた。前者は左右に高い四角の塔をもち、中央に円形のドームをもつ骨格正しいルネサンス風の教会であるが、後者になると、中央が半円形にせり出したファサードで、左右にやはりイタリアのボルロミーニ風な塔をもつ教会であったが、それはすでに色濃いバロック的な形態をもっているのである。それは中心、身廊の上に円の天井をもった形態であり、ファサードの二階の縦形の楕円形の窓など、

❹カール教会（1715〜22年）〔フィッシャー・フォン・エアラッハ設計〕

バロック建築の特徴の一つと見てよいだろう。

しかし彼の建築中、もっともゆたかな結実を示したのがウィーン、カール広場に面したザンクト・カール・ボロメウス教会であることは論を待たないであろう。平面図を見ると正面階段をのぼって、左右に大きくはり出した二層の四角形の塔があり、上層にはおのおの中国風の小さな二層の建物がある。さらにそのおのおのの塔の内側に並んでローマのトラヤヌス風の大円柱をたてた。しかも正面玄関がローマの神秘的な六本の柱に支えられた、三角形の切妻をもつものである。しかも内部は、ほぼ楕円形の堂になっており、天井も同型のスタイルである。この平面図を見ると、独自なプランを彼が考え出したことがよく了解される。古代とバロックの不思議な融合とでもいうべきものである。

さて、この教会の内部空間の上部にひときわ見事な楕円形天井がある。ここに描かれたフレスコ

❺カール教会の楕円形円蓋〔バロック的な幻想世界が描き出された天井画〕

はヨハン・ミヒャエル・ロットマイヤーの作品である。それはイタリアのサン・カルロ・アルレ・クヮットロ・フォンターネ教会の楕円形円蓋と酷似する。むろん後者には六角、八角形、十角形の切りこみのある装飾があるが、それは別としても楕円形の形態はひとしい。ベルニーニが、かつてローマのサンタンドレア・アル・クイリナーレ教会をつくった時の楕円形とも同じである。

ところで、このザンクト・カール・ボロメウス教会の楕円形円蓋は、大きな楕円の上にさらに窓と支柱に支えられた楕円形の天井があり、そこに多くの幻想的バロックの無重力的な人物たちが描かれている。それはローマのサン・ピエトロ大聖堂の円蓋やサンティナーツィオ教会の天井画と同じ傾向を持っている。

とくに後者は、そこに更に絵による「トロンプ・ルイユ」的なガエターノ・ファンニーイの手になる建築があり、その間に浮かぶ無重力的な人物を配した。雲にのる人々、天がける人々の世界は、地上の天国のような華やかさと幻想性をともなうものである。このザンクト・カール・ボロメウス教会では、これら人物が、楕円のまわりの内側をまわるように浮動しているのである。聖母マリアと天使たちがその中心に存在する。

これらの人物がいずれも上昇する感覚で描かれているということは、地上より垂直に天上に志向するという宗教的希求をあらわしているにちがいない。それが天上の楕円的宇宙に、希求の収斂点を与えるのである。バロックにおける宗教と世俗の接点を可能なかぎり、無化しながら、その一致をねがう時代の気運がつくり出したものというべきであろう。しかし楕円的宇宙の華やかさ、人物たちの地上的形姿はそのままにバロックの感覚の勝利をあらわしているのではないだろうか。この動的な宇宙こそ想像力の力学の表現と言ってよい。

しかも楕円形の宇宙からの光がふりそそぎ、逆に人物たちは吸い上げられるように舞い上がり飛翔してゆく。この幻想的空間の中の力動性の軸は、したがって、光の重力と上昇の宗教的希求の力とが出合い、そのエネルギーがさらに天井をとおって無限の外部空間をみたしながら上昇するような仕組みとなっている。

深く、広いこれらの空間をつくり出すのはバロック芸術の量塊的力、運動量と宗教的陶酔の混然一体となった働きであろう。それらは運動によって自らを示す。バロックとはまことに力動性《ディナミズム》をもった芸術であると言ってよい。ルネサンスの均衡と秩序にみちた建築が、ここに至って内部からゆれうごき、その分だけ、多様な装飾がそのつなぎ目からあらわれ、全てを集約しながら上昇してゆく動的空間となり、描かれた世俗的人物も、そのままに天上の人となるような錯覚を与えるものであろう。

さて、ウィーンのシュテファン教会の前にグラーベン通りがあるが、そのまん中に黒死病《ペスト》の終息を記念した彫像群が立っている。つくったのはマティアス・ラウフミラー（一六四五～八六年）であり、六角形のかこいの上にそそり立つ、九体の天使を雲の間にいただいたこの塔は、指摘されるように、彼が当時流行した象牙彫りのすぐれた作者の手法を感じさせるものがある。それが想を得たのはイタリアのベルニーニのサン・ピエトロ大聖堂の円蓋の構想によるものという。素材は大理石である。塔上に十字架とそのまわりにバロック教会の祭壇にある放射状の光の矢が八方にひろがっている。

❻ペスト柱（1679年）〔マティアス・ラウフミラー設計〕

二層にわたる基台にP・シュトルーデルのレオポルト一世像と信仰の像の古典主義は動的で多様な天使らの姿態がつくる群像とそぐわない印象をうけよう。つくられたのは一六七九年のことであった。

四　バロック期に培われたウィーン人の死生観

ウィーンは一六七九年に、ペストによる死者十万を数えた。それは一六三〇年代に百万を数えたイタリアのペスト流行のあとに来たものである。むろんイタリアやウィーンだけではない。ペストがもたらした死の恐怖はヨーロッパ全体に共通していた。

トリエント宗教会議では、葡萄酒（血）とパン（肉）の聖餅の意義があらためてキリストをさすことが強調され、肉体に精神を入れるバロックの意識とひびきあって二元論的構築がこえられてしまう。

このことはペスト流行の終息をねがうため、肉体のまま昇天した、慈愛の聖母マリアへの信仰を加速化させたのである。けれども肉体が強調されればされるほど肉体の充足とともに肉体の腐敗と「死」が人々の恐怖の対象となった。死への恐れは逆にそこからも生まれたのである。

ウィーンを中心とするハプスブルク帝国内では、聖体拝受はもっとも厳粛に行われた。何と言っても死は天上の神の御心のままだからである。そして前述した聖母マリアは天上の女王として、帝国内におけるプロテスタント制圧を感謝する巡礼の対象となる（一六二〇年以降）とともに一六七〇年以降、ペスト流行の終息をねがい、その力をつよめる存在としても聖母マリアも巡礼の対象となった。『旧約』の神の怒りをしずめ、人々を死からすくう唯一の対象ともなった。やがて人々は

「死」を生の一部分と考え、そのことによって死を生の中にとりこみ、死が生を完成するものと見るようになってゆく。これがバロック期に生まれ、以後、ウィーンの人々の思考の習慣となって行ったのである。

W・M・ジョンストンが引用しているモーツァルトの手紙の数行はそのことをよくあかしだててくれる。

死というものは、よく考えてみますと、私たちの人生の本当の目標なのです。(中略)死を思い浮べるとかえって、心が落ち着き、慰めも感じられます。(父宛、一七八七年)

言うまでもなくモーツァルトはフリーメーソンの会員の一人であり、彼らは、死は生の一部だと思って来たのである。しかしこの思考が逆に肉体の悦楽や耽美的傾向と表裏一体であったことは言うまでもない。この死に対する奇妙な考え方が久しくウィーン世紀末の芸術家たちの中にもあって、クリムトの愛する二人の背後に死の骸骨の幻影を描かざるをえなくしているのである。又、ホーフマンスタールの「死」が擬人化された『病人と死』、シュニッツラーの『独り者の死』にも、ヴァイニンガーの若すぎる自殺自体にも、マーラーの『大地の歌』の旋律にもあらわれる死と連動する。

それはやがてツヴァイクの言う「美しく飾られた遺骸」(『昨日の世界』)の習慣をウィーンにつくり出したのである。「オーストリアには死に対する儀礼というバロックの伝統」(ジョンストン

『ウィーン精神』)、「死を生の見えない一面であると考える文化」があるという指摘も当然のことであろう。ウィーンに知識人の自殺が多いという統計上の問題にも、死への考え方が反映している。

このように見てくる時、バロック教会の祭壇の華やかさ、円蓋の天井画の肉体をもつ人物たちの無重力状態での上昇の仕方、教会の世界自体が地上の天国とするバロックの思考が、ウィーンの伝統となってゆく基礎が、すでにバロック期に形成されていたと見てよいであろう。天井画の華やかさ、色彩あざやかな冷たい大理石にかこまれた葬儀の異様なほどの美しさには、かつて生命の力動的エネルギーによってみちあふれた十七世紀から十八世紀へのバロックの充溢感はなく、その形態のみが、祭壇を形づくって来たという感慨に人々はおそわれるにちがいない。

五　イタリア人芸術家に先導され、独自の定着をみたウィーン・バロック

これはウィーンだけの現象ではないが、バロック芸術が成立するためには、その庇護者としての王、領主、貴族、聖職者、そして彼らがたてた教会のこの世ならぬバロックの地上の天国を享受する農民が存在しなければならない。とりわけハプスブルクではバロックの成立に歴史的要素――すでに記述したようにプロテスタントの勢力の衰退とトルコからの防衛成功――以外にこれらの階級の相互的なむすびつきが多かったことを挙げなければならない。農民的祝祭が地方の教会、修道院を中心として行われ、他方、ハプスブルクの王たち、貴族らが宮殿、教会、修道院を中心に、ブル

ジョワ階級も加わって、さまざまな祝典をイタリア・バロック的にしたことがバロックの進展に大きな意味があったのである。

けれどもこれら農村と都市にひろがったバロック熱は、主としてオーストリアにみちびき入れられた「イタリアニスム」によるところ大であったと言わなければならない。ローマに留学したヒルデブラントやエアラッハが宮殿、教会をウィーンやザルツブルクに多く建てたことも、彼らをとおして「イタリアニスム」が浸透して来たことを示すものであろう。山一つへだて、アドリア海の彼方のローマやトリエステからつながる北イタリアはウィーンにとって大きな役割を演じていたのである。ローマ、フィレンツェ、ヴェネツィアから齎されたイタリアの文化の豊かさは、直接的にもウィーンに根づいたイタリア職人によって誇示された。

ところでバロックの時期とは大体いつ頃をさすのか、ということを改めて確認しておきたい。広い意味で言えば、一六〇〇年から一七五〇年までと考えられる。たとえば、モンテヴェルディの最初のオペラ『オルフェオ』は一六〇七年であった。最初の公開オペラ劇場がヴェネツィアで開館したのが一六三七年である。ウィーンの音楽に影響を与えたフレスコバルディはその頃が活躍した時期であった。リュリのバレーは一六五八年であり、マルク・アントニオ・チェスティが『金の林檎』をウィーンで上演したのは一六六七年であった。しかも場所は、コルティーナ劇場である。ドイツのシュッツがイタリアに留学したのが一六〇七年であり、彼が亡くなったのは一六七二年であるから、殆どバロック期と同じ時期である。

「イタリアニスム」をすすんで受け入れたのはレオポルト一世であり、宮廷内の言葉はイタリア語であったという。宮廷詩人や作曲家もイタリア人であった。前出のチェスティは、ヴェネツィア派の当時の中心であったにもかかわらず一六六四年から四年間ウィーン宮廷の副楽長さえつとめている。

すでにバロック建築のことは語ったのでこれからは音楽を中心にして語りたいと思う。フィレンツェで生まれたオペラは早い時期、たとえば一六二〇年、マントヴァから来た劇団によって上演されたという。十七世紀半ばから、渡辺護によれば（『ウィーン音楽文化史』）、イタリア以来オペラ上演の中心になった、モンテヴェルディの『ウリッセの帰還』（一六四一年）、フランチェスコ・カヴァルリの『キプロスの王エジスト』（一六四三年）、チェスティの『金の林檎』（一六六六年）等がひきもきらず続いたといわれる。ウィーン・ハプスブルクの歴代の皇帝がとくにオペラ好きであったこともその理由の一つである。

ここでイタリアから来たオペラの作曲家たちを挙げてみよう。アントニオ・ベルターリ、ジョヴァンニ・F・サンチェス、アントニオ・ドラーギ、チェスティ、マルク・アントニオ・ツィアーニ等がかぞえられる。イタリア・オペラの上演はハプスブルク宮廷の豪華さをよりきわだたせるためでもあったが、しかし、オーストリア人としては、宮廷副楽長になったヨハン・ヨーゼフ・フックスがあげられよう。彼のオペラ『貞淑と剛毅』はカール六世の王位戴冠式のためのもので、そのためにプラハの郊外に円形劇場がつくられたといわれる。彼は理論書としても『対位法』をかき、その合奏曲はバロック音楽の壮大さと華やかさにあふれている。

ウィーンにはローマ、ヴェネツィアの外に、ナポリからも多くのオペラが招来されたといわれている。

バロック音楽は生来、劇音楽と器楽音楽が中心であった。この時期にバロックに適したのはチェンバロ（上下の鍵盤からことなった音色を出せるもの）であって、それは二つの異なった要素のドラマチックな出会いをつくり出すという特色があった。中間的ニュアンスをもった要素はないといえよう。

オルガンも一人で大オーケストラに匹敵する音楽を奏することができるものであり、大きいもので七千本から一万本のパイプをもっていた。この楽器は移動することができないので、いきおい特定の教会におかれ、そのため、オルガニストになることはきわめて重要な地位につくことを意味したのである。

ウィーンのオルガニストの多くはイタリア、フレスコバルディの影響下にあったが、シュテファン教会のオルガニストの中にヴォルフガング・エーブナーがいた。彼は又、ドイツ系の作曲家であるが、バレー音楽にもその名をのこしたといわれる。ヨハン・ヤーコプ・フローベルガーはシュトゥットガルトの宮廷楽長の息子であったが為にウィーンの宮廷つきオルガニストとなったが、バッハも彼の楽譜をよく写していたという。ヨハン・カスパル・ケルルは、フレスコバルディに学び、やはりシュテファン教会のオルガニストとなった。ケルルの弟子のヨハン・パッヘルベルはシュテファン教会のオルガニストの助手をつとめた。ウィーン出身のはじめてのオルガニストはゲオルク・ロイターであり、シュテファン教会のオルガニストをつとめた。彼らが教会や宮廷でバロック音楽を演奏したことは、その華やかな場所にきわめてよくかなっていたというべきであろう。したがってオルガンはヨーロッパに君臨したハプスブルクとその保護下にあったカトリックの式典や祝祭に欠くことのできない存在であった。

このカトリックの布教にウィーンでもっとも力があったのは、イグナチウス・ロヨラのはじめたイエズス会であるが、彼らが布教の一環としたものに、「宗教劇」があり、一五五〇年以降、それらを演ずる芝居小屋が数多く建てられたという。反宗教改革にもっとも大きな勝利をおさめたものは一六五八年、ベッカー通りにあったミヒャエル教会のホールで演じられた『勝利を得た信仰心』という演劇であった。この種の演劇は大衆の啓蒙化のためもあり、方言や民謡を用い、又、宮廷でも上演されたというから、大衆と宮廷、貴族をこえた大きなきずなになったことは想像にかたくない。

イエズス会の熱心な布教は際立っていたため、多くの教会の円天井の内にイエズス会士の姿が描かれているのも決して偶然ではない。しかしその熱心さが時には忌避されることがあって、ヴェネツィアではある期間、完全にイエズス会が放逐されたこともある。

けれども反宗教改革運動がいかに強く働いたとしてもその尖兵の一存在であったイエズス会とバロックを単純にむすびつけることはできない。すでに冒頭でのべたように、ロヨラにおける感覚の優位は動かせないとしても、それがバロック芸術を左右したというように考えることはできない。バロックをイエズス会様式とする誤解は払拭しなければならない。反宗教改革とイエズス会をむすびつけるには、年代的にも五〇年のへだたりがある。ヴィクトール・リュシアン・タピエが『バロック芸術』の中で書いているように、

> 彼らの教会は、信者がよくお勤めを見ることができ、書物の祈禱文がよく読めるように明るくならなければならず、説教者の言葉を聞き、聖歌が響きわたるように巧みに計算された音響効果を持たねばならなかった。聖体拝領台へ近づけるような配置は、混乱せずに御聖体を分配することを保証するはずであった。さらにいくつかの特色があった。共通の儀式を行わないので、御無用な深い聖頭席がないこと、その代わり教会の諸事から孤立して神父たちがより内密な沈思において御聖体を礼拝する個室の礼拝堂があること（高階秀爾・坂本満訳）

にすぎなかった。建築家にこれらの思考を生かすか否かの自由は、むろん十分にあったのである。寄進者と建築家はそこから全くの自由であった。その上で結果として多くの教会がイエズス会のものであったということは別の問題であろう。

ウィーンがバロックに寄与したものは、ほかにもヒルデブラントやエアラッハを中心とするイタリア・バロックのウィーン的偏差であり、それらの建築空間におけるイタリア的音楽――器楽やオペラなど――の、さらには彼らに学んだオーストリア人、ドイツ人たちの作曲もしくは演奏という

行為であった。それらが君主の宮廷風な豪奢と祝祭的表現によって、ウィーンはイタリア人にも北ヨーロッパにおけるバロックの都たりえたし、それを基盤として、やがてハイドン、グルック、モーツァルトやベートーヴェンの古典派が用意され、ロココ的繊細な感性と想像力の展開が行われるようになるのである。

しかし、思想としてのバロックは、すでにウィーン精神史の中に世紀末の現象を招来するまでに残っていたのであり、すでにこの点については上にふれたのでここでは繰返さない。悦楽も耽美主義も「死」の思考も、ともあれウィーン・バロックの生動する遺産としてなおも存在しつづけるであろう。

注

（1）「トリエント宗教会議」は、一五四五〜六三年にかけて北イタリアのトレント（ドイツ語名トリエント）で開催された第十九回世界教会会議のことで、「トリエント公会議」とも言う。そこでは、カトリック教会がルターによる宗教改革運動に対抗すべく、教義をはじめ、ミサのあり方や司祭の養成など、教会にかかわる事柄全般にわたる基本的な姿勢や解釈が再検討された。そして、そこで確認されたことが二〇世紀に至るまでカトリック教会の基本姿勢ならびに公式解釈となった。美術においても、聖書原理主義ともいうべきプロテスタントの解釈に基づく聖像破壊運動に対抗する方策が探られ、そうした動きの中から、文字が読めない大衆にもわかりやすく、感情移入もしやすく、しかも宗教上正統と認められる絵画を表現する様式として、バロック美術がイタリアを発生源として各地に広まる理念的バックグラウンドが形成された。その代表的な画家・彫刻家として、[illegible]、カラヴァッジョ、ベルニーニらが挙げられる。

4 「音楽の都」ウィーンの秘密
――宮廷と「多民族」音楽都市

◎◎小宮正安

一 ウィーン・フィルの「調和」

ウィーンといえば、「音楽の都」という愛称があまりにも有名だ。またそのような音楽都市を代表する典型的な存在は何、と尋ねられれば、ウィーン・フィルハーモニー管弦楽団、いわゆるウィーン・フィルという答えが真っ先に挙がるにちがいない。

ウィーン・フィルが奏でる音楽をさして、「オルガン・トーン」という言葉が存在する。パイプオルガンを彷彿させる響きが、オーケストラの特徴というわけだ。

パイプオルガンを見るとまず目に飛び込んでくるのは、渋い光を放つパイプの群れや、無数の音色を作るべきあまたのストップだ。様々な器官が互いに組み合わさることで、巨大建築物のごとき威容が現れ、鳴動する大山のごとき響きがもたらされる。このようなパイプオルガンに、ウィーン・フィルの響きが喩えられる点が興味深い。細部が複雑微妙に絡まりあいながら、最後は宇宙的ともいえるスケールで、調和に満ちた世界が出現する様を言い表したものだろう。

そもそも「フィルハーモニー」とは、「調和（ハーモニー）への愛」という意味だ。西洋音楽の歴史を顧みるに、個々の奏者が個性を抑えこむのではなく、むしろ個性を遺憾なく発揮しあってこそ音楽的調和が生じる、という考え方があることを忘れてはなるまい。オーケストラという共同体である以上、たしかに協調性は必要だが、それが単に自分を押し殺しただけのものであるならば、「調和」自体の根本が骨抜きにされてしまう。

たしかにウィーン・フィルの歴史を顧みると、一方では厳格なルールが目に付く。最近まで女人禁制の伝統が喧伝されたり、有色人種を入団させないといった噂が流布したりしていたのも、故なきことではない。自分たちのオーケストラ独自の響きを養い育ててゆくために、そのようなルールが必要だという考え方のゆえである。

そうなるとやはり、誰にでも簡単に門戸を開くわけにはゆくまい。いかに優れた人材であっても、このオーケストラの目指している方向性や音楽性を理解してくれていないと困る、という理由ゆえだ。

もっともウィーン・フィルがかくなる態度をとってこられたのには、独自の背景がある。メンバ

❶ウィーン・フィルのニューイヤーコンサート〔多民族社会を背景に培われた独自の響きが世界中のファンの耳を惹きつける〕

ーは全員、ウィーン国立歌劇場管弦楽団での仕事を本業としているからだ。そのような彼らが、歌劇場のオーケストラ・ピットから抜け出し、自主的に演奏会を開いているのがウィーン・フィルというわけである。

いわば、メンバー個々人の意思に基づいたコンサート・クラブに他ならない。そしてクラブである以上、一般のオーケストラでは難しい独自ルールを作ったところで、さしたる問題もあるまいという考え方が培われた。

そうなると他方で、はたと思い当たるふしがある。ウィーン・フィルはドイツ語で、"Die Wiener Philharmoniker"というが、これは複数形なのだ。

普通オーケストラといえば、一つの集合体を意味するべく単数形が使われるところを、ウィーン・フィルにかぎっては複数形である点が重要だろう。"Der Wiener Philharmoniker"という単数形も存在するにはするが、こちらのほうはウィーン・フィルの誰かある一人の特定メンバーをさす表現。つまりウィーン・フィルとは、“Der Wiener Philharmoniker”と称する人々が幾人も寄り集まって構成する、多様性を帯びた世界なのだという意識に他ならない。

メンバー各々の存在や個性を重視する姿勢は、彼らの出身地にも見て取れる。ウィーン・フィルに残されている資料を紐解くと、たとえば二〇世紀初頭、メンバーは地元ウィーンを含むオーストリア勢を主とするいっぽうで、チェコ、ハンガリー等東欧地域の出身者が少なからず存在していた。イタリア人もフランス人もいた。またたとえウィーン生まれである場合でさえ、苗字を見るとスラヴ系やマジャール系であることから、先祖が非ドイツ系というケースは枚挙に暇がない。逆にオーストリアの公用語がドイツ語であるにもかかわらず、意外にも今日に至るまで、ドイツの出身者は少数である。

つまり、ウィーンを代表するオーケストラにおいて、そのメンバーの出自たるや多種多彩ということだ。またこうした背景を知るにつけ、ウィーン・フィルの音色の特徴として、ドイツ的な要素のみならず、ハンガリー風あるいはチェコ風の要素が色濃く滲み出ているという指摘も納得できる。ウィーン・フィルの音、そこにはウィーンを取り巻く広大な周辺地域の存在が不可欠であった、という何よりの証拠だろう。

それにしても一口で「周辺地域」といったところで、一体どこを指してのことなのか。

二〇世紀初頭のウィーン・フィル団員の出身地に注目すると、かつてのハプスブルク帝国の領土とほぼ一致していることがわかる。オーストリアを中心に、いわゆる「中欧」地域が満遍なく入っているからだ。

となれば、そうした国の都として発展を遂げてきたウィーンそのものが、いかに多様な民族や言語の同居する地であったかは、容易に想像できよう。公用語であるドイツ語のほかにも、ウィーンでは様々な言葉が飛び交っていた。街角には、一目で非ドイツ系とわかる人々がさかんに行き来していた。

むろん、一九一八年にハプスブルク帝国が消滅して以降、否徐々にではあるがそれ以前から、帝国の支配下にあった諸民族が独立を遂げ始めていたのはたしかである。結果ウィーンもまた、小国オーストリアの首都に成り下がらざるをえなかったことも。

だがたとえ政治的な地図は変化しようとも、文化の地図はそう簡単に塗り替わらなかった。とりわけウィーン・フィルは、一定の求心力を保ち続けてゆく。第二次世界大戦後、冷戦によってヨーロッパが東西に分断されて以降も、東欧出身者が細々とながらウィーン・フィルに入団を果たし続けたのは、その一例だろう。オーストリアが中立国として、東西対立の緩衝地点であったという政治的理由も、大きく働いてのことにちがいない。

そして二〇世紀末、東西対立の構造が崩壊し、中央ヨーロッパへの見直しが進むなか、ウィーン・フィルの構成員も、昔日のような広がりを増しつつある。注目すべきは、鉄のカーテンに閉ざされていた旧ソ連の領土、ウクライナからの若手が団員に加わったこと。ウクライナは、その一部がかつてハプスブルク帝国の支配下に置かれていたという過去もあり、「中欧の復活」という華々しい謳い文句の目に見える証となっている。

一つ団員にかぎらない。ウィーン・フィルと共演した歴代主要指揮者を見ても、真のウィーン子といえるのは、第二次世界大戦前後に活躍したクレメンス・クラウスくらいではないか。あるいはオーストリア人という範疇で考えても、カール・ベームとヘルベルト・フォン・カラヤンどまりである。最近の例では、二〇一〇年のシーズンからウィーン国立歌劇場の音楽監督にオーストリア人の指揮者であるフランツ・ヴェルザー＝メストが就任するものの、彼とて現時点ではウィーン・フィルとの共演がけっして多いとはいえない。

じつのところこうした傾向は、昔からのものだった。非ウィーン、非オーストリア人の指揮者がウィーン・フィルを振り、そこからウィーン・フィルの音楽が培われていったのである。ヴィルヘルム・フルトヴェングラーやハンス・クナッパーツブッシュ等ドイツ系の指揮者はもとより、アルトゥーロ・トスカニーニやヴィクトル・デ・サバタ等イタリア人指揮者との抜群の相性をウィーン・フィルが示してきたことは、その好例だろう。

よく知られていることだが、普通のオーケストラであれば存在するはずの音楽監督や常任指揮者が、ウィーン・フィルにはいない。試行錯誤の末、ウィーン・フィルの側が、世界的な名指揮者を招待する方針を一九三四年以降一貫して保持してきた。むろんそこには、個々の団員こそオーケストラの主役であるという、ウィーン・フィル独自の強烈な自負が確実に働いている。と同時に、様々な指揮者たちと触れ合うことで、オーケストラの音楽性に深みを与えてゆこうとする考え方も強い。

ウィーン・フィルの響きが、「オルガン・トーン」と讃えられる所以である。オーケストラならではの響きを保つというルールを保持しつつも、個々の奏者が生み出す無数の可能性に基づいた調和の世界を出現させる。そしてそれは、ハプスブルク帝国という巨大な器が、様々な民族や言語を受け容れることで成熟をとげていったのと同じ光景ではないか。

多民族多言語国家の都であったがゆえに生まれえたウィーン・フィルの音。その背後には、多様性に対するたしかな受け皿であり枠組みであったハプスブルク帝国の精神が、今なお脈打っているといえよう。

二　帝国の音楽

一八四二年にウィーン・フィルが創設されたとき、母体となったのはウィーン宮廷歌劇場管弦楽団だった。

今日使用されている「ウィーン国立歌劇場」という名称は、ハプスブルク帝国が滅びた後、歌劇場が国有化されてからのもの。そして国立歌劇場の前身である宮廷歌劇場は、十九世紀半ばにウィーン・フィルが誕生するはるか以前から存在し、ハプスブルク帝国そのものの長い歴史と伝統とを映し出す鏡だった。そのため二〇世紀後半にレコード産業が普及し、一種のブランド名としてウィーン・フィルの名が定着するまでは、ウィーン宮廷歌劇場（国立歌劇場）管弦楽団という呼称のほうが一般的だったほどである。

宮廷歌劇場のルーツは、未だこの世に歌劇《オペラ》なる言葉すら存在しなかった一四九八年にまでさかのぼる。この年、時の皇帝マクシミリアン一世は、ウィーンに宮廷楽団を設立した。

マクシミリアン一世といえば、婚姻関係を通じた領土拡張に励み、ハプスブルクのお家芸ともいえる結婚政策を確立したことで有名である。みずからの父にあたる先帝、フリードリヒ三世が奪回した栄えある「神聖ローマ帝国皇帝」の称号を受け継ぎ、それにふさわしい巨大帝国を作るのが彼の目論見だった。

とまれ、華々しい結婚式が催されるに伴い、様々な地域の王族たちの冠がハプスブルク皇帝のもとにもたらされる。その度に、ハプスブルクの宮廷において祝典や宴会、パレード等が頻繁に催された。またそうした場で、華々しい飾り付けや豪勢な食事と並んで必要とされたのが優れた音楽だった。さらにいえば一流の音楽を作曲し、演奏できる人材だった。いきおい、大規模で高い質の音楽集団が求められてゆくこととなる。

ちなみにこのような楽団は、ドイツ語で「カペレ」と呼ばれている。「カペレ」とはもともと礼拝堂のこと。支配者が宮廷に礼拝堂を設け、そこで典礼用の音楽を僧侶に執り行わせていた。ともかくは神を称えるための行為であって、それは教会に敬意を払う姿勢の表れでもあった。

❷宮廷の威光を印象づける大パレード〔パルマのイサベラ公女、ウィーン宮廷輿入れの際のパレード（1760 年）〕

ところがマクシミリアン一世のもとで、状況は変化を遂げる。たしかに宮廷内に礼拝堂は存在し、相変わらずミサの音楽が演奏される機会は多かった。だが同時に、宮廷の支配者である皇帝その人を宴会やパレードという場で積極的に賛美してゆく機能を、宮廷楽団は以前にも増して負うようになった。

ウィーンに新たに創設されたウィーンの宮廷楽団も、こうした実情を踏まえ、概ね三つのグループに分けられた。僧侶を主にした歌手、少年歌手、器楽奏者である。そして後にこの少年歌手の一団から、ウィーン少年合唱団が誕生するに至った。

現在でもウィーン少年合唱団が、毎日曜日にウィーンの宮廷礼拝堂でミサ曲を歌っているのは、マクシミリアン一世以来の伝統に他ならない。また彼らの伴奏をつとめるオーケストラにウィーン・フィルのメンバーが散見されるのも、宮廷楽団から宮廷歌劇場が生まれ、それがついにはウィーン・フィルへつながったという歴史が反映された結果である。

宮廷楽団の創設にあたっては、インスブルックやブルゴーニュ、アウグスブルクといった帝国内の他の都市に点在していた優秀な宮廷楽団から、選りすぐりの団員が集められた。背景には各地の優れた音楽家を揃えることで、ウィーンの宮廷楽団を帝国随一のものにしようとするマクシミリアン一世の目論見が存在したようである。そうでなくてもウィーンに注がれた皇帝の熱意は大きく、ウィーンの宮殿に大改築を施し、行政に関する様々な中央機関をウィーンに設置し、学問教育の強化がおこなわれた。ただし彼自身はインスブルックに居を構え、この街を自らの拠点としていたのだが……。

ともかくウィーンが首都へと育ってゆく要素の一つとして、宮廷楽団の存在は必須だった。マクシミリアン一世が音楽好きだったという個人的事情もさりながら、わざわざ優秀な音楽家を各地から集め、新団体を創ろうというのである。ウィーンという街、またその街の宮廷楽団に寄せる、並々ならぬ意気込みがうかがい知れよう。大帝国における中央集権の機能をウィーンが担ってゆくにあたって、その象徴的機能を音楽が負った恰好だ。

マクシミリアン一世の死後、彼の目論見どおり、ハプスブルク帝国はその領土をいっそう広げていった。十六世紀中頃には、北はオランダ、南はイタリア、西はスペインにまで至るヨーロッパの多くの地域に加え、アメリカやアジアの一部さえもが帝国の支配下に入った。まさしく昔日の古代ローマ帝国にも似た巨大な世界帝国が出現した瞬間であって、神聖ローマ帝国という華やかな称号が見事に当てはまった。

そのような輝ける世界帝国を築いていった歴代皇帝のもと、宮廷楽団が確実な成長を遂げたことは想像に難くない。多民族が行き交う世界帝国の都において、神にも等しい皇帝に召し抱えられた楽団には、ヨーロッパ中から秀でた音楽家たちが集まった。

なかでも厚遇を受けたのは、イタリア人だった。ウィーン宮廷楽団が設立された十五世紀末以来、ルネッサンスを迎えていたイタリアでは、芸術文化、特に音楽が花盛りだった。十六世紀後半、それまで存在していた音楽劇の流れを汲んで歌劇が誕生したのも、イタリアだった。イタリアこそは、当時音楽の本場としての名声をとどろかせていた。

そんなイタリアから招かれた音楽家のひとりに、マルク・アントニオ・チェスティがいる。彼はハプスブルク皇帝のために、宮廷祝祭歌劇『金の林檎』を作曲した。上演にあたっては、王宮の一画に「コルティーナ劇場」なる劇場が建設された。それまでは王宮内部の劇場や舞踏場でオペラが上演されていたものの、『金の林檎』上演を機に、ウィーンで初のオペラ専用劇場がお目見えしたのである。五千人を収容できたというのだから、いかに巨大な劇場であり、大掛かりな歌劇だったかがよくわかるだろう。

この時代は、いわゆるバロック文化が花盛りだった。当時ハプスブルク帝国皇帝の地位にあったのは、レオポルト一世である。五〇年近くにおよぶ在位期間中、ペストの流行やトルコ軍の襲撃など、ウィーンを震撼させた大事件に直面しては、それらを乗り超えていった。しかも激烈を極めた職務のかたわら、みずから作曲をおこない、多くの作品を残した。歌劇やバレエなどの構想や企画等にも、積極的な関わりを見せた。

別段、レオポルト個人の趣味の問題だけではあるまい。難事件が次々と降りかかるなか、音楽は帝国の威光を高め、保持してゆくための重要な要素に他ならなかった。

かの『金の林檎』にしてもそうである。ギリシア神話が基となっているものの、筋らしい筋はまったくなかったらしい。結局のところ神聖ローマ帝国、あるいはそれを司る絶対的な力を具えた皇帝に対する手放しの賛美が、この作品の目的だった。

当時の歌劇は、宮廷で執り行われる大規模な祝祭の一部として上演されていた。とりわけ神聖ローマ帝国の都であるウィーンにおいて催される祝祭は、他の追随を許してはならなかった。宮廷の中庭には桟敷席が設けられ、歌劇のみならず、大規模な野外劇やバレエが上演された。時には街全体が祝祭の舞台として用いられ、華々しいパレードや花火大会が幾日にも渡って挙行された。

こうした祝賀行事全般に対応すべく、宮廷楽団は今まで以上に強化され、一連の祝祭をより華々しく演出する任務を負うこととなった。作曲家は祝典のために作品を書き、書いては上演し、すぐさま次の大掛かりな注文に応じた。宴のさなかに打ち上げられる花火のごとく、華やかな作品が生まれては消えていった。実は存在こそ非常に有名であるにもかかわらず、『金の林檎』の楽譜が残っていないのも、こうした理由のゆえである。

ハプスブルク家による強力な牽引のもと、ウィーンという帝都そのものが華やかな劇場になった瞬間だろう。殊音楽の面に限ってみても、金に糸目をつけない皇帝のおかげで、イタリアはもとよりヨーロッパ各地から、優秀な音楽家が集められた。華々しい祝祭の都であったウィーンは、高水準の音楽都市としても栄え、多くの音楽家がウィーンを目指してやって来た。

かのアントニオ・ヴィヴァルディも、十八世紀半ばに最晩年をウィーンで過ごしている。彼はイタリアのヴェネツィアを中心に華々しい活躍をおこなっていたが、浪費癖がたたって困窮し、ウィーンへと流れてきた。この街で、再び千載一遇の機会が巡ってくることを夢見ていたらしい。だが幸運の女神は微笑まず、彼は困窮のうちに世を去った。安い葬式が出され、亡骸は共同墓地に埋められた。詳しい埋葬場所は未だ不明のまま。

悲惨な例かもしれない。だが当時からしてすでに、ウィーンが様々な音楽家にとって、大いなる憧れの街だったという事実はよく分かる。音楽に対する造詣が深く、強大な力を具えているハプスブルク皇帝の庇護を受けられさえすれば、社会的にも経済的にもゆたかな生活を送れた。しかも宮廷楽団に代表される最高の音楽環境のなかで、みずからの才能を遺憾なく発揮できるのであれば、音楽家冥利につきることは間違いなかった。ヨーロッパに冠たる宮廷文化が栄えるウィーンは、すぐれて「音楽の都」だったのである。

三　「宮廷音楽家」列伝

ルネッサンス期以来、音楽の都としての威光を放つこととなったウィーン。ただし通常この街が「音楽の都」と呼ばれる場合、十八世紀後半、特にハイドン、モーツァルト、ベートーヴェン等によるウィーン古典派以降のことが脳裏にうかぶ。事実、それ以前の時代の音楽家と比べ、彼らの作品は今日でもなお頻繁に演奏されている。

様々な理由が考えられるが、その一つとして、当時の音楽家が自立した存在になりつつあったことが挙げられよう。権力者の宮廷に使用人として召し抱えられていた音楽家が、貴族や裕福な市民をパトロンとして独立を遂げていった。またそうした状況の変化にともない、上からの命令に従うのではなく、みずからの思うように作曲活動や演奏活動を展開してゆくことが可能となった。それが、ちょうど社会的力を伸ばしてきた市民たちに受容された結果、現代にまで至る状況が生まれることとなる。

ハプスブルク帝国も、こうした状況と無縁ではなかった。たとえばハイドンやモーツァルトが活躍し、ベートーヴェンがウィーンへとやって来た十八世紀後半。当時ウィーンには、二つの「宮廷劇場」が存在していた。それぞれ「ブルク劇場」「ケルントナートーア劇場」という名称で、前者ではモーツァルトの歌劇『フィガロの結婚』、後者ではベートーヴェンの第九交響曲が初演されている。宮廷劇場というからには、宮廷が直接的権限を握っていたように思われるが、じつはそうでもない。管理運営をおこなっていたのはウィーン市であって、宮廷はその背後から睨みをきかせているにすぎなかった。

時代が移り変わってゆく中で、絶対君主がおこなったような宮廷中心の大盤振舞が不可能になりつつあったということだろう。たしかに、ハプスブルク帝国をとりまく状況は変化していた。西ではフランス王国が絶頂期を迎えていた。北からはプロイセンが急速に力を伸ばし、ついにはハプスブルク帝国を脅かすまでになった。

十九世紀にはいると、事態はさらに激変する。前世紀末に勃発した大革命の熱気冷めやらぬフランスから、「自由と平等」を錦の御旗に掲げるナポレオンが登場し、ヨーロッパ中の「保守的な」君主国に対して戦いを挑み始めた。

当然ハプスブルク帝国も、恰好の標的にされた。帝国自体は辛くも滅亡を免れたものの、数百年にわたりほぼ一貫して携えてきた「神聖ローマ帝国」の称号を破棄せざるをえない状況へと追い込まれた。すでに有名無実化してはいたものの、名称の上でも、ハプスブルク帝国はヨーロッパ世界に冠たる帝国としての地位を失ってしまった。

だがそれでも、ウィーンは依然として「音楽の都」であり続けた。というよりも、かつての輝かしい世界帝国の都に具わっていた力が新たな時代に受け継がれていった、といった方がよいだろう。たしかにハイドン、モーツァルト、ベートーヴェンの経歴を見るに、それまでウィーンに活躍した多くの音楽家のごとく、よその地からウィーンへやって来てはこの街に定住した。しかも全員が、宮廷とは因縁浅からぬ関係を持っていたのである。

たとえば、自立した音楽家の先駆的存在といわれるモーツァルトの場合。ザルツブルクでの宮仕えを辞し、ウィーンへやって来た彼は、ヨーゼフ二世直々の庇護を受けようと懸命だった。ヨーゼフの死後は、新しく皇帝となったレオポルト二世に取り入るべく、私費を投じてフランクフルトで挙行された戴冠式にまで赴いた。

あるいは、遠くドイツのボンからやって来たベートーヴェンである。彼のボン時代のパトロンはヨーゼフ二世の末弟であるマクシミリアン・フランツ侯爵であり、またウィーン時代の最大のパトロンは、皇帝フランツ一世の末弟のルドルフ大公だった。宮廷楽団で地位を築くことが即音楽家の成功に結びつく時代は終わりを告げつつあったものの、ウィーンにおいて宮廷が音楽家に与える影響は相変わらず大きかったことの証だろう。

モーツァルトやベートーヴェンのような成人でなくとも、音楽家を志す幼い少年たちにとってさえ、ウィーンは魅力的な土地だった。時代をときめく音楽家が、この街には大勢存在したからである。彼らのもとで学ぶことができれば、またとない音楽修行となるはずだった。個人的にレッスンを受けるか受けないかは別にして、自身の才能に磨きをかけられる機会は、実に様々なところに転がっていた。

典型的な例は、宮廷楽団の一角をなしていた合唱団や、ウィーン市内の有力教会付属の合唱団である。当時、典礼用の演奏における女人禁制が貫かれてきたカトリック教会にあって、高音域のパートは、少年たちによって受け持たれていた。

そのパートを受け持っていたのが、シュテファン大聖堂の聖歌隊に属していたヨーゼフ・ハイドン、あるいは宮廷少年合唱団員だったフランツ・シューベルトである。しかも彼らの才を見出し、合唱団に引き入れたのが、宮廷楽団と密接な関係を持っていた人物だった。ハンガリーに程近いローラウという小村から上京したハイドンを発見したのは、のちにウィーンの宮廷楽長になるゲオルク・ロイター。また、両親がともにスラヴ系の移民だったシューベルトを育てたのは、モーツァルトのライヴァルとして有名な宮廷お抱えのイタリア人、アントニオ・サリエリだった。

十九世紀半ば、宮廷と密接な関係を築いた代表的存在は、シュトラウス父子である。まずは父であるヨハン・シュトラウス一世が、宮廷舞踏会音楽監督に召し上げられた。もともと庶民の踊りとして始まったワルツは、少しずつ典雅な形式を加えながら、宮廷人をも虜にする。ついには宮中においてワルツを中心にした舞踏会が催されるようになり、それはウィーン最高の格式ある舞踏会として、ダンス関係者憧れの的となった。父シュトラウスの死後、しばらくは他の人物がこの役職をつとめていたが、やがては長男のヨハン・シュトラウス二世、さらには末っ子のエドゥアルト・シュトラウスが父の跡を継いだ。

シュトラウス一家は名もない庶民の出であり、しかも長年ヨーロッパ世界において差別と嘲笑の的だったユダヤ人の血を少なからず引いていた。それでも彼らがこの栄えある地位を獲得できたの

❸宮廷舞踏会でバイオリンを弾きながら指揮をするヨハン・シュトラウス二世

は、ひとえにウィーンという街が伝統的な多民族都市であり、ワルツが様々な民族や地方の踊りを融合して生まれてきた踊りだったからだろう。

ユダヤ人ということでいえば、十九世紀末にウィーン宮廷歌劇場総監督に就任したグスタフ・マーラーも忘れてはなるまい。彼こそは正真正銘のユダヤ人であって、しかも生まれは帝都ウィーンから遠く離れたボヘミアの寒村だった。

そのようなアウトサイダーであるマーラーがこのような地位を得られたのも、ひとえにウィーンが、世界帝国の片鱗をとどめるハプスブルク帝国の都だったからである。無論マーラー自身は、監督の地位を射止めるためにユダヤ教からカトリックに改宗するなど様々な画策をおこなった。また、彼がユダヤ人であるということを巡る妬み嫉みに常に晒された。にもかかわらず、そうした出来事が起きた背景もやはり、この都市が相変わらずきわめて民族や文化のぶつかり合う地だったからに他ならない。

それにしてもマーラーが獲得した地位は、非常に栄誉あるものだった。十九世紀に入ると、かつての宮廷楽団は衰退し、活動も宗教儀式にのみ限られるようになっていった。対して宮廷楽団から枝分かれする形で力をつけ、宮廷楽団とは異なる雇用体系を確立したのが、宮廷歌劇場だった。そして宮廷歌劇場は、宮廷のものでありながら、当時力を伸ばしつつあった一般市民も出入りできる公的性格を担っていった。

やがて十九世紀半ばには、宮廷歌劇場管弦楽団を母体として、件のウィーン・フィルが創設されるまでに至る。栄えある宮廷楽団の流れを汲み、伝統に満ち溢れた「音楽の都」ウィーンの顔として、ハプスブルク家の庇護下に置かれた宮廷歌劇場は、名実ともにヨーロッパ最高峰のオペラハウスへと育っていったのだった。

マーラーが宮廷歌劇場に赴任した時の皇帝は、フランツ・ヨーゼフだった。そして彼には、幾人かの落胤がいたそうである。一人はのちに、マーラーからの多大な影響を受け、新ウィーン楽派の中心的人物として名を馳せたアルバン・ベルクの妻となった。

もうひとつはあくまで噂の域を出ないが、先述した指揮者クレメンス・クラウスである。クラウスが今なお、ウィーンの誇る指揮者として尽きぬ人気を得ていることを考えた時、この噂は興味深い。優れた音楽家には皇帝の血が流れているという、歴代皇帝の庇護のもと花咲いた「音楽の都」ウィーンならではの逸話だろう。

四　壁の中の音楽

強力な宮廷のもとに、時代を超えて優秀な音楽家たちが集結していったウィーン。ただし当然のことながら、たとえ宮廷とは関係がなくても、ウィーンに熱い想いを寄せ、この地を踏んだ音楽家は少なからず存在した。

とくに十九世紀に入ると、ウィーンは今まで以上に音楽家にとって憧れの都と化してゆく。他の都市でも音楽文化の花咲いたところは数多存在したが、ウィーンは別格だった。事実、フレデリック・ショパン、ローベルト・シューマン、フランツ・リスト等、有名音楽家たちが、続々とウィーンを訪れている。

理由としては、この古い都が、ハイドンやモーツァルト、ベートーヴェンに代表される偉大な音楽家の足跡をとどめる聖地だった、という歴史的な側面も考えられよう。しかしそのこと以上に、彼らの活躍によっていっそうの豊かさを増した音楽的土壌が、時代を超えて息づいていている点が魅力的だったにちがいない。

しかも音楽家たちが、万難を排してウィーンへやって来たことも重要だろう。この街はいわば「壁の街」として、つとに知られた存在だったからである。

まずウィーンの「壁」としては、街の周囲にめぐらされた市壁の存在があった。中世以来のものであって、外敵を防いだり、通行税を取ったりするのがその目的。

しかし十九世紀にもなると、壁はもはや無用の長物だった。兵器の発達により、最新装備の大砲を放たれれば、弾丸に楽々と壁を超え、市街を直撃しかねなかった。また、資本主義の波が徐々に押し寄せつつある中、流通をおこなうにあたって古い壁は邪魔だった。

それでもなお、まだしも壁の存在に関して、融通のきいた処置がなされているうちはよかった。古来様々な地域からウィーンに優れた音楽家が集結できたのも、宮廷や有力貴族の紹介状が一枚さえあれば、比較的自由な移動が可能だったからである。

だがそんな緩やかな時代も、十九世紀初頭には終わりを告げてしまった。「自由平等」の御旗を掲げるナポレオンの侵攻により、ハプスブルク帝国が大きな衝撃をこうむった直後のこと。もはや二度とこうした事態が起こらぬよう、時の政府の大立者だったクレメンス・フォン・メッテルニヒによって、極端なまでの反動体制が確立された。政治的自由を制限すべく官憲がそこかしこに配置され、外国人入国に対する規制は厳しさをきわめる。市壁という壁に加えて、さらに政治的な壁されもが立ちはだかった。

だからこそ、といえよう。ショパンやシューマンはいずれも、苦労してウィーンを訪れはしたものの、定住することはなかった。様々な理由が挙げられようが、外国人にとってウィーンは、住みにくい街と化してしまったのである。

だがそれでも、否それゆえに、ウィーンは音楽の都として成熟できたのではないか。典型的な例は、シューベルトである。シューベルトの音楽や人生を、たとえば彼が敬愛していた先達ベートーヴェンと比較するならば、十九世紀初頭という同時代を生きた両者の間には、およそ似て非なる特徴が表れていることに気付かされよう。

ベートーヴェンは、若いころ自由思想に深く共鳴した結果、反動政治が敷かれてからも社会の現状と激しく対決しようとした。じっさい「闘争」という言葉が多くの作品に当てはまり、後半生は体制側から要注意人物と見なされるような日々を送った。

いっぽう、ベートーヴェンより二〇年以上後に生まれたシューベルトは、幼い頃からメッテルニヒの政治的反動を経験せざるをえなかった。生まれも育ちも死に場所も生粋のウィーン人のように言われる彼だが、実はそうならざるをえない状況だったのである。

メッテルニヒの政治体制下、シューベルトはウィーンに閉じ込められたといっても過言ではない。それゆえ彼のエネルギーは、ベートーヴェンのような外との闘いではなく、みずからの内面へ向かった。唯一ささやかな自由を許された音楽という領域に、行き場を失った自身の魂を注ぎこもうとしたためだろう。シューベルトの作品が、表面的には穏やかな美しさを湛えるいっぽう、時として思いもかけぬ亀裂や深遠を垣間見せる所以である。

シューベルトの作品や人生に見られるこうした二面性は、コインの表と裏のように表情を変えながら、この時代の人と音楽の関係を垣間見せてくれる。

例えば、シューベルトを支援する仲間たちによって催されたシューベルティアーデがそうだ。市民が主体となった音楽サークル、音楽サロンである。政治的な自由は大幅に束縛されていたものの、経済的な力を着々と伸ばしつつあった市民は、みずからの家を開放しては音楽会をもよおし、そこに出演する演奏家を様々な面から援助した。

それは、かつての王侯貴族のごとき振舞いにも似ている。じっさい市民は、旧支配階級に取って代わった上で、彼らのような豪華絢爛たる生活を送りたいという願望をひそかに抱いていた。そして政治的に未だそれは不可能だったものの、こと音楽にかぎれば、夢は徐々に実現しつつあったのである。

ただし王侯貴族のそれに比べると、相当小ぶりなことはたしかだった。大規模な催しとなると、たくさんの人々が集まるために官憲の目が光りやすかった。またいくら経済力を増していたとはいえ、市民ひとりの力では到底大演奏会を企画し、すべてをまかないきれるものではなかった。むしろ小さな幸せ、ささやかな娯楽を楽しもうとするのが、この時代における市民の姿勢に他ならない。そうした彼らの姿勢は、のちに「ビーダーマイヤー」の名で揶揄されることにもなった。

❹シューベルティアーデ〔市民仲間による音楽サロン〕

平穏無事のなかに楽しみを見出そうとするビーダーマイヤー

たちは、楽器演奏も好んでおこなった。みずからの子女に対しても、たしなみの一つとして楽器を習得させようとした。これももとはといえば、王侯貴族が占有していた楽しみの真似事である。

需要の増大にともない、街には楽器商や楽譜商が目立っていった。市民は買いたての楽譜と自慢の楽器を手に、独奏をおこなったり、家族や親しい友人たちと合奏を楽しんだりした。たとえ楽器を弾きこなせなくても問題なかった。誰もが音楽を楽しめるよう、オルゴール等の自動音楽演奏機械がさかんに生産されるようになったのも、この頃である。

似たような状況は、これまた音楽と密接な結びつきを見せるダンスにも当てはまった。世に言う「ワルツ合戦」で名を挙げたヨーゼフ・ランナーやシュトラウス一世が頭角をあらわし、ウィーンの寵児となっていったのもこの時代だった。そして彼らによって築かれたダンスの伝統は、のちにシュトラウス二世をはじめとするシュトラウス・ファミリーへと受け継がれていった。

潑剌としたワルツやポルカやギャロップにあおられ、ダンスホールに集った市民は、普段の取り澄ました表情とは別人のごとく、熱狂的に踊り狂った。無論、風紀紊乱を取り締まるべく当局の介入がおこなわれたものの、お目こぼしの例も多かった。

じつのところそうした事情の背後には、メッテルニヒ特有の老獪な戦略があった。経済力を背景に社会的な地位を固めつつあった市民たちが、遠くフランスで起きた大革命以降、自由の魅力に少なからず取りつかれていることを、彼はよく知っていたのである。かくなる上は、自由へ寄せる市民の欲求を完全に抑えこむのではなく、音楽やダンスを通じて解消させ、革命への萌芽を摘み取ってしまうのがよいだろう。

しかし市民にとって、単に楽しさばかりが音楽生活の全てでなかったことには注意しておきたい。体制がいくら政治的な自由を束縛できても、魂の自由までをも規制はできない。とりわけ音楽はその抽象的な性格のゆえに、文学や絵画よりもよりいっそう自由な表現を成しうる特殊な芸術分野だった。

こうして生まれた音楽的難易度の高い曲に関しては、プロが入念な練習を重ねた上で本番に臨むというシステムが確立されてゆく。また作曲する側も、そうした演奏のあり方を意識した作品を発表してゆくようになった。

プロの演奏家による初の室内楽演奏会は一八〇七年、ベートーヴェンの盟友であったヴァイオリニスト、テオドール・シュパンツィヒによる、ベートーヴェン作品を中心としたプログラムだったといわれる。もともとウィーンでは、ハイドンやモーツァルトの作品に見られるように、独奏や小編成のアンサンブルに関してすぐれた伝統が存在していたが、その弾き手はプロというよりかはむしろ、プロ並みの腕前を持つアマチュア＝ディレッタントが多かった。しかも音楽を生業としないディレッタントの方が純粋に音楽を愛する者として尊敬され、この傾向は少なくとも十九世紀末から二〇世紀初頭まで続いていった。

そうした状況の中でのシュパンツィヒによる演奏会であり、またその後開催回数を増してゆくプロの演奏家による音楽会である。音楽が単なる楽しみ以上の意味を持つようになったことを物語る出来事といえよう。十九世紀といえばロマン派の全盛期であり、ロマン派といえば音楽の中に擬似宗教とでもいうべき聖なるものを求めていったことはつとに知られているところだが、政治的な自由を束縛されたウィーンこそは、そうした音楽観が否応なしに掘り下げられてゆく場に他ならなかった。

しかもこうしたプロの音楽による小規模な演奏会が催される場所は、コンサートホールにあらず、往々にして市民のサロンだった。ディレッタントによる演奏会だけでなくプロの演奏会においても、市民の存在が不可欠だったことの証である。

見方を変えれば、作曲家や演奏家が音楽にこめた魂の叫びに対して、真剣に耳を傾けようとする聞き手が誕生しつつあった。その典型が、一八一二年に設立され、メッテルニヒ体制下にありながら確実な発展をとげていった楽友協会である。会の主たる担い手は、リベラルな貴族や裕福な市民。会の目的は、演奏会の企画や音楽学校の運営、音楽資料の収集等の活動を、組織ぐるみでおこなうことだった。またそれによって、個人で企画運営をおこなう以上に、大規模な活動が可能となった。

活動内容を見てもわかるように、楽友協会は、音楽を単なる楽しみの対象として消費するだけではなく、それを真剣に受け止め、次の世代に向けて継承発展させることを旨としていた。そしてその構成員は、あまりにも不自由な時代のもと、行き場を失ったみずからの全存在を賭けた真剣な遊びを、音楽に見出そうとしたのである。

こうした流れが一八四二年に、ひとつの頂点を迎えた。宮廷歌劇場指揮者として赴任したプロイセン人のオットー・ニコライがウィーン・フィルを創設し、初の演奏会を催したのである。発足当時のウィーン・フィルは、現在と同様歌劇場管弦楽団のメンバーに執りつつも、演奏会を目的としたウィーン唯一の常設職業オーケストラだった。しかもこの試みが、ウィーン以外の地から来たよそ者、ニコライによって成し遂げられたのである。

外の世界より来た優秀な人材が、ウィーンに対して刺激を与える。この街に息づく音楽的な土壌が、壁が存在するおかげで思いがけない成熟を迎える反面、当の壁のせいで窒息せずにすんだ好例だろう。しかもそうした人材が、みずからの価値観を押しつけるのではなく、ウィーンの音楽的環境に対して敬意と愛情とを払い、その発展に手を差し伸べた点が重要だ。何しろウィーン・フィルの創設にあたって掲げられた理念は、この街に活躍したベートーヴェンの交響曲を理想的な形で演奏することだったのだから。

ちなみにウィーン・フィルをさして、「世界最大の室内楽団」という喩えが存在する。たしかにこのオーケストラの基本的演奏姿勢は、室内楽にあるといわれているほどだ。小規模の合奏を基盤とすることによって、オーケストラのような大編成になっても緊密なアンサンブルが保たれるという考え方である。

市民のサロンで花咲いた室内楽への関心が、同じ街に生まれたオーケストラに対して、深い影響を及ぼしていったことの証に他ならない。しかも、歌劇場での仕事のかたわらサロンを舞台とする室内楽活動で活躍していた演奏家が、少なからず創設当時のウィーン・フィルと関係し、みずからの演奏姿勢を生まれたてのオーケストラに伝えていった。壁のなかで育まれた音楽的豊穣は、次の世代にも確実に受け継がれたのである。

五　「音楽都市」のトポロジー

長い間壁に閉ざされていたウィーンだったが、ついに壁の崩れ去るときがきた。発端は一八四八年、市民の不満が爆発して革命が勃発し、メッテルニヒ体制が崩壊したことだった。事態を収拾するべく、メッテルニヒに政治的な一切を任せていた皇帝フェルディナント一世が退位し、彼の甥であるフランツ・ヨーゼフが十八歳の若さでその地位についた。

最初のうちこそ革命の炎を消し去るべく、戒厳令を敷くなどの強硬姿勢でのぞんでいたフランツ・ヨーゼフだった。だが、彼自身はひそかに考えていたようである。これからの時代、可能な限り積極的に市民の社会進出を認める必要がある。さもなくば、帝国の経済はこれ以上活性化せず、帝国そのものが危機に陥ってしまうだろう。また市民を頭ごなしに抑えつけていれば、早晩革命騒動が再発するのは必至だった。

一八五七年、種々の足場を固めたフランツ・ヨーゼフは決断を下す。ウィーンから市壁を撤去し、この都を政治的、経済的に開かれた街として、帝国の活性化の中心地としよう。市壁のあとには環状道路を作り、周囲には官公庁をはじめ、様々な文化施設を建てる。余った土地が出た場合は、一般に払い下げることとしたい。ここから、数十年間にわたるウィーンの大改造が開始された。

現在見ることのできるウィーンの中心街は、こうした一連の都市改造の賜物である。市壁の跡につくられた環状道路、いわゆる「リング通り」にぐるりと囲まれて、その一番南側には当時の宮廷歌劇場、現在の国立歌劇場が威容を誇っている。北を上、南を下にした通常の地図においてはいわばリング通りの要にあたる部分であり、多くの観光ガイドやツアーでも、ここを基点とした街歩きが薦められている。

音楽ファンならずとも、心ときめかされる一角だろう。中心街への正面入口として、世界に冠たるオペラハウスの華々しい出迎えを受ける。歌劇場からリング通りを斜めにはさんでもう少し南東に足をのばすと、ウィーン・フィルの演奏会等でお馴染みの楽友協会、さらにその近くにはコンツェルトハウスという、ウィーンの二大コンサートホールが姿を現す。コンツェルトハウスのなかには、ウィーン国立音楽大学の施設も含まれている。

楽友協会の向かい側に堂々と聳え立つインペリアル・ホテルは、リヒャルト・ワーグナーをはじめ、ウィーンにやって来た著名音楽家たちの定宿だ。カフェやダイニングに足を運べば、オペラや演奏会がはねたあとでも食事やお茶の席を囲み、ゆったりと余韻を楽しめる。ホテルの周囲を歩くと、ブラームスやマーラーをはじめとする有名な音楽家の銅像や住居の跡に出くわせる。「音楽の都」の愛称が見事に当てはまる光景だ。

じっさい都市大改造により、リング通りの南区域周辺は、華やかな音楽エリアと化した。少しばかり年代を挙げてみることとしよう。

一八六九年、宮廷歌劇場がオープン。七〇年、楽友協会が大小ホール、および音楽院（後の音楽アカデミー）や音楽資料室を具えた新たな建物をオープン。七二年、ヨハネス・ブラームスがカールス通りに引っ越す。七三年、インペリアル・ホテル営業開始。七六年、シュトラウス二世がイーゲル通りに居を構える。八〇年、ベートーヴェン記念像序幕。九八年、マーラーがレンヴェークに住む。一九〇八年、ブラームス像完成。一三年、演奏会協会が主体となってコンツェルトハウスがオープン、音楽アカデミーが楽友協会から引っ越す……。

ただしウィーンの改造にあたっては、現在とはまったく異なる見方が存在していた。いわば、一般的に流布している地図を左に約四五度回転させたような図、と説明すればよいか。地図の一番下側、つまりリング通りの要として描かれているのは、お馴染みの宮廷歌劇場ではなく、王宮そのものであるという点が最大の特徴だ。

つまり、たとえウィーンが新しい姿になっても、リング通りの西南部を占める宮廷こそ帝都のもっとも重要な場所であり続ける、という伝統的な意見の目に見える形に他ならない。じっさい宮廷の新たな正面入口として、リング通りに面するかたちで、ローマの凱旋門をイメージしたブルク門が建てられた。またこの門を囲むかたちで、新王宮や美術史美術館、科学史博物館等、宮廷関係の巨大建造物が次々と姿を現していった。

こうして王宮を中心に考えてみると、新装なったウィーンの姿も、かなり異なったものとして見えてはこないだろうか。ブルク門を中心に考えると、歌劇場は王宮の右奥に位置することになる。それとまさに対をなすかたちで、王宮の左奥には、これまたリング通りの工事にあわせて建設された演劇専門のブルク劇場が存在する。王宮を真中にして、右側には歌劇の殿堂、左側には演劇の殿堂が配されるという恰好だ。

両翼に帝国の誇る文化施設を従えた王宮、そんな言い方ができるかもしれない。モーツァルトやベートーヴェンの昔であれば、演劇も歌劇も「宮廷劇場」の称号を戴くブルク劇場で上演されていた。それが徐々に、演劇はブルク劇場、歌劇はもうひとつの宮廷劇場だったケルントナートーア劇場へと振り分けられ、ウィーンの大改造にあたっては両者の完全な住み分けがおこなわれるようになったという次第である。

しかもそれぞれの劇場が取り壊され、まったく新たな劇場が建てられたという点に、宮廷の大いなる意気込みが感じ取れよう。市壁の撤去とともにケルントナートーア劇場は閉鎖され、その向かい側に宮廷歌劇場が新築された。そして宮廷歌劇場の周辺には様々な音楽施設が完成し、多くの音楽家が住むようになった。

もうひとつのブルク劇場については、さらに複雑な経緯が存在する。この劇場はもともと、かつての王宮の正面玄関にあたるミヒャエル門の脇にあった。ところがウィーンの改造計画にともなって取り壊され、場所をかえて再出発することとなったのである。原因としては、王宮の新たな表玄関がリング通り沿いに作られミヒャエル門が裏門扱いになってしまったという位置関係の変化や、敷地面積の問題が挙げられる。かくしてブルク劇場は、王宮向かって左手のリング通り沿いに、あらためて建設される運びとなった。

だが、このようにリング西南部分の王宮を中心とする見方が強固に存在していたにもかかわらず、結果的にはリング南部の宮廷歌劇場を要とする考え方が大勢を占めてゆく。この建物が地図の南に位置するという、単に実用的な理由だけでもあるまい。むしろ、歌劇場一帯を重要視する見方が徐々に確立しつつあった。

その典型が、「リング通りコルソ」という風習である。人々が午後のひととき、歌劇場からインペリアル・ホテルの一帯にかけてのリング通りに集まり、散歩をした。しかも集まったのは、裕福な市民を中心にしたウィーンの名士ばかりであったため、この習慣は単なる気晴らしなどではなく、ウィーンの代表的な社交の場でもあった。

これらの人々の多くは、ウィーンの大改造とともに急速に力をつけていった市民だった。リング通りの建設、またそれを決断した皇帝フランツ・ヨーゼフを誰より支持したのも、じつのところ彼らである。

不便な市壁が消え去り、広い環状道路を基盤とする近代的な都市が誕生したことで、流通は活発になり、未曾有の経済活動が可能となった。しかも皇帝直々の計らいで、リング通りの両側に新しく出現した一等地の払い下げまでおこなわれた。ビジネスの面からも、ステイタスの面からもまたとない機会が巡ってきた。金のある市民はこぞって土地を買い、宮殿を彷彿させる建物を作っては、社会の中心に踊り出たみずからの姿を誇示した。

そうした市民階級の建物が造られたエリアのひとつが、歌劇場をはじめとする音楽エリアと重なったのである。王宮を中心としてリング通りをとらえる考え方に基づけば、王宮の近くに備えられるべきは、帝国議会議事堂や市庁舎、大学など、あくまで公共の施設だった。対照的に市民の建物は、さらにそれ以外のエリアにあてがわれた結果、たとえば王宮の一番右端にあたる宮廷歌劇場の近くに、裕福な市民の場所が定められていった。

一面的に見れば、そこには依然として、宮廷を頂点とした身分制が残っていたことになる。中心となるのはあくまで皇帝のおわします王宮であり、下々の者たちはあくまで隅のほうに追いやられるというわけだ。

しかしそれでも、以前に比べればこうした古い考え方は随分と緩和されていた。誕生したての環状道路の両脇に、王宮や公の建造物に混じって、市民の建物が姿を現すといった状況は、さしずめ円卓の光景を連想させる。たしかにそこには上座下座の区別はあったかもしれないが、以前であれば皇帝と卓をともにすることなど考えられなかったはずの市民が、帝と並んで腰をおろしている情景が目に浮かぶようだ。

じっさい市民のなかには、経済面での活動を中心に国家に多大な益をもたらしたという理由から、貴族に叙せられた者が少なからず存在した。多くは成功を夢見て、広大な帝国のそこかしこからウィーンを目指し、裸一貫の状況から身を起こした人々や、彼らの子孫だった。そして依然として微妙な格差は存在するものの、今や市民はかつての王侯貴族と肩をならべうる社会的な地位にまでのぼりつめ、それにふさわしい居場所をリング通り周辺に獲得したのである。

逆にいえば、国家の財政基盤を確固としたものにするため、皇帝みずからが市民に歩み寄ったともいえよう。皇帝を中心とする政治体制を維持しつつも、厳しい身分制を緩和し、帝国の経済に新たな風を送りこむ作戦だった。またそのために、ウィーンを開かれた街へと改造し、民間レヴェルの優れた人材が活用される空間を作った。

だからこそ、市民は新たなウィーンを代表する勢力として、我が世の春を満喫できた。彼らは自慢の邸宅が入った高級アパートが立ち並ぶ地域を、「リング通りコルソ」の名のもとに得意げに散歩した。近くには、楽友協会やインペリアル・ホテルに代表される、市民が主体となった建物が存在していた。市民にとっては宮廷歌劇場から始まる自分たちの街区が、リング通りの要と映ったのは当然のことだろう。

六　ドイツ音楽の中心として

ウィーンの改造計画は、単に外見だけでなく内容においても、「音楽の都」と呼ばれるこの街に新風をもたらした。十九世紀前半に壁の中で築き上げられた音楽的な充実が、壁の解放とともに強力な磁場を外にむかって一挙に放出することになったといえばよいだろうか。そしてそれに引きつけられるように、以前にもまして多くの音楽家たちが、よその地からウィーンへ足を運ぶこととなった。

その代表格が、ブラームスである。ハンブルク出身の彼は、伝説によれば「ベートーヴェンが飲んだのと同じワインを飲むため」ウィーンを訪れ、この街で後半生を送った。たしかにブラームスは、自分同様ドイツからウィーンに移住したベートーヴェンを深く尊敬していた。またそれゆえに、ベートーヴェンのひそみに倣ってウィーンに腰をおろし、ワインに象徴されるこの街の風習に親しもうとしたのだろう。そして果たせるかなブラームスは、「第二のベートーヴェン」として、持てはやされるようになった。

ブラームスがベートーヴェンに連なる音楽家と見なされるようになるに当たって、主導的な役割を果たしたのが、評論家のエドゥアルト・ハンスリックである。ブラームスを擁護するいっぽう、リヒャルト・ワーグナーや、あるいは彼を尊敬していたブルックナーをこき下ろしたことで有名な人物だ。

たしかにハンスリックは、音楽における形式を重んじた。そしてそのような価値観に従えば、ブラームスの作品は、たとえばワーグナーなどと比べて、はるかに古典的な形式に則っていた。

ただし、本当にブラームスはベートーヴェンの正統的な後継者といえるのか。

実際ブラームスの音楽はベートーヴェンに比べて、はるかにロマン的である。あるいはいくら厳格な様式に則ろうとも、その奥には汲めども尽きせぬロマン的な血がたぎっている。たしかにブラームス本人はベートーヴェンを尊敬していたかもしれないが、それでもハンスリックのように両者を重ね合わせることには、かなり無理があるといえよう。

ではそのようなブラームスを、なぜハンスリックは、ベートーヴェンの後継者として喧伝したのだろう。実のところハンスリックは、プラハ出身のユダヤ人だった。人種的に見れば、かのマーラーをも彷彿させるアウトサイダーだったである。

ハンスリックが生きていた当時、ユダヤ人の立場には微妙なものがあった。少し歴史をさかのぼるに、差別と嘲笑の的であったユダヤ人を取り巻く状況は、近代に入ると徐々に変化を見せはじめていた。ユダヤ人は、それまで閉じ込められてきたゲットーから解放され、社会における様々な権利を獲得することを許されていったのである。

背景には、支配者側の切迫した事情があった。イギリスを中心にした資本主義の波は、ハプスブルク帝国にも及び、国家的規模で経済を活性化させる必要が生じていたのである。しかも好むと好まざるとにかかわらず、高利貸しなど金銭に関する「卑しい」職業を押しつけられてきたユダヤ人のもとに金はあった。それゆえユダヤ人を解放し、社会の中心で働かせる作戦が浮上したのだった。

為政者側の目論見はあたった。不自由をかこっていたユダヤ人は、社会のただなかに飛び込むことを許されて嬉々として働き、それが大規模な経済発展へとつながった。しかも立身出世の道を歩んでいったユダヤ人たちはこぞって、みずからの子弟に高水準の教育をほどこそうとした。自分自身に無我夢中で働き、経済基盤の確立にだけ集中してきたが、それだけでは本当の意味で社会的地位を築いたとはいえない。彼らはゆたかな財を背景に教養を身につけ、自他ともに認められる立派な市民を目指した。

ハンスリックもまさしく、そうしたユダヤ人子弟のひとりであった。しかも彼が選んだのは、音楽評論の道だった。もともと十九世紀当時の音楽評論とは、音楽家の副業としてなされることが多く、今日のような本業としての音楽評論は少なかった。その流れを、ハンスリックが大きく変えたのである。彼は、作曲や演奏行為という音楽そのものに直接関わるのとは異なる立場から、音楽をあらたに捉える作業をおこなった。

❺ブラームスを奉るハンスリックを揶揄したカリカチュア

それは、社会の中心部から長年締め出されてきたユダヤ人の立場を彷彿させはしないだろうか。ハンスリックは批評家として、音楽そのものとけっして同化できない。音楽の周辺に立って、時にはいささか意地の悪い眼差しで、みずからの見聞きしたものを批評する。ヨーロッパにおけるジャーナリズムの担い手は、ユダヤ人だったといわれるが、まさにそれを地で行く姿だ。社会の中心にのし上がってきたアウトサイダーが、しかし完全には社会の中心に同化できぬまま、鋭い目つきで物事を斜めから見続けた。

だがそれだけでは、単なるつまはじき者にされてしまうのも必至である。解放されたユダヤ人たちは、じつのところ社会に同化しようと懸命だった。帰るべき祖国など持たぬ彼らは、各々の場所において、手に入れたチャンスを最大限に活かして生きることしかできなかった。先述したマーラーのように、自らのアイデンティティであるユダヤ教を捨ててカトリックへ改宗するといった行動は、その一例に他ならない。

ハンスリックも同様である。彼はワーグナーやそのシンパを声高に批判するいっぽうで、同時代人のブラームスに、ベートーヴェンという偉大な先達を重ね合わせ、賞賛した。そしてベートーヴェンとはいうまでもなくボンに生まれウィーンで活躍した、まさしくドイツ語圏を正統的に代表する音楽家だったのである。

「ドイツ語圏を代表する」、いささかまどろっこしい言い方だろう。じつはハンスリックが活躍していた当時、「ドイツ」の意味は急速に変化しつつあった。それが明確になったのが、一八六六年のこと。ドイツ語圏の南北を代表する二大君主国、ハプスブルク帝国とプロイセン王国が戦火を交え、前者が後者に大敗を喫したのである。戦争の背景には様々な事情が存在したが、つまるところドイツ語圏においてどちらの君主国が覇権を握るかという問題がもっとも大きかった。

古来「ドイツ」とは、現在のドイツ語圏を指す概念にすぎず、政治的には大小の君主国が群雄割拠していた。なかでも最大の力を握っていたのはハプスブルク帝国だったが、その傘下に様々な君主国が緩やかに結合しあう、というのが実態だった。ところが十九世紀に入り、ドイツ統一の機運が盛り上がってゆくにつけ、旧来ハプスブルク帝国と何かにつけて対立してきたプロイセン王国が急速に力をのばし、ついにはハプスブルク帝国を負かして統一運動の舵取りを独占してしまったのである。

不本意なのは、ハプスブルク帝国のほうだった。政治的にみれば、プロイセン率いる統一ドイツが成立してゆくことは不承不承認めながらも、長年ドイツ語圏、ひいてはドイツのリーダー的存在だった過去までは否定されたくなかった。敗戦によって統一ドイツへの政治的足がかりを失っても、否失ったがために、ハプスブルク帝国はみずからを「ドイツ文化」の正統的な保護者として、内外に喧伝する作戦を取り始めたのである。ウィーンが名実ともに「音楽の都」とされてゆくのもこの頃からのこと。ドイツ音楽の中心地は、今も昔もハプスブルクの帝都である、という主張がそこにはあった。

それは単に、お上だけの問題にとどまらない。社会の中心に進出していった市民も、みずからの愛すべき帝国の姿勢に従った。たとえばそれが、ウィーン・フィルである。ドイツ音楽の中心的存在であるベートーヴェンの作品を、理想的に演奏するというこのオーケストラの創設理念。それは、ドイツ文化の牙城であるハプスブルク帝国の都ウィーンのオーケストラこそが、ドイツの生んだ偉大な作曲家の魂を受け継ぐにふさわしい存在であるという、強烈なまでの自己アピールではないか。歴代の団員のなかにドイツ出身者が極端に少ないのも、こうした背景が存在しているためかもしれない。

あるいは、ウィーンの都市改造計画にともなってリング通りのすぐそばに完成し、ウィーン・フィルのホームグラウンドとなった楽友協会の建物だ。建物を見ると外観はおろか、有名な大ホールの隅々にいたるまで、ギリシアの神殿さながらの、三角屋根のデザインがほどこされている。しかもこうしたデザインに囲まれながら、ベートーヴェンやシューベルト等ウィーンゆかりの人物にくわえ、バッハやウェーバー等、この街とは直接関係のない、しかしドイツを代表する作曲家の像が置かれている。つまりウィーンという街の生んだ楽友協会にして、はじめて「ドイツ音楽の偉人」を祀る神殿であり、彼らの魂の宿る聖所たりうえうのだ、という明確な主張である。

音楽的伝統の豊かさを可視化するという点では、一八九二年に開催された「国際音楽演劇展」も見逃せない。展覧会の会場は、一八七三年に催されたウィーン万国博覧会場のメイン・パヴィリオン（通称「ロトゥンデ」）とその周辺。ウィーンの誇る大公園プラーターの一画にあり、万博の賑わいを彷彿させるかのように多くの人々で賑わった。もちろんこの展覧会の背景にも、芸術の中心地であるウィーンを内外に向かって述べ伝えようという姿勢が明確に現れている。特にメイン・パヴィリオンの三分の二近くを「オーストリアとドイツ」が占めており、しかも音楽関係の展示がその半分以上を占めていたとなると、ドイツ音楽の中心としてのウィーン、という確固たるイメージがあったのは間違いない。

展覧会ということでいえば、楽友協会のほど近くに建てられた分離派会館におけるベートーヴェン展も、大きな話題を呼んだ。画家グスタフ・クリムトの『ベートーヴェン・フリーズ』は、この展覧会のために制作されたもの。またこの展覧会に出品した造形美術家のマックス・クリンガーは、別の機会ではあるがブラームスから霊感を得た作品を作っている。発足当時、伝統破壊者として騒がれた分離派だったが、彼らもまたハプスブルク帝国の子供たちだったということだろう。これからの時代を新たに担ってゆく存在として、彼らもまた帝国がドイツ芸術の中心であるという事実を、声高なまでに示そうとした。

こうした時代状況の中に、ハンスリックは生きた。彼が必要以上に、ベートーヴェンとブラームスのつながりを重視しようとした姿勢も理解できる。両者はともに、今や政治的にはプロイセンの傘下に入ってしまった統一ドイツの地から出て、かつてドイツ語圏の代表であったハプスブルク帝国で活躍した真性の「ドイツ人」だった。

そのような「ドイツ人」を、ハプスブルク帝国の都で讃えるということは、この帝国が依然としてドイツ文化、ドイツ芸術の中心であるという事実を、世界に伝えてゆく行為に他ならなかった。またそうすることで、ハンスリック自身がハプスブルク帝国の都ウィーンに地歩を固め、この街に同化してゆく機会を確実にできたのである。それはアウトサイダーであるユダヤ人が、ウィーンというドイツ文化の街に溶け込もうとした、努力と闘いの軌跡だったともいえよう。

殊ハンスリックにかぎらない。ハンスリックが擁護したブラームスを尊敬しつつ、逆にハンスリックによって槍玉に挙げられたワーグナーにも心酔していたマーラーも、ウィーンに同化しようとしたユダヤ人だった。またやはりユダヤ人であったカール・クラウスは、マーラーを「歌劇場のジークフリート」と呼んでいる。楽劇『ジークフリート』を作曲したワーグナーをはじめドイツの音楽家の作品にすぐれた手腕を発揮するマーラーが、それまで宮廷歌劇場で演奏されてきた一部の安手なイタリア・オペラを駆逐してくれるのではないか、との期待をこめての命名だ。ここにもユダヤ人が、身体を張ってドイツ音楽を擁護し、ウィーンへの同化を模索した様が見えてはこないだろうか。

それはまさしく、ハプスブルク帝国ならではの光景だったにちがいない。ドイツ民族のための統一ドイツを作るべく力を伸ばしつつあったプロイセンとは対照的に、ハプスブルク帝国は相変わらず多民族多言語の国家だった。ドイツ人以外を加えようとしない「小ドイツ主義」に対し、ハプスブルク帝国特有の多民族からなる「大ドイツ主義」である。そしてその帝都ウィーンは、「ドイツ音楽」の砦としての御旗を掲げながら、同時に様々な出自の芸術家が集う汎民族的な「ドイツ」の街としての道を歩み続けたのである。

長年にわたってドイツ世界、ひいてはヨーロッパ世界の長であったハプスブルク家。またその宮廷が強い求心力を持つことによって、押しも押されもせぬ「音楽の都」たりえてきたウィーンである。激動する時代のなかにあって、この帝都はドイツの中心としての矜持を保ちながら、伝統的に守り育まれてきた多民族性の上に成り立つ「ドイツ」の道を、音楽をはじめ芸術の世界に模索するという独自のスタイルを築いていった。

だからこそ、ハプスブルク帝国は滅んでも、その都ウィーンで養い育てられた音楽的な豊かさは、いまもなお姿をとどめ続けているのだといえよう。ウィーン・フィルの芳醇な響きのなかに、あるいは楽友協会の典雅な姿のなかに。

参考文献

Nußbaumer, Martina: *Musikstadt Wien. Die Konstruktion eines Images*. Wien: Edition Parabasen, 2007.
Kos, Wolfgang (Hg.): *Alt-Wien: Die Stadt, die niemals war*. Wien: Czernin, 2004. (Ausstellungskatalog)
Die Botschaft der Musik. 1000 Jahre Musik in Österreich, Wien. Kunsthistorisches Museum Wien, 1996. (Ausstellungskatalog)
Gesellschaft der Musikfreunde Wien (Hg.): *Goldene Klänge*. Wien: Holzhausen, 1995.
Hellsberg, Clemens: *Demokratie der Könige*. Zürich: Schweizer, 1992.
Weiler, Rudolf: *Der Tag des Herrn. Kulturgeschichte des Sonntags*. Wien: Böhlau, 1998.
Konrad, Thomas Edmund: *Weltberühmt, doch unbekannt, Ludwig Ritter von Köchel: Der Verfasser des Mozartregisters*. Wien: Böhlau, 1998.
Fillitz, Hermann (Hg.): *Der Traum vom Glück, die Kunst des Historismus in Europa*. Wien: Künstlerhaus Wien, Akademie der bildenden Künste Wien, 1996. (Ausstellungskatalog)
Musica Imperialis, 500 Jahre Hofmusikkapelle in Wien 1498-1998. Titzing (Hans Schneider), 1998. (Ausstellungskatalog)

5 劇場都市ウィーンとオペラの世界
――ジングシュピール文化の形成を中心に

◎◎ 西原 稔

十八世紀の最後の三〇年間におけるドイツ語圏のオペラの状況は複雑である。イタリア・オペラだけではなくフランスやイギリスのオペラからの影響関係、さらに演劇や劇場の問題が複雑にからんで、多様な様相を呈している。そのなかでウィーンの舞台芸術、とりわけオペラ文化がどのように形成されていったのかという問題は単純ではない。

ハプスブルク家の君臨するウィーンは、その国際的な王家を抱くがゆえに、複雑な文化的な環境にもあった。まずアルプスの北でもっとも早くイタリアのオペラ文化を摂取したのがウィーン、もっと厳密にいうとウィーンとザルツブルクであった。こうしたイタリアの影響のほかに、オーストリアには豊かな民間の演劇の伝統があった。そして一七六〇・七〇年代に中部および北ドイツにジングシュピールが起こると、その影響はウィーンにも及んでいった。本稿は劇場都市ウィーンがどのように形成されたのか、またドイツ語圏のそのほかの地域のオペラとどのような影響関係および独自性をもっているのかを検討することを目的とする。

そもそも十七世紀以降のヨーロッパにおいて、オペラは社会生活および文化生活においてどのような役割と機能をもったのであろうか。今日でもヨーロッパではオペラを州や国、町をあげて支援し、オペラ興業を維持するために多額の税金を投入している。つまり、オペラを育成し、助成することは社会生活にとって重要な、いわば公共文化的活動であるという認識があるからこそ、オペラは社会生活のなかで中心的な位置を占めることができるのである。オペラを考察することは、ヨーロッパ社会において、市民生活と劇場と舞台がどのように融合して一つの文化を形成しているかを知る手掛かりとなる。

一　オペラという理想

オペラは夢の饗宴

今日でこそオペラは私たち一般の人々でも観劇できるが、オペラが誕生した頃はオペラの上演の機会は限られており、王侯貴族の結婚式や即位式、誕生日などの特別な催し、それに社会の富裕階層のための催しが上演の場であった。しかもそうした饗宴は宮廷の威信をかけて行われた。十七世紀初期の宮廷においてとくに好まれた出し物は、馬上槍試合や仮装行列、仮装バレエ、花火であっ

❶コルティーナ劇場で上演された《金の林檎》のプロローグ場面〔マティアス・キューゼルによる銅版画、1668年〕

たが、オペラはそうした一連の出し物のひとこまであるとともに、最大の催事であった。オペラの上演ではリアリティーが求められ、そのために戦争の場面ともなると、模擬戦争の演技や、ほぼ実物大の船や陣地を作っての演技も行われた。一六八四年、ドイツのプファルツ選帝侯が行った仮装の陣地遊戯は一カ月も続き、中世の騎士さながらの馬上試合も行われた。

　十七世紀のオペラでは古代の神話がその題材として好まれたが、それは単に英雄崇拝のためばかりではない。オペラにおいて重要なのはその舞台効果であった。イタリアのパルマのテアトロ・ファルネーゼでは平土間に水を張って実際の効果を出した演出が行われたことがあるが、それはこの頃の舞台演出の一部でしかない。[1] 一六六八年、ウィーンでレオポルト一世の結婚祝宴でオペラ《金の林檎》が上演された際は、舞台装置があまりに大がかりすぎて、舞台に収まりきらず、宮殿の中庭をそのまま舞台に見立てて、そこで豪華なパレードを繰り広げたのである。そしてこの上演のために十万グルデンの巨費を投じて建築されたコルティーナ劇場の舞台では、トリトーンが水馬に引かれる場面、幻想的な雲を割って燦然と太陽が輝くシーン、異国の人々、神話上の動物や女神、そして聖人たちも登場して、六七の舞台面と二三回の場面転換が行われ、文字通りオペラは別世界の夢の世界を演出するのである。この舞台演出において、古代の神々の物語は格好の想像力を惹起してくれた。そこで、オペラの舞台では豪華さと思いがけない効果を演出するために各種の機械仕掛けが考案された。

十七世紀のみならず、現代に至るまでオペラ上演のもっとも重要な演出方法は「光」である。しかし、当時、劇場の舞台では照明は蠟燭やランプ、硫黄やマグネシウムによる発光などに頼らなければならなく、しかも蠟燭やランプは、その光度は低く、火災の危険性も高いために、照明効果という点では明らかに不十分であった(2)。その点、当時盛んに行われた「野外劇場(ヘッケンテアター)」では、大きな松明がこうこうと全体を照らし出し、明るさの確保という点では舞台よりも有利であった。しかも、室内の舞台とは異なり、野外劇場では階段や自然の造作をうまく演出に用いる利点もあった。だが、オペラの本領はやはり劇場の舞台にあった。限られた舞台空間は、最大限の光の演出や遠近法の演出を駆使して、人々を夢幻の世界に誘うのである。とくに舞台画において遠近法が重視された。王は主賓として遠近法の焦点に座り、その舞台の最大の効果を独占できる醍醐味を味わうことができたのである。つまり、オペラ上演において、「遠近法」は権力の焦点をも意味したのである。

■ウィーンとザルツブルク——アルプスを越えたオペラ文化

ウィーンでオペラが上演されるのは、王侯貴族の特別の催しの折に限られていた。もちろん、早くから独自の共和国体制をとるヴェネツィアに続いて、ハンザ自治都市のハンブルクでは早くから市民を対象としたオペラの上演が行われたが、その他の国々ではオペラは誰もが自由に鑑賞できるものではなかった。オペラを一つ上演するだけで莫大な経費を要するだけではなく、ウィーンではオペラ上演が、絶対的な王権と結び付けられていたからである。[3]十七世紀にイタリアに起こったオペラが、オーストリア、およびアルプスの北にどのように伝播していったかは、興味ある問題である。アルプスの北にオペラが伝播したとき、これを上演できる財政的な能力をもつ都市はハプスブルク家の宮廷のあるウィーンと、塩の町で知られ、大司教の君臨する宗教都市ザルツブルクであった。

ウィーン宮廷で上演されたイタリア・オペラの代表作といえば、上述のレオポルト一世とマルゲリータとの結婚を祝して作曲、上演された、チェスティの《金の林檎》であった。十万グルデンもの巨費をオペラ一作に投じることができるのはウィーンのハプスブルク家の財力のなせるところで、贅を尽くした豪華絢爛たるオペラの上演はこの王家の財力と権力を誇示するには打ってつけの表現手段であった。オペラではイタリア・オペラが理想的とされ、イタリアからウィーンに次々とオペラ作曲家が訪れ、アントニオ・ベルターリ、ジョヴァンニ・サンチェス、そしてアントニオ・ドラーギらがオペラを上演した。そうしたオペラ上演の高まりと呼応して、ジョヴァンニ・ブルナチーニやジュゼッペ・ガッリ゠ビビエーナに代表される、イタリアの舞台装置家もウィーンで活躍するようになる。

このようなウィーンでのオペラ活動とは別に、ザルツブルクがアルプスの北においてオペラの発展にきわめて重要な役割を担ったことはあまり知られていない。ウィーンとザルツブルクはハプスブルク家と大司教国、つまり世俗の王家と宗教面での統治者という関係でもあり、オーストリアの文化において興味深い関係にあった。ザルツブルクは宗教国家であるが、同時に豊かな財力を背景に文化の育成にも大きな役割を担った。ザルツブルクは十七世紀初期から学校劇の伝統をもち、その舞台ではイタリア・オペラの舞台さながらに凝った書き割りや舞台転換の仕掛けなども行われた。ザルツブルクにイタリア文化が流入し易かったのは、ブレンナー峠を通るイタリアとの交通の利便性も幸いしたが、そればかりではなく、大司教のなかには一五八七年に大司教となったヴォルフ・ディートリヒ・フォン・ライテナウのようにメディチ家の血筋を引くものもいたように、塩と金を産出するこの大司教国の財政的な豊かさは、イタリアの財閥にとっても魅力的であった。

十七世紀前半におけるザルツブルク最大の劇場は、大司教宮殿の劇場で、舞台幅は十二メートル、奥行きは十六メートルで、オーケストラ・ピットも備えた本格的なものであった。しかもこの劇場における重要な舞台装置の一つが「空中飛行」の仕掛けで、ザルツブルクのこの劇場は、すでに一六二七年にはこの装置を設置しており、雲や光やさまざまな照明装置も整えられていた。この「空中飛行」の仕掛けはモーツァルトもウィーンでの《魔笛》の上演で効果的に用いている。さらに場面転換を迅速に行えるように、この劇場はたびたび改修工事を行い、一六六一年には、滑車を使って上下に舞台装置を移動できる装置を設置している。モーツァルトは一七六七年にオペラ《アポロとヒュアキントス》をザルツブルク大学で上演しているが、この宗教都市もこのようにオペラを育む土壌を整えていたのである。

モーツァルトとザルツブルクとの関係では、大司教ヒエロニュムス・コロレードによる合理主義的な治世が話題になる。彼はミサ礼拝とミサ曲の簡略化を押し進めたが、それは啓蒙主義の理念に則った組織の合理化に主眼が置かれ、必ずしも経費の削減を意図したものではない。というのは、彼はもっとも経費を要するオペラについては経費圧縮どころか、一七七二年にドレスデンから宮廷楽長としてフィエスケッティを招聘し、一七七七年にはオペラ作曲家として名声を博していたジャコモ・ルストを一千フロリン（モーツァルトがウィーンの宮廷室内楽作曲家として手にしたのは八〇〇フロリン）で宮廷楽長に招き、オペラの上演を推進しているからである(4)。

一方、ウィーンでは宮廷劇場での活動のほかに、とくに十八世紀後半になると民間の演劇活動が活発になり、その中からオペラが新しい展開を見せるようになる。その展開の重要な要素がジングシュピールであった。

二　ウィーンのオペラ様式の成立

■ウィーンのジングシュピールの文化史的背景

ジングシュピールは、モーツァルトの傑作《魔笛》を例に出すまでもなく、もっともウィーンの音楽文化を象徴するジャンルの一つである。しかし、ウィーンのジングシュピールの形成は、さまざまな要因が複雑に絡み合って、総括は容易ではない。というのは、このジャンルそのものは、イギリスのバラッド・オペラの影響のもとに中部ドイツのライプツィヒで生まれたものであるからである。ウィーンのジングシュピールは、バラッド・オペラの系譜を引くドイツのジングシュピールの影響だけではなく、イタリア・オペラやコメディア・デラルテの即興芝居の影響なども受けており、さらにウィーンの民間演劇の伝統や民俗的な要素も大きく関係している。これらの要素がウィーンのジングシュピールを形成し、モーツァルトのオペラやジングシュピールの傑作《魔笛》へと流れ込むのである。つまり、《魔笛》にはイタリアのオペラ・セリアやオペラ・ブッファの要素、ドイツ生まれのジングシュピールの要素、オーストリアの民族的な演劇の要素、それにモーツァルトの個性が渾然一体になって総合されているのである。

一口にジングシュピールといってもその成立や様式は単純ではない。ジングシュピールの特徴は、イタリア・オペラにおけるレチタティーヴォに代わって、演劇のような地の台詞の部分をもつという点にあるが、ライプツィヒのヒラーのジングシュピールと、ベルリンのライヒャルト、ウィーンのウムラウフらのジングシュピールを、単にオペラの台詞がドイツ語であり、地の台詞が用いられるということだけで一括りにすることはできない。実際、同じジングシュピールというジャンルに総括されるものの、これらは異なった発生の土壌をもち、音楽的にもまたそれを支える社会的な要因も大いに異なるからである。

■フランス・オペラからの影響

伝統的にオペラはイタリア・オペラが宮廷オペラの独壇場であった。イタリア・オペラのベルカント唱法は王侯の栄華を讃えるのにふさわしいものとされ、宮廷劇場は、ドイツでもイギリスでもイタリア・オペラを尊重してきた。それはウィーンでも同様であった。イタリア・オペラの歌手や作曲家にはどの宮廷でも破格の報酬を与え、その厚遇ぶりはドイツ語で演じる役者の報酬とは比較にならなかった。

しかし、とくに一七三〇年代以降、ドイツやオーストリアにフランス啓蒙主義の思想が流入するようになると、事情は変わってくる。北ドイツのベルリンのみならず、中部ドイツのライプツィヒなどの町でもフランス趣味が流入し、フランス・オペラが上演されるようになる。

フランスのオペラや演劇理論は、フランス啓蒙主義の浸透とともに、十八世紀中葉以降のオーストリアを含むドイツ語圏のオペラにおいて大きな意味を持った。フランスの演劇理論の導入者として最初の重要な存在がライプツィヒ大学の詩学者ゴットシェートである。彼の手になる戯曲《死せるカトー》はフランス戯曲の翻案にすぎなかったが、一切の不条理なものを排斥し、合理的な作詩法を標榜する彼の詩学は、ドイツ演劇だけではなくオペラにも強い影響を与えた。ゴットシェートの支持するフランス合理主義は、同じ頃に登場したジングシュピールで好んで用いられた即興劇やカスパーやピッケルヘリンクなどの道化役の登場する芝居とは対極的で、フランスの古典劇を理想としていたゴットシェートは、道化芝居を徹底的に嫌悪した。この合理性への追求はゴットシェートの著した詩学書『批判的詩学試論』に記された各種の規則集に述べられており、そこには即興劇の自由さや道化芝居につきものの俗語の入り込む余地は全くない(5)。

このゴットシェートの詩学理論は音楽にも影響を及ぼした。その例がバッハのカンタータ第一九八番《侯妃よ、なお一条の光を》(BWV 198)である。これはゴットシェートの詩に作曲された作品で、バッハはこの作品以外にも散逸したカンタータ《来たれ、地を支配する神々よ》(BWV Anh. 13)でもゴットシェートの詩に作曲している。この第一九八番のカンタータは、逝去したザクセン選帝侯妃兼ポーランド王妃、クリスティアーネ・エバーハルディーネの追悼音楽として作曲され、ゴットシェートの詩はすべて八行九節からなる。さらに、第一節が選帝侯妃、最後の第九節は王妃の徳を讃えるという構成になり、詩は韻文で、厳格な韻律構造によっている。作曲に当たって、バッハは詩行の構成に多少の手は加えてはいるものの、ゴットシェートの詩に基本的に忠実に従っている。

ゴットシェートの理念は演劇の分野を超えてさまざまな形で継承された。劇団の女性座長フリーデリーケ・カロリーネ・ノイバー（ノイベリン）もゴットシェートの影響を受けた。ノイベリンが演劇において目指した一つは、道化役を排した合理的演劇とともに、芝居と音楽との一体性である。以前から演劇では序曲のほかに、幕間などに音楽を挿入することはしばしば行われていた。ゴットシェートに理解を示すノイベリンは、音楽と芝居とのより密接な関連を意図して、劇音楽の作曲をバッハ批判で名高いヨーハン・アドルフ・シャイベに依頼した。シャイベは、ゴットシェートに強い影響を受けた音楽批評家および作曲家で、彼が主筆を務めた音楽雑誌『批判的音楽家 Critischer Musicus』のタイトルは、ゴットシェートの詩学書『批判的詩学試論 Versuch einer critischen Dichtkunst』からの影響を示唆している。

レッシングは『ハンブルク演劇論』第二六号（一七六七年七月二八日）において、シャイベが一七三八年、《ポリュクト》と《ミトリダト》のために、この劇にふさわしい「シンフォニー」を作曲したことを評価し、さらにシャイベ自身が、彼が主筆を務める音楽雑誌『批判的音楽家』で、劇の内容と音楽との相関性や、冒頭の序曲と劇の第一幕との関連性などについて述べていることを、長文にわたって紹介している。(6) ここでレッシングが述べている「シンフォニー」は、オペラや劇の序曲の意味ではなく、この戯曲に付随する音楽を意味しており、音楽と劇との関連、音楽そのものの秩序ある構成を述べるシャイベのこの批評は、ゴットシェートの詩学との結びつきを示している。

このノイベリン一座に属していた人物に、その後ライプツィヒで作曲家のヨーハン・アダム・ヒラーとともにジングシュピール《さあ大変だ》〔チャールズ・コフィーのバラッド・オペラを翻訳し、脚色したもの〕の上演に加わった人物にゴットフリート・ハインリヒ・コッホがいた。コッホはレッシングに絶賛された十八世紀後半の名優で、彼が上記の作品上演に関わったことの意義は大きく、《さあ大変だ》はその後、ウィーンのジングシュピールにも影響を及ぼすことになる。同じく彼女の劇団に所属していた俳優で、後に劇場監督となったのがヨーハン・フリードリヒ・シェーネマンで、彼もベルリンでフォン・ボルクの訳詞でこの《さあ大変だ》を手掛けており、とくにハンブルクやシュヴェリーンなど北ドイツにおけるジングシュピールの伝播に貢献した。

一七七〇年代にはいってドイツ語のオペラがさかんに試みられるようになるが、その時もフランスの演劇やオペラは強い影響力をもった。しかし、その意味は地域によって大いに異なった。一七七〇年、ライプツィヒで活躍する上記のヒラーはヴァイセの台本にジングシュピール《狩》を作曲した。ヒラーはこの作品を作曲するに際してフランスの二つの作品を題材とした。一つはコルの戯曲《アンリ四世の狩の会》で、もう一つはスデヌの台本でモンシーニが作曲を担当したオペラ・コミック《王様と農夫》である。ヒラーの活躍するライプツィヒは、フランスの詩学や演劇が取り入れられた都市で、最初のジングシュピールとして画期的な意味を担った《さあ、大変だ》も、バラッド・オペラを土台としていると同時に、フランスのオペラ・コミックの要素も盛り込まれていた。ヒラーのこれらの作品は平易なアリアと地の台詞を伴い、非常に素朴な筋からなっているという点において、ウィーンのジングシュピールと共通する側面をもつが、ヒラーのジングシュピールは、ウィーンのジングシュピールを成立させた伝統とはそもそも異なった土台に立脚しているのである。

一六八五年、ブランデンブルク選帝侯フリードリヒ・ヴィルヘルムが「ポツダム勅令」を発令し、ルイ十四世によってフランスから追放された大量のユグノー教徒を受け入れたベルリンもフランス文化の重要な受容地であった。一七七〇年代の演奏曲目から明らかなように、この頃からすでにベルリンではラモーやクープランらの作品が積極的に取り入れられ、フランス・オペラの上演も行われるなど、フランス文化への傾倒が見られる。

ウィーンでも、すでに十八世紀後半になるとフランスの劇団が来訪し、ブルク劇場でフランスのオペラが上演され、グルックは一七五五年上演の《田舎の恋》を嚆矢としてフランス語の台本によるオペラを次々と作曲し、これらはウィーンのブルク劇場他でフランス人劇団によって上演された。そして一七八〇年代以降、フランス・オペラがレパートリーを独占するようになる。一七八〇年にウィーンで上演された七三の出し物のうち、フランス人の作品は実に四七作で、台本の原作がフランス物であるものを含めると総計で五六作に及び、とりわけグレトリーやフィリドールのオペラがウィーンの観客に歓迎されたのである(7)。この時期のウィーンでフランス・オペラが盛んになったのは、マリア・テレジアによって即興劇が禁止されたほかに、イタリア・オペラが一時的に興行不振になったことも背景にある。しかし、一七八〇年代も進むとレオポルトシュタット劇場やアウフ・デア・ヴィーデン劇場など民間劇場が次々と開場し、レパートリーは圧倒的にジングシュピールに移り、フランス物の上演回数は激減していく。

舞台設計や美術の面でもフランス人の進出があった。かつて、舞台設計者といえばイタリア人の独壇場でガッリ・ビビエーナ一族が独占していたが、やがてこの一族に替わり、フランドル出身のフランソワ・キュビエがドイツのロココ建築を主導した。彼はミュンヘンのオペラ劇場やニュンフェンブルクのアマーリエンブルク宮殿の建築で知られ、フランスの建築家が台頭して来たことも、フランス文化の浸透の現れである。このフランスのロココ趣味はウィーンにも伝播し、バロック様式で建築されたシェーンブルン宮殿の内装はマリア・テレジアによってフランス趣味に改装された。

十八世紀後半になって一時的にイタリア・オペラが衰退したもう一つの要因として、各地の宮廷の財政難も大いに影響していた。とくに一七七〇年代以降、栄華を極めた宮廷オペラは、相継ぐ継承戦争の影響を受け、経費削減のために次々と閉鎖および縮小を余儀なくされた。例えば神聖ローマ帝国の首都が置かれたレーゲンスブルクでは、郵便事業による潤沢な財力を背景に豪華なイタリア・オペラの劇場を構えていたトゥルン・ウント・タクシス侯爵家の宮廷も、経費の膨大さのためにイタリア・オペラを解散せざるを得なくなる。(8)それに代わってこの町の演劇の舞台を任されたのは巡業一座で、後にウィーンのもっとも代表的な劇団となるシカネーダー一座であった。そのほかドレスデンやウィーンの宮廷も財政難のために、宮廷歌劇場を縮小あるいは経営移管を余儀なくされていく。

ウィーンでは、上述のように即興劇禁止令やオペラ上演に要する経費などの理由で、一時的にイタリア・オペラの影響力は減衰したものの、イタリアのコメディア・デラルテの流れを組む道化芝居や即興劇への関心がなくなってしまったわけではなく、むしろこの即興芝居の伝統にウィーン独特の大衆演劇の形成に貢献することになる。

十八世紀にはさまざまな種類や形態のオペラが存在した。イタリア・オペラのオペラ・セリアやオペラ・ブッファのほかに、イギリスのバラッド・オペラの流れを汲むジングシュピールなどがあったが、その後のモーツァルトに至る流れのなかで忘れてはならないのは、「メロドラマ」である。「メロドラマ」は、フランスの哲学者で音楽家のルソーが、ブフォン論争での話題作《森の占い師》に続いて発表した《ピグマリオン》で用いた様式である。この作品の台本を担当したのはルソーで、コワニュの音楽が用いられた。メロドラマは台詞の部分と音楽の部分が完全に分離したスタイルのオペラで、演劇と音楽の中間的な形態を示している。この様式のオペラはすぐにドイツ語圏に影響を及ぼした。例えばアントン・シュヴァイツァーの《アルチェステ》や、イルジー〔ドイツ名ゲオルグ〕・ベンダの《メデア》は、このフランスのメロドラマの影響を受けた作品である。ただし、もっと厳密に言うと、これらは単にフランスの伝統に従うだけではなく、イタリアのオペラ・セリアの伝統をも継承している。シュヴァイツァーの《アルチェステ》の台本作家はクリストフ・マルティン・ヴィーラント（彼は《魔笛》の台本の素材の一つとなった《ジニスタン》の編者でもある）であるが、ヴィーラントはこの台本の執筆に際して、メタスタジオの台本も範としており、フランスのメロドラマを模範とすると同時に、ドイツ語の新しいオペラ・セリアを目指していた。また、ベンダの《メデア》も、単にルソーの素朴な世界の翻案ではなく、彼もまたドイツ語の古典劇の世界を音楽に取り入れることを試みた。ベンダのこの作品は地の台詞が入るという点でジングシュピールと共通するものの、この作品の目指すところは、いわば高潔な古典演劇の世界である。この様式は後述のように、モーツァルトの作品に流れ込んでおり、未完に終わったモーツァルトの《ツァイーデ》(K. 344)に含まれる、ゴーマッツとソリマンの「メロローゴ」は、ベンダの上記の作品及び《ナクソス島のアリアドネ》の影響を受けている。実際、モーツァルトは一七七八年にマンハイムに滞在した折に、ベンダのこれらの作品を観劇しており、父親宛の書簡(一七七八年十一月十二日付)で非常に感銘を受けた旨を述べている。

■ウィーンのジングシュピールの形成

ジングシュピールの発展史を時代区分するとするならば、一七六六年にヒラーが《さあ大変だ》を作曲してから、一七八〇年までが一つの時代をなし、一七八〇年から一八〇一年のアン・デア・ウィーン劇場開場までが次の時期をなす。一七八〇年までのジングシュピールは、主に中部および北ドイツを中心に行われた。ヒラーの上記の作品がウィーンで上演されるのは一八〇九年、つまり初演から四三年後のことで、この作品は例外としてもその他のジングシュピールがウィーンで上演されるのは一七七六年以降である。それが一七八〇年を過ぎる頃からジングシュピールの中心地はウィーンに移り、一七八五年以降は北ドイツではほとんどジングシュピールは作曲されなくなる。

ウィーンにはライプツィヒにおけるジングシュピールとは別に、すでに一七五〇年代から、アリア付きのドイツ語の演劇の独特の伝統があった。例えば一七五四年に上演されたベルナルドンを主役に据えた道化芝居《ゲルゼン・インスルのベルナルドン》は二曲のアリアと一曲の二重唱をもち、《新たに驚喜し元気づいたベルナルドン》は二曲のアリア、二曲の二重唱、一曲の五重唱を含み、実質的にジングシュピールの体裁をもっていた。この芝居の作曲は、ウィーンでは即興劇禁止令が施行され、道化芝居が抑制されていた時期であるが、着実にその後の《魔笛》のパパゲーノの前身となる道化キャラクターが形成されている。それはヒラーやベンダのジングシュピールやオペラにはない傾向である。

ウィーンの道化芝居はイタリアのコンメディア・デラルテの即興劇からの流れを汲み、ユニークな登場人物が特徴であった。たとえば演劇ではすでにシュトラニツキーの「ザルツブルクの農夫」のキャラクターは大人気を博していた。この道化役はアルルカンやアルレッキーノの伝統を受け継いだウィーンの演劇の特徴で、このキャラクターはジングシュピールやオペラにも強い影響を与えた。例えばシカネーダー一座の出し物から例をとると、《山だしの馬鹿な庭師、二人のアントン》などの一連の「山だしのアントン」のシリーズや、ハイベルが音楽を担当した《チロルからきたヴァステル》はいずれも、洗練されていない土臭い、しかも方言丸出しのキャラクターで、まさにシュトラニツキーの「ザルツブルクの農夫」の伝統を継承している。これらのキャラクターは共通に、いつもおなかをすかし、恋人を求め、主人に仕えるは従順ではあるがたよりない相棒、という役回りである。[9] しかし、中部および北ドイツではこのような方言を用いたオペラは十八世紀には見られなく、例えばベルリンでこのような方言を用いたドイツ語のオペラが初めて作曲されるのは十九世紀に入ってからである。

ウィーンにおけるこのような道化役のタイプはさまざまである。シカネーダーの作品から例をとると、上記の「アントン」や「ヴァステル」のほかに、ジュスマイヤーが音楽を手掛けた《アルカディアの鏡》のなかの「バッラーモ」もそうした道化役で、これは《魔笛》に登場する「パパゲーノ」の類型の一つでもある。このようなパパゲーノ・タイプの道化役には、シカネーダー一座のライバルのペリネットが台本を書き、ヴェンツェル・ミュラーが作曲し、モーツァルトの《魔笛》にも刺激を与えた《ファゴット吹きのカスパー》のなかの「カスパー・ビータ」もあげられる。

ウィーンでは、一度沈滞したイタリア・オペラが、一七九〇年代になるとまたふたたび舞台の上演演目に上るようになる。そしてこの頃、ジングシュピールも変質し始める。一七八〇年代から九〇年代前半にかけてのウィーンのジングシュピールのレパートリーの特色は、バロック・オペラを思わせるイマジネーション豊かな魔法劇とスペクタクルであった。それをよく示しているのはシカネーダー率いるヴィーデン劇場や、ヘンスラー率いるレオポルトシュタット劇場の舞台において上演された、《ヴァルトロン伯爵》のようなスペクタクル劇や、《チロルからきたヴァステル》、《アルカディアの鏡》のような魔法劇、それにオペラ・セリアもどきの諷刺劇《テプシス》などの演目

❷アン・デア・ウィーン劇場の内部（19 世紀前半）

で、これらは刺激を求める庶民の間で人気を博した。これらの出し物は、大規模な機械仕掛や舞台転換、光や雲の演出、空中飛行など、まさにバロック・オペラのすべての要素をふんだんに取り入れたスペクタクル劇のジングシュピールで、これまでの軽妙な庶民劇に代わって、バロック演劇とオペラ・セリアの要素を取り入れた、重厚でおどろおどろしい、しかし娯楽性にあふれた舞台に変化している。

しかし、これらのスペクタクル劇も、数多く反復上演されるなかで次第に人々の支持を失っていく。それはアン・デア・ウィーン劇場が建設される一八〇一年頃からとくに顕著になる。それは一七六〇年代から続いたジングシュピールの伝統が一つの段階を迎えたことを象徴している。

ジングシュピールは大衆文化を一つの背景としており、ウィーンにおけるこの文化を支えたのは民間劇場の相継ぐ開設であった。一七八〇年代にウィーンに、テアター・イン・デア・レオポルトシュタット〔レオポルトシュタット劇場　一七八一年開場〕、テアター・アウフ・デア・ヴィーデン〔アウフ・デア・ヴィーデン劇場　一七八七年開場。フライハウスと呼ばれた雑居建物に開設された劇場であるために、フライハウス劇場とも呼ばれた。フライハウスという名称は税金が免除されていたことに由来する。〕、テアター・アン・デア・ヨーゼフシュタット〔ヨーゼフシュタット劇場　一七八八年開場〕という民間の劇場が相継いで開場し、一七九〇年代に入るとその数はさらに増大し、舞台芸術は活況を呈する。ジングシュピールを育んだのは庶民を対象としたこれらの劇場であり、観客が道化芝居や、変身、アクロバット、空中飛行などに喝采を送ったのもこの劇場であった。しかし、十八世紀末からフランス革命やナポレオン戦争に代表されるように、社会の現実は急激に変化し、人々のオペラや演劇に対する意識もまた変質していったのである。その意味でも一七九一年に初演されたモーツァルトの《魔笛》は、ウィーンのジングシュピールの歴史の頂点であった。

■劇団の伸長とレパートリー

ジングシュピールを含むドイツ語のオペラの発展を考える場合に重要な意味を持つのが劇団とその活動である。十八世紀の最後の三〇年間のジングシュピールを支えたのは、巡業一座であった。しかもこれらは本来、芝居を本業とし、音楽を専門とする団体ではなかった。次にウィーンのみならずドイツ語圏で活躍した一座を紹介するなかで、ウィーンで活動した一座との関係を検討していきたい。

まず取り上げなければならないのはコッホ一座である。コッホ一座が結成されたのは一七四九年のことで、人気俳優ハイドリヒらをかかえてたちまちにして人気を獲得した。この一座は一七六六年にライプツィヒで新たに劇団を組織し、ヒラーとともに最初のジングシュピールの上演に貢献した。ヴァイセの系統を引く台本作家のニンゲルが、作曲家ヒラーのために書いた《薬屋》（一七七一年）を上演したのもコッホ一座である。

ヒラーのジングシュピールが人気を獲得した頃、コッホ一座と同様にジングシュピールを出し物にするもうひとつの一座が競合するようになった。遥かに北方のシュヴェリーンの宮廷劇場監督シェーネマン率いる一座である。この一座の結成は一七四〇年で、コッホ一座よりは古い歴史をもつ。シェーネマン一座とコッホ一座とは競合する関係にもあった。例えばシェーネマン一座がコフィーのバラッド・オペラ《さあ大変だ》を上演して人気を得ると、コッホ一座は台本作家のヴァイセにその台本を改作させ、新たに作曲家のヨーハン・シュタントフスにアリアを作曲させて、上演するといった具合であった。上にも述べたように、ヒラーはこれをさらに改作した同名のジングシュピールをコッホ一座で上演している。

北ドイツで活躍した劇団で重要なのはアッカーマン一座とザイラー一座である。これらの一座は劇作家のレッシングが顧問となって一七六七年に始まったハンブルク国民劇場から袂を分かち、独自の活動を展開した。[10] これら二つの一座のうち音楽面で重要なのはザイラー一座である。このザイラー一座には、ボンでベートーヴェンに作曲を教えたクリスチャン・ゴットロープ・ネーフェも一時加わっており、同一座で指揮と作曲をつとめていた。ザイラー一座は名優エクホーフを擁する有力劇団であったが、この一座には歌曲を歌える人員は四名しかいなかった。当然、作曲に際してはこの人数の枠内で、しかも彼らの技量にあわせなければならなかった。実際、ザイラー一座による上演のためにアントン・シュヴァイツァーが作曲したメロドラマ《アルチェステ》の場合、この作品の歌唱役のアドメット、アルチェステ、パルテニア、ヘルクレスを担当したのはこれら四人の座員で、シュヴァイツァーは作曲に当たり、彼らの音楽的技量を考慮に入れなければならなかったのである。

この時代のジングシュピール上演は一般に、こうした巡業一座の活動を抜きにしては考えられない。一七七二年にヴァイマルの宮廷楽長となったエルンスト・ヴィルヘルム・ヴォルフの最初の二つのジングシュピール《女庭師》や《バラ祭》はコッホ一座によって上演されたが、その後一七七四年、ヴァイマルは大火に見舞われて宮廷劇場も焼失し、ここでのオペラや演劇の上演はゴータで行われるようになる。劇場焼失後のヴォルフのジングシュピールの上演を行ったのは、巡業劇団のザイラー一座であった。

十八世紀の最後の三〇年間に多くのメロドラマが作曲されているが、これも巡業一座と深く結び付いている。このジャンルを手掛けたのはすべてザイラー一座であり、それはドイツのみならずオーストリアにまでその影響は及んだ。最初のメロドラマの作曲は上記のシュヴァイツァーの《アルチェステ》であるが、ついでゴータの宮廷楽長をつとめるイルジー・ベンダが一七七五年に《ナクソス島のアリアドネ》と《メデア》を作曲し、さらにベルリンで一七七五年から九五年までフリードリヒ二世の宮廷楽長をつとめたヨーハン・フリードリヒ・ライヒャルトが一七七七年にハンブルクでの上演ために《ツェファルスとプロクリス》を、一七七九年にライプツィヒでの上演のために《イーノ》を作曲し、一七七八年にマンハイムで《ソフォニスベ》を作曲し、そして一七七八年から一七八〇年にかけてミュンヘンでペーター・ヴィンターが《レナルドとブランディーネ》をはじめとする三曲のメロドラマを作曲したのも、すべてザイラー一座による興行のためであった。このヴィンターはウィーンのオペラに大いに貢献した作曲家で、そのオペラはモーツァルトの様式に従った作風で知られ、一七九三年から九八年にかけて九作のオペラをウィーンでの上演のために作曲している。

ジングシュピールを演ずるのは、宮廷オペラのようなベルカント歌手ではなくて、ほとんどは劇団一座の座員であった。つまりジングシュピールは、歌唱も素人の座員によって演じられたのである。楽譜を見れば一目瞭然のように、平易で民謡調のアリアと、親しみやすい題材がこのジングシュピールの特徴である。たとえばモーツァルトの《魔笛》の「夜の女王」のアリアのように、本格的な歌唱が必要な場合は、別個に専門の歌手と契約した。[11] 一座の中にはシカネーダー一座のように、多いときは総勢三、四〇名もの座員を抱え、この一座には音楽能力を持つ者も数多く含まれていたが、必ずしもすべての一座がそうとは限らない。例えば中部ドイツを中心に巡業したデッベリン一座のように、十名ほどの小劇団では座員のうち音楽を担当できる者はわずかに一名で、あとはすべて残りの団員でまかなわなければならず、ジングシュピールの上演は、宮廷劇場でのオペラ上演とは異なり、その音楽的な質は必ずしも保証の限りではなかった。

ウィーンで音楽的にもっとも重要な一座といえば、アウフ・デア・ヴィーデン劇場のシカネーダー一座と、この劇場より少し早く開場したレオポルトシュタット劇場のヘンスラー一座である。この二つの一座こそが上にも述べたさまざまな一座の経験を吸収してウィーンにもたらしたのみならず、その後のウィーンの舞台芸術の牽引者となったのである。シカネーダー一座の場合、シカネーダー自身が作曲を行ない、彼自身が歌手であり、役者で演出家であり、他の一座に比べて音楽面では好条件であった。彼の最初の作品で、しかも彼自らが作曲をも担当したジングシュピール《遍歴楽人》はまさしく彼自身の遍歴役者時代の姿であった。当初、一座のなかである程度専門的な音楽教育を受けたのはシカネーダーの兄のウルバンがいる程度で、そのほかの座員はほとんど素人のレベルを越えるものではなかったが、その後一座はオペラも上演できる劇団へと成長していくのである。

シカネーダー一座がウィーンの常設劇場で本格的にオペラやジングシュピールを手掛ける一方で、レオポルトシュタット劇場のヘンスラー一座も人気作曲家のヴェンツェル・ミュラーを抱え、この二つの一座は常設劇場を土台にしてその芝居の水準を飛躍的に向上させた。シカネーダー一座は、とくにアン・デア・ウィーン劇場が開場する頃から数多くの作曲家を擁するようになる。彼の劇場の専属作曲家には、エマヌエル・ベネディクト・シャック、フランツ・クサファー・ゲルル、マテウス・シュテクマイヤー、イグナツ・クサファー・リッター・フォン・ザイフリート、ヨーハン・ペーター・ヤーコプ・ハイベルらがおり、そのうちザイフリートはモーツァルトの生徒であった。また、モーツァルトの弟子のフランツ・クサファー・ジュスマイヤーもこの一座のために《魔笛》の流れを汲む《アルカディアの鏡》を作曲している。

シカネーダー一座に見られるように、一七八〇、九〇年代ともなるとこうした一座はもはや演劇だけの団体ではなく、立派な歌手だけではなく楽団すら構え、その規模は王立劇場に匹敵した。一七九〇年頃、ブルク劇場のオーケストラ団員は三六名、ケルントナートーア劇場は三五名であるのに対して、ヘンスラーが率い、台本作家として名高いペリネットや楽長ヴェンツェル・ミュラーのいるレオポルトシュタット劇場の楽団員は二五名、シカネーダー一座は二三名であった。これらの人員数に加えて、実際の演奏ではエキストラ奏者も加わったと見られ、オペラやジングシュピールの上演ではもっと大人数の楽団で行われたと考えられる。

❸「魔笛」でパパゲーノに扮したシカネーダー

シカネーダー一座では、作曲は共同で当たる習慣があったとみえ、とくに上記の「山だしのアントン」シリーズの作曲では、一座の抱える作曲家の共同制作が多かった。彼の一座は何人もの作曲家を抱えていることから分かるように、複数の演目を並行して準備していたと推測され、当時のジングシュピールの人気の高さが推察される。一座はオペラ上演を単独でまかなえるほどの充実した楽団員を抱えることから、やがてオペラや演劇の伴奏音楽だけでは

表　1794〜1801年の間の二劇場におけるオペラと芝居の上演比率

	アウフ・デア・ヴィーデン劇場	レオポルトシュタット劇場
1794年	13（オペラ 7）	11（オペラ5）
1795年	43（オペラ12）	15（オペラ5）
1796年	38（オペラ15）	15（オペラ4）
1797年	27（オペラ11）	13（オペラ5）
1798年	27（オペラ 9）	12（オペラ5）
1799年	30（オペラ12）	15（オペラ6）
1800年	40（オペラ14）	16（オペラ5）
1801年	48（オペラ15）	18（オペラ6）

なく、オーケストラの演奏会までも開催するまでになる。例えばシカネーダー一座が本拠を置いたアウフ・デア・ヴィーデン劇場では実際に、モーツァルトの交響曲などの演奏会も開催している。

一座は本来、劇団であり役者の集団であるが、上記のシカネーダー一座とヘンスラー一座において、オペラと芝居の上演割合はどの程度であったのかについて見てみることにしたい。二つの劇場とも、全演目のなかでオペラの占める割合は三六パーセント弱の同比率で、全体の三分の二が演劇である。総数ではアウフ・デア・ヴィーデン劇場は、レオポルトシュタット劇場の二倍以上の上演回数を誇り、この上演回数の多さは同劇場を本拠地とするシカネーダー一座には作曲を担当するシャックやゲルルといった職業的音楽家以外に、専門教育を受けた歌手を擁していたことを背景としている。一七九四年から一八〇一年〔一八〇一年にアウフ・デア・ヴィーデン劇場は取り壊され、新たにアン・デア・ウィーン劇場が開場する〕までの期間における、シカネーダー一座のアウフ・デア・ヴィーデン劇場とヘンスラー一座のレオポルトシュタット劇場のオペラと芝居の上演比率は表に示した通りである。なお、括弧内は演劇とオペラの総数のなかのオペラ（ジングシュピールを含む）の数を示している。

これまでの一座と比較して、シカネーダー一座とヘンスラー一座の充実は目を見張るものがある。コッホ一座やザイラー一座などの場合は、この二つの一座程の音楽要員を抱えておらず、オペラの上演ははるかに制約を受けていた。また、演劇の上演でも、当時の慣習として何らかの形で音楽を含めるのが慣行となっていた。十八世紀後半の劇場の出し物を見ると、「音楽付き芝居」の形態が多く、間奏曲や合唱、さらに歌曲までも含まれる例が多い。そのことから、上記の表にある演劇でも何らかの形で音楽が加わっていたと考えられ、劇団における音楽家の必要性は高かった。

ウィーンには上記のブルク劇場とケルントナートーア劇場という二つの宮廷劇場〔一七七六年、ヨーゼフ二世の命により国民劇場に改称〕があるが、この宮廷劇場と上記の民間劇場との上演の演目の関係はどのようになっていたのであろうか。

ケルントナートーア劇場は、喜劇役者のシュトラニスキが自作の喜劇を上演していたように、一般市民を対象としていた。ブルク劇場は、一七五〇年代はフランスの劇団がフランス物を上演していたが、一七七六年、ドイツ国民オペラとしてのジングシュピール上演というヨーゼフ二世の命を受けて国民劇場となり、ミヒャエル・ウムラウフ作曲、ウィーンの俳優であるミュラーの演出による最初のジングシュピール《ベルククナッペン（坑夫）》を上演して、ドイツ国民オペラを推進し、モーツァルトの《後宮からの逃走》もこの劇場で上演された。しかし、ドイツ語のオペラの理想は十分な成果を達成することなく、一七八三年に再びイタリア・オペラが上演演目に取り上げられるようになる。さらに、一七九〇年にブロックマンが監督に就任して古典演劇上演の路線が打ち立てられ、ブルク劇場におけるオペラの上演回数は減少していく。

奇妙なことに一七九五年頃から、ブルク劇場とケルントナートーア劇場との間で同じ出し物を非常に短い間隔で再上演することが多くなる。多くは一週間以内であるが、しばしば翌日に再上演という例も見られる。これは何を物語っているのであろうか。二つの劇場のオーケストラ人員はほぼ同数であることから、モーツァルトの《魔笛》上演の頃から二つの劇場のオーケストラのメンバーは共通であったことを暗示している。つまり、このことは一七九〇年代になるとブルク劇場は事実上、自前のオペラ興行は行わなくなり、もっぱらケルントナートーア劇場で行われ、単にその場所を提供するだけになったのではないかと考えられる。(12) こうした状況のもとで、ウィーンのオペラやジングシュピールの主たる舞台は、宮廷劇場から次第にアウフ・デア・ヴィーデン劇場やこの劇場を受け継いだアン・デア・ウィーン劇場、そして庶民のための軽妙な出し物で人気を博したレオポルトシュタット劇場などの民間劇場に移行していくのである。

■地域によるジングシュピールのさまざまな様式

同じジングシュピールというジャンルでも、ウィーンの様式とライプツィヒやベルリンの様式はかなり異なっていた。それを如実に語るのが道化役の役割の相違である。

ハンブルク国民劇場の伝統を受け継ぐ名優シュレーダーが、アッカーマン一座から袂を分かち、一七七一年に自分の一座を結成した。シュレーダー一座の音楽監督はヨーハン・フリードリヒ・ヘニッケである。シュレーダーにディッタースドルフのジングシュピール《精神病院での愛》をハンブルクで上演する計画を立てるが、その際、シュレーダーはウィーンの様式がそのままハンブルクでは通用しないことを直感して、音楽監督へニッケにこれを改作させる。というのはウィーンとは異なり、ハンブルクでは啓蒙主義の思想が強く浸透し、さらにカルバン派や敬虔派の勢力が強いために、ウィーンにおけるような軽妙な出し物は大きな抵抗を伴うことが予想され、ウィーンのカスパー（道化役）の伝統をそのままハンブルクに導入することは不可能であったからである。

巡業一座は地域による様式の相違に敏感であった。一座の定番のレパートリーとしている演目であっても、それぞれの地域の様式や習慣に合わせて改作するのは当然のことであった。ディッタースドルフの上記のオペラのハンブルク版とウィーン版を比較すると、ナンバーがほぼ完全に入れ替わっているだけではなく、とくに第二幕と第三幕ではウィーン版の原作にはないナンバーが数多く挿入されている。第二幕では五曲、第三幕では四曲が新たに挿入され、本来第四番の曲が第二五番に移され、第六番が第二八番に変更されるといった具合に、大幅な改作が施された。

フランス啓蒙主義の伝道者の役割を自認していたライプツィヒの詩学者ゴットシェートは、ウィーンで人気のカスパーのような道化役を、「ペストのように」毛嫌いし、彼に賛同するノイベリンも舞台から道化役を追放した。そもそも、オペラが人々の教化に役立つかが話題になり、教会の検閲が強いハンブルクやライプツィヒのような土地においては、ウィーンの道化役の入り込める余地はなかった。一方、ヒラーやライヒャルトのジングシュピールがウィーンで上演された場合、今度はそれとは逆の現象が起こったであろう。道化役や方言などを交えた軽妙な台詞のないジングシュピールはウィーンの観客にはむしろ退屈なものに映ったに違いない。

北方のオペラと南方のオペラが相互に伝播し合う過程には、ある一定の経路があったように思われる。例えば、ウィーンでシカネーダー一座によって初演された《魔笛》や《アルカディアの鏡》などのジングシュピールは、その後北ドイツでも上演され、またその一方で、北ドイツで生まれたライヒャルトやベンダらの作品は、ウィーンへと入り込むが、これらの作品の多くはヴァイマルの宮廷劇場を経由して相互の地域に伝播しているからである。ヴァイマル宮廷劇場は、ゲーテが監督をつとめているだけではなく、ヴァイマル公国公妃アンナ・アマーリアが演劇に理解があったことが大きな力となった。同公妃は、ベルリンで盛んであったフランス物だけではなく、ドイツ演劇に理解を示し、ハンブルク国民劇場が挫折した後、その有力なメンバーであったエクホーフをこの宮廷劇場に招き、積極的にドイツ演劇を上演させたのである。

さらに、ゲーテの妻クリスティアーネ・ヴルピウスの兄で作家のクリスティアン・アウグスト・ヴルピウスは、北方と南方の様式の仲介の実質的な役割を担った。彼は、道化芝居の傾向を強くもつウィーンのジングシュピールはヴァイマルの環境では上演不可能であると判断し、「北方向き」に、《魔笛》や《アルカディアの鏡》の台本についても徹底的に手を加えて、ヴァイマルで上演可能な姿に書き換え、即興芝居の要素を削除した。この改作は、原作を勝手に改竄したのではなく、地域によって演劇やオペラの様式が大きく異なるために、その地域に合わせた形でしか上演できなかった当時の状況を反映している。また、このような改作によって、オペラが各地に広まっていったことの重要性も指摘しなければならない。十九世紀に入ると地域によるジングシュピール様式の相違も、次第に少なくなっていくが、十八世紀はまさに地域文化の時代であった。上演する際にその地域にあわせて改作することは、ジングシュピールがより庶民の生活感覚に近い芸術であるがゆえに、当然のこととして考えられたのである。そのように考えてみると、たとえば《魔笛》がどのように地域によって異なった演出や台本内容によって上演されたのかを調査することは、地域文化の多様性を知る意味でも意義がある。

三　モーツァルトとオペラ

■モーツァルトのドイツ語オペラの課題

皇帝ヨーゼフ二世は一七七六年、宮廷劇場令を出してウィーンのオペラや演劇の「ドイツ語化」を図り、ドイツ演劇の劇場の設立を企てる。この動きはウィーンだけではない。ハンブルクでもそれに先立って「国民劇場」の理想を掲げてドイツ演劇を取り上げようとし、レッシングなどの批評家やゲーテのような作家がその意欲に燃え、マンハイムでも選帝侯カール・テオドールはこれまでのイタリア物を排して、ドイツ語のジングシュピールの上演を推奨する。こうした動きは啓蒙主義の影響が強く、オーストリアにおいてもヨーゼフ二世のこの施策は啓蒙専制君主の立場から発しているが、自国の言語文化への意識の覚醒という側面も大きい。実際、十八世紀後半においてドイツ語とドイツ語のオペラは、ウィーンを含むドイツ語圏全体の課題であった。その課題を正面から受けとめたのがモーツァルトであった。

ウィーンの宮廷でのモーツァルトの前任者のグルックはこの問題での先鞭をつけた。彼はイタリア語やフランス語で作曲したオペラのいくつかをドイツ語に翻訳しているが、その時の苦労は歌詞を単に翻訳するだけにとどまらなかった。一七六四年にウィーンのブルク劇場でフランス語のテキストによる《思いがけないめぐり合い　メッカの巡礼》が初演されたが、この作品は一七七二年にドイツ語訳された。さらに同じくフランス語による《アウリスのイフィジェニー》がその二年後にドイツ語に翻訳されたが、その際、グルックは言語のアクセントや抑揚が全く異なることから、歌詞の翻訳にとどまらない作曲上の問題にも直面する。モーツァルトもこれと同じ問題を経験している。彼は一七七四〜七五年にイタリア語のテキストによる《偽りの女庭師》を作曲するが、これもドイツ語のテキストに翻訳する際にやはりアクセントなどの問題に直面するのである。

ドイツ語のオペラという問題は、これらの翻訳オペラとは異なる。モーツァルトが手紙で「皇帝はウィーンにドイツ・オペラを建設しようという意図をもっています」と述べている真意は、翻訳オペラではなく、芸術性の高いドイツ語オペラの創出である。すでにウィーンではウムラウフやヴエンツェル・ミュラーらによってドイツ語のオペラは創作されていたものの、芸術性の点でまだ見劣りがした。

モーツァルトのオペラには、イタリア・オペラはもちろんのこと、ベンダのメロドラマやミュラーのジングシュピールなどからも影響を受けていた。あまり注目されないが、モーツァルトの未完の作品《ツァイーデ》は、彼がさまざまな影響のもとで新しいドイツ語オペラを模索した試みとして重要である。前述のように、この作品には二曲のメロドラマが含まれているが、これはザイラー一座の上演したベンダ作曲の《メデア》と《ナクソス島のアリアドネ》からの影響を示している。この作品の筋立ては、モーツァルトがその後作曲した《後宮からの逃走》に連なるものであるが、《後宮からの逃走》は、ヒラーらのジングシュピールの様式ともウィーンのウムラウフらの様式とも異なり、ジングシュピールの様式の中にイタリア・オペラのアリアの伝統を融合させた新しいスタイルを示している。

さまざまな様式の総合という意味で《魔笛》は、十八世紀のオペラの頂点を極めている。旅巡りの一座の座長シカネーダーの台本になるこの作品は、フリーメーソンの思想や啓蒙主義の思想を織りまぜた内容で、ウィーンの大衆演劇の要素や民謡調の音楽とともに、イタリアのオペラ・セリアの要素を効果的に組み合わせている。パパゲーノやモノスタートスは大衆的な側面を見せているとすれば、試練の場面で登場するアルカイックなフーガの手法はそれとは好対照を見せている。

■モーツァルト没後のウィーンのオペラ

ウィーンのオペラ史はモーツァルトの《魔笛》の作曲と彼の死によって一つの時代を締め括った。モーツァルトの死後、シカネーダーはウィーンでの魔法物の人気を受けて、大衆受けのする魔法劇やオペラの台本を続々と発表する。上記の《アルカディアの鏡》もその一つで、シカネーダーはこれをモーツァルトの弟子のジュスマイヤーに作曲を依頼し、上演は成功を博する。そのほかハイベルが作曲を担当した《チロルから来たヴァステル》はチロルの田舎とウィーンの都会を比較して、純朴で自然な人間を賛美する内容で評判を呼んだ。そのほかシカネーダーは、《魔笛》と類似した内容の、《地獄の山と試練と報い》（一七九五年）、《バビロンのピラミッド》（一七九七年）、《ラビリンス》（一七九八年）、《パパガイ（鸚鵡）とがちょう》（一七九九年）を発表する。さらにシカネーダーはやはり魔法劇の《ヴェスタの火》の台本をベートーヴェンに提供して作曲を依頼するが、それは拒否された。

一八〇〇年をすぎる頃からウィーンのオペラの傾向は変質を見せ始める。たしかに一八二〇年代、三〇年代においても魔法物はウィーンの演目の主たる傾向を代表しているのは事実で、ベートーヴェン晩年の一八二五年の出し物を見ると、フォルカト作曲の《魔法の女》、ミュラーとドレクスラー作曲の《おとぎの森の魔法の眼鏡》、ルービン作曲の《魔法の角笛》、グレーザー作曲の《アルミーダ、オリエントの魔女》などおびただしい魔法物が上演された。この魔法オペラの作曲家の一人にフランツ・シューベルトもいた。一八一三〜一四年に彼が作曲したジングシュピール《悪魔の悦楽城》は、ウィーンのこの伝統を継承している。しかし、これら魔法劇の流行と時を同じくして、十九世紀初めにふたたびフランスのオペラや戯曲が愛好されるようになった点は重要である。ベートーヴェンの《フィデリオ》の作曲は単にベートーヴェンの個人様式の問題にとどまらない大きな問題を担っている。このオペラは、地の台詞を用いるという点でジングシュピールの伝統を継承しているが、その様式は魔法劇や道化芝居の系統のジングシュピールとはまったく性格を異にしている。むしろここでの問題は、なぜベートーヴェンがフランスのブイイ原作の台本に作曲したのかという点である。フランス革命後、ウィーンはフランス革命思想のウィーンへの影響を警戒していた。それにもかかわらず、劇的な筋立てをもつフランスのオペラや台本がウィーンに流入し、荒唐無稽なジングシュピールに飽きたらなくなった観客は、筋立てのしっかりとしたフランス・オペラに関心を持つようになるのである。メユールの《エジプトのヨセフ》やとりわけケルビーニの《二日間》(ドイツ語訳版では《水汲み人夫》)は、ベートーヴェンに強い影響を及ぼしたことで知られる。ベートーヴェンへのフランス音楽の影響はオペラに留まらず、オーケストラと合唱という編成の交響曲第九番の「歓喜の合唱」について、フランスで盛んに執り行われた革命式典のための巨大編成のカンタータとの影響関係が指摘されている。

ベートーヴェン晩年の一八二五年から翌年にかけてのウィーンの諸劇場での演目を例にとると、グレトリーの《青髭ラウール》、ボワエルデューの《白衣の婦人》、《伯母オーロール》、《村の新しい殿様》、《投げ出された御者》、ボクサの《為替手形》、オベールの《城壁と錠前屋》、《レスター》、ボネの《嫉妬しあう人々》、ガヴォーの《喜歌劇歌手と洋服屋》、ダレイラクの《神々の食物》、《アドルフとクラーラ》等々のフランス物が目白押しに並ぶ。

魔法劇やフランス物の人気に加えて、一八一〇年代後半からロッシーニのイタリア・オペラがウィーンにも押し寄せ、こうした種々のオペラが錯綜するなかでむしろウィーンは、オペラの一大消費都市となったが、この町は歴史に残るオペラ作曲家を輩出しなくなる。ウィーンにおいてオペラ創作が再び本格化するのは、一八七〇年以降、オッフェンバックの影響下にヨーハン・シュトラウス二世がオペレッタの作曲を開始してからである。そして彼のオペレッタには、即興劇の要素も含めて、十八世紀後半のウィーンのジングシュピールの伝統の遠い反映を感じることが出来る。

注

（1）テアトロ・ファルネーゼはラヌチオ一世ファルネーゼの依頼で、ジョヴァンニ・バティスタ・アレオッティが一六一八年に建設した劇場で、建設の十年後にオドラルド・ファルネーゼとメディチ家の出のマルゲリータ・メディチとの結婚式の折に開場した。この劇場はピットの部分や平土間の部分の有効な利用のほかに、舞台の枠ともいうべきプロセニアム・アーチを設けたことでも、その後の舞台設計に影響を与えた。馬蹄形の劇場の形態はその後のオペラ劇場の原型となったもので、平土間の部分は客席になるだけではなく、そこを舞台に用いてバレエなどの大人数の出演者の演技空間にも応用することが可能である。舞台の構造については次の文献を参照のこと。清水裕之『劇場の構図』鹿島出版会、一九八五年。

（2）光は舞台芸術での最高の演出手法であったといえる。光の手段は蠟燭が主であるが、瞬間的な明るさを得るためにマグネシウムや硫黄を用いることもあった。その点、野外劇場は松明を用いて、しかも大人数の登場人物を登用できる点で便利であった。しかし、光の効果は劇場の舞台でのさまざまな機械仕掛けを用いることで一層のその効果を発揮するところもある。野外劇場に関しては次の文献が参考になる。Meyer, Rudolf: *Hecken- und Gartentheater in Deutschland im XVII. XVIII. Jahrhundert*. Heinr. & J. Lechte, Emsdetten, 1934

(3) ヴェネツィアでは公開演奏会が開催されたが、劇場の運営は観客が座席の権利を購入する形で行われるために、座席は代々家系で固定されており、入場料さえ払えば誰でも観劇できるものではなかった。この形態は形を変えてその後も定期演奏会でも見られる。一七一九年に発足したロンドンのロイヤル音楽アカデミーも出資者を募って運営された。

(4) ザルツブルクの大司教ヒエロニュムス・コロレードはモーツァルトとの確執でその名が知られるが、彼は合理的な啓蒙主義者であり、また現実主義者でもあり、ミサ曲の簡略化は啓蒙主義の思潮に基づいた施策であった。しかし、コロレードはオペラを縮小する方針は当初は持っておらず、一七七五年には七百人収容の劇場を開設している。彼の施策にはいくつか不可解な点があるのも事実である。まず、劇場を開設したその年にコロレードはイタリア・オペラを禁止しているが、彼は、本文にもあるように一七七七年に破格の給料でイタリア・オペラの作曲家と契約し、《魔笛》の台本作者で一座の座長であるシカネーダーと一七八〇年末まで興行の契約を結んでいるからである。ザルツブルクのオペラ興行については次の文献を参照。Schneider, Constantin: *Geschichte der Musik in Salzburg von der ältesten Zeit bis zur Gegenwart*. Kiesel, Salzburg, 1935. 西原稔「宗教都市ザルツブルグとモーツァルト」、『モーツァルト事典』東京書籍、一九九一年、九七−一〇二頁。Boberski, Heiner: *Das Theater der Benediktiner an der alten Universität Salzburg (1617–1778)*. Österreichische Akademie der Wissenschaft, Wien, 1978.

（5）ゴットシェートの詩学はバッハのカンタータの作曲にも影響を及ぼした。この点についてはF・スメント、P・ミース『バッハのカンタータ』（角倉一朗、高野紀子訳）白水社、一九八〇年を参照。またゴットシェートの演劇論とその影響、およびノイバーについては次の書物を参照。永野藤夫『啓蒙時代のドイツ演劇――レッシングとその時代』東洋出版、一九七八年。

（6）レッシング『ハンブルク演劇論　上』奥住綱男訳、現代思潮社、一九七二年、二一三頁以下。なお、シャイベの作曲した作品は一部を除いて多くが失われている。

（7）ウィーンの舞台で上演された演目についてはバウアーの編纂した網羅的な目録でその全体像を把握することができる。Bauer, Anton: *Opern und Operetten in Wien. Verzeichnis ihrer Erstaufführungen in der Zeit von 1629 bis zur Gegenwart*. H. Böhlaus, Köln, 1955. この目録はイタリア・オペラやフランス・オペラがどのようにウィーンに流入していったのかを如実に物語ってくれる貴重な資料である。

（8）宮廷の財政破産が最初に訪れたのはウィーンである。一七〇八年から一七三八年までの間、ウィーン宮廷は宮廷楽団（宮廷詩人や舞踊家、演出家などを含む）に対して年間平均十一万フロリンの給与を支払っていた。一七四〇年にカール六世が亡くなると、宮廷の財政状態の窮乏を前にマリア・テレジアはこれまでの壮麗なオペラを廃し、音楽家の人員と給料の削減をせざるを得なくなる。一七四一年には八万八七一〇フロリン、一七五一年には五万フロリン強、そして一七七二年には二万フロリン以下にまで人件費が削減される。一七七二年に宮廷楽長に就任したガスマンが、「寡婦と孤児のための演奏会」を開催したのは年金者への年金支払いの財源にするためであった。この演奏会は市民に公開されたことから、市民のための音楽提供の役割を果たすことになる。この点については次の文献を参照。Köchel, Ludwig Ritter von: *Die Kaiserliche Hofmusikkapelle in Wien von 1543–1867*. Beck'sche Universitäts-Buchhandlung, Wien, 1869.

(9) これらの道化役者については次の文献を参照。Honolka, Kurt: *Papageno—Emanuel Schkaneder. Der grosse Theatermann der Mozart-Zeit.* Residenz Verlag, Salzburg und Wien, 1984.

(10) ハンブルク国民劇場はドイツ演劇を旗印に立ち上げられたが、上演された一一一編のうち、ドイツ演劇は二九編にすぎず、一七六九年には財政的に破綻した。この点については以下の文献を参照。永野藤夫『啓蒙時代のドイツ演劇――レッシングとその時代』東洋出版、一九七八年、および、hrsg. von Max W. Busch und Peter Dannenberg: *Die Hamburgische Staatsoper 1 1678 bis 1945 Bürgeroper–Stadt-Theater–Staatsoper.* M. T Verlag AG, Zürich, 1988

(11) モーツァルトの《魔笛》のパパゲーノの有名な「おれは鳥刺し」は、モーツァルトの作曲ではなく、シカネーダー作曲との指摘もあるように、初演時には劇団員が歌ったアリアは旋律や音程が単純で、夜の女王のアリアとはまったくその様相を異にしている。ジングシュピールではさまざまなアクロバットが行われ、人々の喝采をかったが、それらの特別の出し物については出演者に特別料金が支給された。例えば新作でアリアを歌う場合は十二フロリンで、その再演の場合は六フロリンが支給され、曲技では一回の宙乗りごとに一フロリン、水中飛び込みに一フロリン、高飛びや変装ごとにやはり一フロリン、平手打ちをされる場合は三四クロイツァー等々といった具合である。この点およびウィーンの演劇全般も含めて次の文献を参照。原研二『十八世紀ウィーンの民衆劇――放浪のプルチネッラたち』法政大学出版会、一九八八年。

(12) ヨーゼフ二世は一七七八年、ブルク劇場を国民劇場として、ドイツ演劇やオペラの確立を目指す。同劇場はジングシュピールなどのドイツ語の出し物を舞台にのせたが、質の高い演出が出揃わないなか、やがてイタリア・オペラが再び取り上げられるようになる。皇帝は一七八八年にイタリア・オペラへの助成金を打ち切り、それ以降、この劇場でのオペラはふるわなくなる。一方、ケルントナートーア劇場は一七七六年から宮廷の直接の監督下におかれ、皇帝が経営を裁可するようになる。一七九〇年ころからはブルク劇場は演劇を主とし、ケルントナートーア劇場はオペラやバレエの公演に用いる慣例が生まれた。その結果、おそらく二つの劇場の管弦楽団が共通化していったのではないかと思われる。この二つの劇場については次の文献を参照。Zechmeister, Gustav: *Die Wiener Theater nächst der Burg und nächst dem Kärntnerthor von 1747 bis 1776*. Hermann Böhlaus, Wien, 1971. Michtner, Otto: *Das alte Burgtheater als Opernbühne von der Einführung des Deutschen Singspiels (1778) bis zur Tod Kaiser Leopolds II. (1792)*. Hermann Böhlaus, Wien, 1970.

6 学際都市ウィーン

◎檜山哲彦

一 新たな時代の風

■未知の時代の空気を言葉でたぐる──ホーフマンスタール

「時代の空気」としか名付けようのない何かがある。人間はそれを吸って、われしらずのうちに、自分の感じ方・考え方を育んでいる。その一方ではまた、みずから呼吸することによってその空気の濃度を高めることもしている。

「ウィーン世紀末」と呼ばれる時代のそうした空気は、たとえばこんな詩に見てとることができるのではないだろうか。

葉のない並木路《なみきじ》を　はしりゆく春の風　あやしいけはいを　そよぎにひめて／
泣き声あるところに　揺れてたゆたい　みだれた髪に　身を添わせ／
アカシアの花を　揺り散らし　息づき燃える肢体の　熱をしずめ／
声たてて笑う唇《くち》に　かるく触れ　目覚めのやわらかな　野を吹きわけ／
横笛をすべりぬけ　むせびの声となり　明けゆくあからみを　かすめとびゆき／
ささやきの部屋を　音なく吹きぬけ　身をかたむけて　吊灯《つりとう》のあわいあかりを消した／
葉のない並木路を　はしりゆく春の風　あやしいけはいを　そよぎにひめて／
たいらかな　葉のない並木路を　風の駆りゆくは　色あわき影／
このひと夜　はるかより　はこびきし　ほのかなかおり

「早春」と題し、十八歳で発表したこの詩を、ホーフマンスタールは自信をもって『詩集』(一九〇三年)の巻頭においた。

春風がはらむあやしいけはい〔seltsame Dinge：字義通りには、不可思議なもの〕とはいったい何か？　読む者に疑念を抱かせながら、春風の触れてきたさまざまな情景が点描されてゆく。一方にあるのは夜更けから朝にかけての自然の情景。また一方には、人と人とが織りなす営み。こちらは、いささか思わせぶりながら、どれもみなエロティックな夜の場面と、悲喜こもごもの心のドラマを暗示する光景だ。

❶ホーフマンスタール〔未知の時代の空気を捉える語り口を求めて言葉を彫琢した詩人〕

これら自然と心情の風景を織り合わせたのち、リフレインを挟んで、結末の二節で「あやしいけはい」の謎解きがおこなわれる。だがそれは、影であり薫り、だという。文字通り風に乗ってめぐりめぐったあげく、またふたたび「けはい」なのである。謎は解かれないまま謎にとどまり、詩は不思議な雰囲気をたもちつつ開かれたまま完結する。

若いホーフマンスタールは、自分を取り囲む空気を正直に描き出そうとしたのだろう。そのときごく自然に、「風」という摑みどころのないものが選び取られた。落ち《ポワント》はいらない。たとえ一時的であれ解き明かすべきものでもなく、いやそもそも解き明かせるものではない。空気を容れる空間を、「風」という流れ動くものによって描き出すだけでいい。割り切りうる明瞭さはおのずと遠ざけられ、曖昧さ、とはいっても、実体感のある曖昧さ、手応えのある謎をその空間に封じこめることが眼目となった。

謎めいた空間の描写はしかし、ひとりこの詩ばかりにはとどまらない。そのものずばり「世界の秘密」と題され、秘密の世界を語る詩もある。「わたしたちの言葉のなかにそれはある／乞食が踏む砂利は／宝石をとじこめた地下牢」。また別の詩にはこうある。「わたしたちは夢と同じ生地でできている／〔……〕そして、人と物と夢、三位は一体」

最初の短篇小説『第六七二夜のメルヘン』にあっては、この空間が、行方を見失った主人公の彷徨《さまよ》い歩く場末の迷宮として描き出される。自分では捉えることのできない心の迷路が、そっくりそのまま外の風景となって主人公を惑わせたあげく、否応なく理不尽な死に至らしめる。続く短篇『騎兵物語』ではさらに、時間の流れの停滞した異次元の空間そのものが中心に据えられる。白昼夢にもひとしいこの空間で、主人公は自分の分身に出会ったのち、みずからの高慢な心が引き寄せたというほかない死を迎えることになる。

あるいはまた、この両短篇に先立つ詩劇『痴人と死』。死神の来訪を受けた主人公は、生と死のかかわりをじかに言挙げして死んでゆく。「この生は死も同然だ。死よ、今度はおまえが俺の生になれ。[……]死にゆくときはじめて俺は感じる、俺は存在する、と。たとえば夢見る者が夢の感覚の過剰にめざめることがあるように、俺はいま、生の夢の感覚にあふれ、死へとめざめゆくのだ」

みずからが言う「人と物と夢の三位一体」よりむしろ、「生と夢と死の三位一体」という方が、ホーフマンスタールの思いに近いだろうか。生と夢と死がからみあい、渾然一体となっている不可思議な領域はしかし、既成の物の見方では捉え切ることができない。その領域とじかに接している人魂の状態は、従来の言語表現でもって描き切ることはできない。時代の空気のなかで醸成される人間存在の謎と向きあおうとすれば、おのずと新しい語り口が必要になってくる。

この問題に対してホーフマンスタールは、『チャンドス卿の手紙』をもってひとつの姿勢を見出そうとした。「判断を表明するためには必要な抽象的な言葉が、腐れ茸《たけ》のように口のなかで崩れてしまい」「なんでも単純化してしまう習慣的な眼差し」をもっては人の営みを捉えることができなくなり、「すべてが部分に、部分はまたさらなる部分へと解体し、もはやひとつの概念で包括しうるものはない」というのが現状だ。

が、その一方でしかし、ふだん見慣れている事物や生き物、光景などが、とつぜん溢れんばかりの生命に満たされる瞬間がある。自分の「生と死、夢と覚醒とを貫く流体」が一瞬のうちにそれらのうちに流れこみ、一体となり、無限を感じることもある。だが、この経験をそのまま言い表わす言葉はない。

既成の言語は役に立たない、未知の言語は存在しない――ふたつの「ない」に挟まれた中間地帯で揺れつづける姿勢をこそ、『手紙』はあるべきものとして語ってやまない。いうなれば身ぶり言葉、身体言語。光に照らされた明瞭な輪郭をなぞるのではなく、闇に包まれた見えないものを喚び起こし、語りうる言語である。

すでにして『痴人と死』の末尾で、死神はこう語ってもいた。

思えば、人というのは不思議なものよ
解きえぬものを解きあかし
書かれぬものをも読み
もつれかえったものを自在に結びあわせ

ついには、永劫の闇のなかにも道を見出すのだ

■無意識の世界にメスを入れる――フロイト、マーラー、シュニッツラー

フロイトの『夢判断』（一九〇〇年）と『チャンドス卿の手紙』（一九〇二年）が相前後して、ウィーンで出版されたのは偶然ではない。いずれも、それまで語られなかったもの、隠れていたもの、解かれなかったものがあらわにされてゆく時代の空気を呼吸していた。

シュニッツラーの諸作品も、そこに加えるべきだろう。そこでもまた、ドイツ文学でははじめて「内的独白」という手法が用いられ、人間の無意識のうちにひそむ「いま一人の自分」の存在があらわに描き出された。

フロイトは論文のなかでシュニッツラーに言及した。また、一九〇六年いらい手紙のやりとりをしながらも直接会うのを避けてきたのは、自分の分身（ドッペルゲンガー）を見出すのではないかという恐れからだった、と、のちにシュニッツラー自身に書き送っている。

私が苦労の研究のすえ他の人々のうちに発見したすべてのことを、あなたは直感によって――鋭くきめ細かな自己観察によって知っておられる。［……］あなたはその本質において一個の深層心理学者、偏見に煩わされることなく、いかなる真実の前にもたじろがぬ勇気の点にあって比類なき深層心理学者であられる。（一九二二年）

「自己観察」とはしかし、またフロイト自身の方法でもあっただろう。『夢判断』においては、他人の夢もさることながら、みずからの夢の徹底した分析をおこなうことにより、神経症患者にも健常者にも共通する心のメカニズムを発見しようとするのである。『夢判断』の翌年に出版された『日常生活の精神病理学』という本の題名それじたいが、そのあたりの経緯を示唆している。

自由連想という方法によって、心の隠された（「抑圧された」）領域に到達し、病いの根元を見出そうとする心理治療法を、フロイトは「精神分析」と名付けた。心にかかわるこの新しい見方、新しい語り方が、この時代のウィーンにあって、限定的とはいえすでに受け容れられ、また逆に求められてもいたということは、たとえばフロイトとマーラーとの出会いのうちに見ることができる。

一九一〇年、といえば死の前年にあたるのだが、この年の夏、マーラーは別荘のある南チロルからオランダのライデンに向かった。休暇中のフロイトに会って診察を受けようという、とんぼ返りのヨーロッパ横断の旅である。

結婚して八年が過ぎたこの年、妻アルマと若い建築家ヴァルター・グロピウスとの恋が表沙汰になった。熱烈なラヴレターがマーラーの眼にはいるばかりか、二三歳年下の当人が別荘のある町に姿を現わした。アルマからは、「この何年ものあいだ、あなたは自分

❷《左》シュニッツラー　《右》フロイト
〔無意識のうちに潜むもう一人の自己を探究した作家と精神科医〕

の使命感にのみとらわれて、愛を求める私になぞ眼もくれなかった」と、憤懣をぶちまけられた。マーラーは非を認め、妻を失うのではないかという不安にさいなまれ、極度の精神不安におちいっていた。

この状態で作曲していた交響曲第十番、第二楽章スケルツォ部分の草稿には、こんな言葉すら書きつけてある。

悪魔がこれを私と踊るのだ、狂気よ、私をとらえよ、呪われし者を！　私を滅ぼせ、生きていることを忘れんがために！　存在するのを止めんがために……

あるいはまた、葬送曲を思わせるページにはこうある。「おまえにのみこの意味がわかる！　ああ……さようなら、私の竪琴〔アルマの愛称〕よ！　さようなら……」

休暇でウィーンを離れているフロイトには、アルマのいとこでウィーンに住む神経科医リヒャルト・ネパレクが連絡をつけた。夫の状態を見かねたアルマがいとこに相談をもちかけたのか、それともマーラー本人がじかに相談して仲立ちを頼んだのか。アルマの回想録には、マーラー自身がそれまでずっと神経症めいた生活を送ってきたことを自覚し、とつぜんフロイトに相談しようと思い立った、とあるが、これは意図的なぼかしでもあるだろうか。

いずれにせよ、心の問題の相談相手として、同じユダヤ出自ということも手伝っているだろうが、「精神分析」のフロイトが選ばれ、はるかライデンの地で市内を散歩しながら、四時間の話し合い＝診察が行なわれることになった。

私は奥様を存じあげています。奥様は父上を愛しておられた。そこで、もっぱら父上と同じタイプの男性を求め、そういう人しか愛せない〔アルマのコメントによれば、小柄で、痩せて、頭がよく、精神面で秀でた男性〕。あなたはご自分の年をずいぶん気にかけておられるが、それこそが奥様にとってはまさにあなたの魅力なのです。御憂慮にはおよびません。あなたの方といえば母上を愛し、どんな女性のうちにも母上のタイプを求めてこられた。母上はやつれて病みがちだった。奥様もそうあってほしい、とあなたは無意識のうちに望んでおられるのです！

フロイトはそして、マーラーの母親がマリーという名であることを言い当てた。「あなたの人生にあって母上は支配的役割をはたしてきたのに、どうしてアルマという別の名の女性と結婚することになったのでしょう？」

アルマのフルネームははたしてアルマ・マリア。かつて自分が妻を「マリー」と呼ぼうとしたことがあるのを思い出し、マーラーは図らざる一致に驚いたという。

一度として精神分析に触れた経験がないのに、マーラーほどすばやくすべてを理解した人はいない、とのちにフロイトは語っている。治療を受ける側が自由な連想によってみずからを語ってゆく、というやり方をすぐに呑みこんだということだろう。その分析の結果は、妻にはファザーコンプレクス、夫にはマザーコンプレクスがあり、相重なる面をもち、相補いうる、というのである。

これらの言葉が日常化している今日の眼からすればむろん、いささか単純で図式めいて見える。だが、こうした解明の仕方は精神分析なるものが登場して間もない時代にあって、新しい心の捉え方としてじつに新鮮で刺激的だったにちがいない。

さもなければ、フロイトの言葉ないし治療法に触発されて、マーラーがフロイトとの会話のなかで即座に自己分析をしてのけるということは起こらなかっただろう。自分の音楽において、気高い情緒の楽節を保とうとするとき、ありきたりの旋律がはいりこんで台なしになる理由がわかった、というのである。

幼い頃、身体の不自由な母を父親が手ひどく殴りつける光景に耐え切れず、家をとび出すと、ちょうど通りで当時のはやり歌「愛《いと》しのアウグスティン」が手回し風琴《オルガン》で演奏されているのに出会ったことがある。それいらい深刻な悲劇と軽薄な慰みとが、自分のなかで背中合わせになって定着したのだろう、云々。

この自己分析がマーラー自身の音楽について正鵠を射たものであるかどうかはさておこう。マーラーはフロイトの分析を納得して受け入れるばかりか、その方法に触発されて自分の心の見えない部分にも眼を向けて、なにはともあれ心の均衡を取り戻すことができた。同時に、これが焦眉の急だったのだが、妻に対する愛情のありかを見定め、自信を取り戻した。それからというもの、作曲途中の五線譜に愛の言葉を書きつらねたり、十年前のアルマの歌曲を引っぱり出してほめちぎってみたり、八番交響曲の出版譜にアルマへの献辞をいれたり、と余命わずか一年足らずのあいだ懸命な努力を傾けることになる。ほんの四時間とはいいながら、対話による療法の効果はじつに劇的なものだった。

こうして治療を受ける者自身がすすんでみずからの過去を掘りおこし、無意識のうちに沈みこんでいるものを言葉で言い表すことにより「自己発見」へと至る過程は、なにやら、一本の赤い糸を手懸りにして人生の一断面を描こうとする短篇小説の手法に似てはいないだろうか。

じじつフロイト自身、すでに最初の著書『ヒステリー研究』(ブロイアーとの共著、一八九五年)において、ここに綴られる患者の病歴史が小説のように読めてしまい、科学論文には見えないかもしれない、と言いつつ、それは扱う対象の性質に由来するものだ、と弁明している。

同じく医学を学んだシュニッツラーを、フロイトが「わが分身」とみなす理由はこのあたりにもあるだろう。先に引用したのと同じ手紙には、こんな言葉もあるくらいなのだ。

人々がペシミズムと呼ぶあなたの宿命論と懐疑、無意識界のさまざまな事実や人間の本性にひそむ衝動的性格があなたの関心を深くとらえていること、あなたが文化的・伝統的に確かだとされていたものを片端から解体してゆかれ、愛と死とは両極をなしているという考えを執念深く追究されていることなどなど、これらすべてが、不気味なまでの親近感で私の心を揺り動かしました。

ここに先の引用箇所が挟まったのち、こう付け加えられる。

もしあなたにそうした〔深層心理学者という〕性格が潜んでいなかったならば、あなたの詩人としての才能、言語を駆使する能力と造型力は、ぞんぶんに羽を伸ばすことができ、結果として、あなたは今よりははるかに大衆の需《もと》めにマッチする文学者になっておられたことでしょう。

自分の語り口は科学者のようではない、一方、シュニッツラーの物の見方は詩人というよりむしろ科学者に近い。フロイトには、時代のなかの自分の位置がよく見えていた、というべきだろう。自分の語り口をもってしなければ、この時代の人間をとらえている病いの源にたどりつくことは出来ず、それを治療することはかなわない。しかし、この語り口は従来の医学・科学の型にはあてはまらず、ある人々には受け容れられるとしても広く是認されるものではない。「今よりははるかに大衆の需めにマッチする」という言い回しのうちに、そうした自分の方法に対する自負と不安の心の機微をうかがうことができるだろう。ついでながら、シュニッツラーはのちに、自分は詩人のタイプではなく自然科学者のタイプに属す人間だ、と語っているが、これはフロイトの手紙に触発された自己認識であるかもしれない。

二　閉塞する伝統に挑む

■先端医学のメッカにはびこる治療ニヒリズム

一八五六年生れのフロイトは十七歳の年にウィーン大学に入り、医学を学びはじめるが、十九世紀なかばのウィーンは、ヨーロッパにおける「医学のメッカ」とみなされ、第二の隆盛期を迎えていた。

第一の隆盛期といえば、そこから遡ること百年、十八世紀なかばにマリア・テレジアが、当時の医学先進国オランダからヘラルト・ファン・スヴィーテンをみずからの侍医として招いたときにはじまる。

スヴィーテンは医学部長にも任じられ、大学を宗教界から国家の管理下に移して、近代化に向けての大学の改革を行った。臨床授業を取り入れて履修要項を改正し、解剖講義用の講堂、化学実験室、薬事用の植物園を開設するなど、制度・設備の両面にわたる充実をはかった。医療の現場にあっては、日々の検温によって世界で初めて「標準体温」を割り出すほか、従来はカトリック教会によってタブーとされてきた死体解剖を行い、病因をじかに突きとめる道を開いた。臓器における病因が明らかになることにより、それまで中世以来のヒポクラテス流「体液説」にもとづいていた診察とは打って変わって、診断のさいの精度が飛躍的に高くなった。

これら一連の改革は、教会領に課税するなど、ちょうどローマ・カトリックと対決しはじめていたマリア・テレジアの後ろ盾があってのことだが、その息子ヨーゼフ二世が創設したウィーン総合病院もまた小さからぬ役割を果たした。患者全員に専用ベッドが与えられるため、病気の推移を実証的に追うことが可能になったのである。

対ナポレオン戦争後、メッテルニヒによる復古体制のもとでしばらくの停滞期があったのち、再び隆盛の時代がやってくる。カール・ロキタンスキーがスヴィーテンのあとをうけて、三万体とも八万体ともいわれる死体の病理解剖を行い、ヨーゼフ・スコダがその膨大な資料を体系づけて近代的な診断学を確立した。スコダはさらに診察のさいに胸部打診法を積極的に採りいれ、広く普及させた。また、ヨーゼフ・ヒルトルの研究室で作成される人体解剖標本は世界中に輸出された。

咽頭鏡、胃内視鏡、血圧計といった医療器具もこの時代にあいついで発明され、眼科では、フェルディナント・アルルトが近視の原因を発見したことをうけて、「標準視力表」が作られ、眼鏡を標準的に処方することができるようになった。

外科の領域では、ドイツ生れとはいえ、ウィーン医学の名を高からしめたテオドール・ビルロートがいる。ブラームスや音楽評論家エドゥアルト・ハンスリックとも親しくつきあい、みずからも素人離れした演奏家であったが、エーテルとクロロホルムを用いる麻酔法を開発して、新しい外科技術を確立した。ヨーロッパ各地から外科医が集まって、手術の現場で講義をうけ、胃の切除手術においては今日でもなお、「ビルロートI法・II法」という名の手術法が行われている。

外科ではまた、「整形外科の父」と称されるアドルフ・ローレンツ〔動物生態学者コンラート・ローレンツの父〕を挙げるべきだろう。消毒法が徹底していない時代にあって、ローレンツはメスを用いないで済む「無血」外科治療を考え出し、先天性腰痛炎の電気療法、先天的股関節脱臼のギプスによる治療などを行った。

その他、ABO型の「血液型」を発見して、大量の輸血を伴う手術への道をひらいたカール・ラントシュタイナーなど、この時代のウィーン医学の隆盛を彩る名前は枚挙にいとまがない。その一方ではしかし、生前にはその真価を認められないまま埋もれてしまった名前もある。

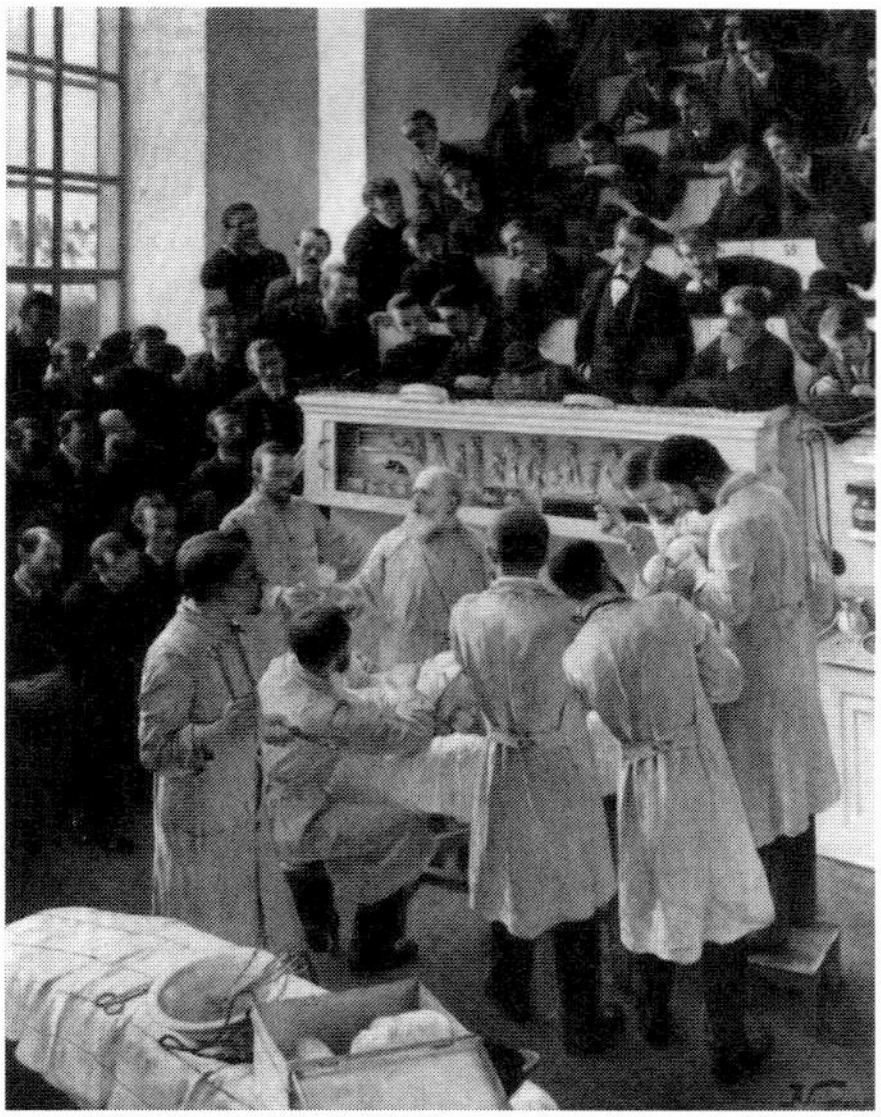

❸ビルロートによる解剖講義〔現代医学に通じる道を切り拓いたパイオニアの一人〕

その代表は、ウィーン総合病院の産科医イグナーツ・ゼンメルヴァイス。産褥熱による妊婦死亡率が約二五パーセントに達しているのに疑念を抱いて、その感染経路が、こともあろうに病理解剖をしたまま妊婦を診察する医者の手にあることを、ゼンメルヴァイスは突きとめた。対応策として、みずから考案した塩化石灰水による手の消毒を徹底させることにより、死亡率を激減させるのに成功する。だが、今日から見ればごくあたりまえのこの方法は上司に受け容れられないばかりか、ゼンメルヴァイスは、四八年革命に同情的だとか、ユダヤ人であるとか、謂れのない批難をうけて冷遇されたのち、生れ故郷のブダペストに戻り、その消毒殺菌法の理念が世界的に認められる数年前に生涯を終えることになる。

むろん、今日でもアカデミズムの世界にまま見うけられるたぐいの、新しいものへの拒否、伝統墨守の風潮、さらには人間関係における摩擦、といったものも関係してはいただろう。だが、ゼンメルヴァイス排斥の背景にあるのはむしろ、何をもって医学の目的とし、医者の使命とするか、という姿勢の問題であるようだ。人の命を救うのか、それとも研究を第一とするのか。

ウィリアム・ジョンストン（『ウィーン精神』）は、十九世紀後半のウィーン医学界には診断優先・治療軽視の風潮が蔓延かつ定着していた、と言い、それを「治療ニヒリズム」という言葉をもって説明しようとする。医者ないし医学の使命はもっぱら、実証と経験にもとづいて病気の原因をつきとめ、病気を正確に診断することにあり、治療は二の次、いやむしろ、治療を価値なきもの虚《むな》しきものとみなす態度である。

およそ一八五〇年前後から七〇年あたりにかけて頂点を極めたというこの姿勢は、一世代前のウィーン医学界に導入された「待期療法」という考え方から生まれてきた。病気は薬物を用い、あるいは人工的な手段を用いてむりやり治すものではない。人間の身体にはもともと自然な治癒力が備わっており、いかなる形であれ医者の手が加わるとその力を歪めてしまうことになる。自然が直してくれるまで待っていればよい。

この待期療法それじたいはしかし、必ずしも否定的なものではない。むしろ、それ以前に行われていた非科学的な治療法、たとえば瀉血やヒルによる吸血、あるいは効能のはっきりしない薬の投与など、中世以来の治療法に対する批判のうちから生まれてきた。いうなれば、従来の方法を全面的に否定するために、急転回をはかってブレーキを引いた、というかたちだが、しかしこと治療面にかんしてはブレーキは引かれたままにとどまり、「何もしないことこそ最良の方法」という、待期ないし無介入の姿勢を生む結果となった。

ロキタンスキーが解剖したという死体の数を思ってみるがいい。ウィーン総合病院の助手になった二〇代から晩年にいたるほぼ五〇年のあいだに三万体ないし八万体、というのだ。数字の大きな差はおそらく部位解剖を数え入れるかどうかによるのだろうが、少なく見積もっても年に六〇〇体とは、解剖に明け暮れる日々を彷彿とさせるに足る数字である。

その成果として、ロキタンスキーヘルニア、ロキタンスキー腫瘍など、その名を冠した病名が今日にまで残ることになった。数を重ねる病例の徹底した研究、そしてそれにもとづいて厳密な分類が行なわれた結果であるだろうが、そうなればこそ逆に治療がなおざりになるのもむべなるかな。

とはいえ、患者を症例としてのみ見、厳密な診断を目指すばかりで、その成果を治療に役立てようとしない態度には、なにやら「芸術のための芸術《ラール・プール・ラール》」にも通じるような、閉鎖的自己充足感、自己神聖化といった趣きが感じられなくもない。むろん、十九世紀後半以降、人文・社会・自然を問わずもろもろの科学が自立するのにともなって、各学問分野において分化と深化が追求されたことの一例、というならその通りではあるにしても。

だが、ほかならぬ人間を相手にする分野にあって、こうした追求の姿勢をとりつづけるなら、ことは人間それじたいの軽視、生命の軽視へと至らずにいなかった、ということである。

■真正の音楽表現を求めたマーラーがもたらした革新

こうした人間生命軽視の風潮、敷衍していうなら現実軽視、現実の人間軽視の風潮は、ひとり医学界のみならず、大きく見ればこの時代のウィーン社会にもひろく影響をおよぼしていた。これは、バロック時代以来の現世感ともいうべき「死を忘れるな《メメント・モリ》」、いうなれば生と死の共在——死はすでに生のうちにあるのであり、また、生は死をもってはじめて完全なものとなる、という考えにも由来するものである。この時代におけるその端的な表われのひとつが、先に見た若きホーフマンスタールの言葉だろうが、こうした考え方からは、現在をあるがままに受け入れ現世を無批判に肯定する態度、変化を忌避する現状維持の態度が生まれてこずにはいない。

だが反面ではしかし、獅子身中の虫というべきか、まさにそうした態度そのものに抵抗し、そうした態度を打ち破ろうと戦いを挑む者たちをも、この時代の空気は生まずにいなかった。変化を求め、現状とはちがう新しいものを求めようとした者たちがこぞって生み出したものこそ、「ウィーン世紀末」を冠される一文化期にほかならない。

❹マーラー〔あるべき音楽を真摯に求めて伝統の創造的破壊をなした求道的音楽家〕

たとえば、ときには「伝統とは怠惰にほかならない」というきつい言葉をも言い放って、ウィーン宮廷歌劇場の改革に取り組み、「歌劇場の黄金の十年」と称される一時代を作りあげることになったマーラーもそのひとりである。

マーラーは従来のレパートリーを改変して充実させた。それまで縁故で雇われることもあった歌手や演奏家を、力量に従って入れ替えた。作品はハイライトでなく通しで演奏することにした。オペラにおいては、歌手に役者としての能力を身につけさせ、舞台装置をも一新しようとした。

舞台や演奏にかかわることばかりではない。マーラーの改革は観客席にも向けられた。たとえば、オペラの上演中は観客席を暗くして舞台を際立たせた。観客の注意が舞台よりはむしろ貴族をはじめとする客の方に向きがちになるのを防ごうとしたのである。逆に、注目を集めようとして遅れて来る客は次の幕間までホールの外で待たせた。あるいはまた、スター歌手に拍手喝采をおくるべく金で雇われる「さくら」を厳しく禁じることもやってのけた。これでは、歌手や演奏家をはじめとする舞台関係者はいうに及ばず、見られること、目立つことにみずからの存在価値を見出している特権階級の人士からの反発と抵抗を呼ばないはずがない。

マーラーは、演奏であれ舞台であれ、「あるべき姿」

を求めたのだろう。そのために、そのつど完全であるべき音楽空間にとって不必要なもの、余計なものは削ぎ落とさずにいられなかった。その結果、理の当然のように、それまでの型、あるのがあたりまえのように思われていた型を破ることになった。

マーラーはけっして骨の髄からの伝統破壊者ではなかっただろう。悪意をもって広められたという「伝統とは怠惰にほかならない」という言葉にしてからが、元の文脈に戻すならこうなのである。

　あなたがた劇場関係者が自分たちの伝統と呼ぶもの、それは、あなたがた自身の安逸と怠惰にほかならない！

協同して新しい舞台を作ろうとしていた分離派のメンバー、アルフレート・ロラーの伝えるところによると、これは、一九〇四年『フィデリオ』新演出のリハーサル中、伝統的演出にこだわる頑迷固陋なスタッフに向けられた言葉だという。「伝統」そのものを否定するというよりむしろ、「伝統」という言葉にすがりついて頑として新しいものを受け入れようとせず、そのじつ、事なかれ主義のなりゆきまかせな態度に業を煮やした挙句の言葉にほかならない。

ものごとの「あるべき姿」を求めてやまないマーラーの意志は、こうした他人とのかかわり合いにのみ現われたのではなかった。みずから指揮棒を振って演奏する先人の作品に対しても、マーラーはその意志を貫いた。作曲家が本来もっていたはずだと判断する意図を生かすためには、楽譜に変更を加えることも避けはしなかった。
その恰好の例は一九〇〇年のベートーヴェン『第九』の演奏だが、総譜の「修正」に向けられた激しい批難に対して、演奏会場で配布するために書いた文章の末尾には、こんな言葉がある。

指揮者の真意はひたすら、恣意や底意を離れ、またいかなる「伝統」にも惑わされることなく、ベートーヴェンの意志を、一見ささいに見える点にいたるまで追感し、演奏にあってはこの巨匠の望んだものは微細なものも犠牲にせず、音の混乱のうちに埋没させまいとすることであった。

作曲家の真意を汲み取ること、作曲家の耳に聞こえていたはずの音響空間をその意図通りに再現すること、それが指揮者マーラーにとっての至上命令だった。楽譜が書かれた時代以降の楽器の発達、オーケストラの規模の変化などを考えに入れるなら、ある場合には楽器の編成を変えること、ある場合には強弱記号に手を入れることも必要だ、とマーラーは考え、それを実行した。眼に見えず摑みどころがないゆえにこそよけいに人を束縛せずにはいない「伝統」という敷居は、そこで躓かないよう用心するもの、というよりむしろ、軽く越えてゆくべきものとなった。
敷居を越える、とはつまり、あらかじめ引かれている（かに見える）境界を越えるということだが、こうした越境の意志はマーラーの本領たる作曲においてもっとも強く働いたようである。アドルノの言葉を借りるなら、当代においては「統一的、自己完結的な、いわば体系的な音楽」という理念はもはや不可能だ、という思いからその意志は生まれてくる。そもそも、この時代にあって人間の存在を統一的に意味づけてくれるような体験が消え失せているからだ。

統一性、自己完結性、体系性、これらはいずれも、歴史のうちで育まれ完成された理念であり、今や越えられるべき「伝統」と化している、とマーラーは思いもしたのだろうか。その曲は、従来の音楽ジャンルの境界を自由に越えて、民謡、流行り歌、軍隊行進曲、カウベルなど、種々様々な要素を取り入れて共在させている。従来の音楽に慣れている耳には、統一感がなく、卑俗に過ぎ、音が氾濫している、としか聞こえなかっただろうが、むしろ、こうした印象を与えることは覚悟のうえで、時代の空気をとらえるべき新しい語り口を提示することこそが、マーラーの意図であったにちがいない。

この新しい語り口によってしかし、「伝統」からの越境がなされるばかりではない。意図するしないにかかわらず、「伝統」そのものの輪郭をもおのずと描き出してしまうのである。鞏固だと思われていた伝統の殻があんがい脆弱であること、伝統のうわべには澱ともいうべき虚飾がまとわりついていること、などを暴いてしまうのである。みずからの語り方に対して誠実であり、それを厳密に実行すればするほど、正面切って伝統と戦うことなくして、伝統の足元を揺るがすことになってくる。むろん、伝統の側からの反発はそれだけよけい激しくなってくるのだけれども。

三　強靱な自己観察が切り拓く新たな時代

■極限まで言葉を追究して哲学を革新した知の職人――ヴィトゲンシュタイン

マーラーにとっては息子の世代にあたるヴィトゲンシュタインもまた、ウィーン世紀末文化のなかで成長しつつ、みずからの語り口を、いわば手仕事に携わる職人のように揺るぎない姿勢で実行していったひとりである。

いわゆる知的活動、とくに大学におけるアカデミックな活動は、本当の意味での仕事、人間の役に立つ仕事ではない、と終生ヴィトゲンシュタインは思い続けていたようだ。ことは生き方それじたい、人間としての義《ただ》しい生き方にかかわっている。

その信念があればこそ、ケンブリッジの親しい学生たちを説得して、教授職に就くことを思いとどまらせもしたのだろう。あるいはまた、散歩の途中で自分の前任者の夫人が自転車を押しているのに出会い、ジャム工場でパート・タイムの仕事をしているのだと聞いて、それまで見せたことのないほど喜びをあらわにした、という話も伝わっている。抽象的な事柄についてはイギリス随一の知的な学者の妻が「本当の」仕事をしていることに、深く感動したのである。

ヴィトゲンシュタイン自身、後半生は大学人であったものの、第二次大戦中はすすんで病院の運搬係、医学研究所の下働きとして、身体を動かす仕事に従事した。そもそも若い頃には、大学に残って研究を続けようという気持ちがなかった。

二一歳でケンブリッジに入学して以来、オーストリア軍の志願兵として前線にあった第一次大戦のあいだも書き続けていたノートをもとに、一九一八年に『論理哲学論考』(一九二二年出版)を完成させると、このテーマについてし残したことはないと思って、哲学を離れ、教員養成学校にはいるのである。

❺ヴィトゲンシュタイン〔言語という仮面にまとわりついた垢をそぎ落として知性の解放を目指した哲学者〕

田舎の小学校や中学校における教員生活は足掛け七年にわたり、その間に、子供たちの作文によく用いられる単語を集めて『国民学校用辞書』(一九二六年)を編集した。おそらく教育熱心のあまりだろうが、生徒を殴ってしまったことをきっかけにして教員をやめたのちは、いくつかの修道院で庭仕事の手伝いをした。さらには、「装飾は犯罪だ」と主張するアドルフ・ロースの知己を得て、その弟子エンゲルマンとともに、姉の邸宅の設計と建築に二年のあいだ没頭した。

「科学者には、大学教授のみならず、たとえば燈台守という地位も考えられていいのではないか」と言い、「靴職人のような手を使う職業に就きたい」とも言ったアインシュタインにも通じる姿勢と見ていいだろうか。あるいは、じっさいレンズ磨きで生計を立てながら思索にふけったスピノザを思い出してもいい。

もしかすると、オーストリア有数の富豪であり、ウィーン分離派のパトロンでもあった父のもとに生まれ、手を汚すことなく、何不自由なく育ったことへの反省かもしれない。いやむしろ、自分自身に反抗するというかたちをとってはいるものの、本当のところは、親の世代への反抗だったのかもしれない。アドルフ・ロースの考えに共鳴し、いっさい装飾のない外観の家を建ててしまう機縁は、そのあたりにあるだろうか。ロースは、前時代の建築物、たとえばリングシュトラーセ沿いの歴史主義にもとづく公共の建物、あるいは、貴族の館を真似た新興富裕階級のアパルトマン群の装飾を批判して、先の言葉を語ったのである。

華美と虚飾におおわれて真実が見えなくなっている時代のなかにあって、ヴィトゲンシュタインはその「うわべ」を剝ぎ取ろうとしたのだろう。仮面の下にあるはずの、生まの人間の顔が見たかったのだ。

二五歳で相続した多額の遺産を手放したのも、まずみずからが裸になろうとする意志の現われである。雑誌『デア・ブレナー』の編集者フィッカーに文学振興の奨励金として十万クローネを託し、これはリルケ、トラークルらに渡ることになった。第一次大戦末期に捕虜生活を経験して帰還したのちには、残りの遺産をすべて兄と姉に譲り渡し、無一物から出直そうとでもいうように、教員への道を選ぶことになる。

みずからも裸になりつつ、現実世界のうわべをも剝ぎ取ろうという、いわばみずからを前門の狼後門の虎といった状態に置こうとする意志は、しかし、『論理哲学論考』そのもののうちにもっともよく現われている。系統分類学ともいうべく整然と数字を付して展開される論理もさることながら、飾りなく簡潔で厳しい文体それじたいが、ヴィトゲンシュタインの世界との関わり方を余すところなく表わしている。

ヴィトゲンシュタインはよく、「哲学にあっては、つねに利口でいないこと、こそがとても大切だ」と口にしたという。人間が自分の肌で感じ経験するものが哲学の真の問題であるべきはずなのに、「利口」であると、小器用に整理をつけてしまう、ということだろう。あるいは、みずからの頭で作り出した副次的な事柄に気を取られたり、あるいは、他人の言葉を借りて済ましてしまいがちになる、といってもいい。

それゆえ、まず第一に「言語」が問題となった。「わたしの言語の限界は、わたしの世界の限界を意味する」のだからである。「汝自身を知れ」といったソクラテスと同じく、自分自身の理解の範囲と限界を知るために、自分の言語の範囲と限界とを認識せよ、というのだ。そして、「語りえないものについては、沈黙しなければならない」という言葉をもって『論考』は閉じられる。

後期のヴィトゲンシュタインは、言語を静的にとらえる立場を離れ、機能の側から動的にとらえる見方に変わった、といわれる。言語の「意味」は「慣用」のなかで定まる、という「言語ゲーム理論」がそれだが、姿勢じたいは終始一貫しているのではないだろうか。人間の言語習慣のうちに暗に含まれていて、ふだんは意識されることのないものを認識することは、すなわち、自分の足元ないし自分の背中を見ようとすることなのだから。

たしかに、ヴィトゲンシュタインは哲学に革命をもたらし、従来の形而上学に無効の烙印を押した、といわれる。二〇世紀の哲学はヴィトゲンシュタインから始まる、ともいわれる。それは歴史上の事実ではあるだろう。だが、ヴィトゲンシュタインじしんが生涯かけて誠実に行なった哲学は、言語＝知性の垢を洗い落とし、知性を解放すること、裸になることを措いてほかにはあるまい。ひたすら言葉というレンズに磨きをかけ続けた職人の手仕事である。そのおかげで、人間と世界がくっきり像を結ぶようになった。

■本質を求めるディアスポラ的知性が支えた世紀末文化

お仕着せの衣をみずから剝ぎ取って、素裸になること——「ウィーン世紀末」という一時代にあって、新たな仕事をなしとげた人々はおしなべて、終始一貫こうした姿勢を貫こうとしたようである。その出発点は、今いちどチャンドス卿の言葉を借りるなら、まず「なんでも単純化してしまう習慣的な眼差し」に気付き、それから身を離そうとするところにあった。

「習慣的な眼差し」によっては世界の出来事を捉えることができなくなっているばかりか、捉えようとすればかえって、出来事は微細なものへと解体していってしまう。「個々の言葉〈概念〉はわたしのまわりを浮遊し、凝固して眼となり、わたしをじっと見つめ、わたしもまたそれに見入らざるを得ないのです。それは、はてしなく旋回する渦であり、のぞきこむと眩暈《めまい》をおこし、突きぬけると、そこは虚無なのです」と、チャンドス卿が的確に語るようにである。

この解体感覚、崩壊感覚をしかし、いわば逆手に取って、この感覚それじたいに触れてくるものを新たな語り口で語ろうとすることこそが、この時代の人々の仕事となった。だが、それがいわば肌で感じる感覚であってみれば、ことはいきおい非常に個人的な次元から手をつけるほかはなくなってくる。そこからは否応もなく、ひたすらな「自己観察」の姿勢が生まれてこずにはいない。

　シュニッツラーに宛てたフロイトの手紙の一節を思い出そう。そこにはこうあった。「私が苦労の研究のすえ他の人々のうちに発見したすべてのことを、あなたは直感によって――鋭くきめ細かな自己観察によって知っておられる」。むろんこれは、当のフロイト自身が「自己観察」の人であったればこそ、相手をみずからに重ね合わせて、つまり、自己の分身と見て語られた言葉である。そして同じ手紙には、理の当然とでもいうように、こんな言葉が出てくる。「文化的・伝統的に確かだとされていたものを、あなたが片端から解体してゆかれ……」(傍点筆者)。

　みずから感じ取った解体感覚・崩壊感覚から発する道は、ひたすらな自己観察を通って、文化的・伝統的・習慣的な型を解体してゆくことへと到り着くのである。ホーフマンスタールしかり。フロイト、シュニッツラーしかり。マーラー、ヴィトゲンシュタインしかり。

　ここで、今まで見てきたこれらの人々が、そろってユダヤ出自であることには目を留めていい。その他、「ウィーン世紀末文化」にかかわったユダヤ出自の人たちを挙げるなら、カール・クラウス、ヘルマン・ブロッホ、ローベルト・ムージル、フランツ・ヴェルフェル、シュテファン・ツヴァイク、アーノルト・シェーンベルク、オットー・ヴァイニンガー、エドムント・フッサール……と、二〇世紀文化の扉を押し開いた名前が、それこそ目白押しに並ぶことになる。

オーストリアでは、一八四八年の革命騒ぎののち、六〇年代の自由主義的な風潮のなかで、それまでユダヤ人に課せられていた職業・結婚・居住の制限が徐々に取り除かれていった。前世紀のヨーゼフ二世による「寛容令」（一七八一年）が名実ともに実現したのであり、ゲットーから「解放」されたユダヤ人は、時あたかも産業時代・工業時代の黎明期にある都市へと移住していった。ウィーンについて見れば、一八七〇年に六・六パーセントだったユダヤ人の人口比率が、九〇年には十一パーセントにまで増大した、という。

一般社会への参入を許され、父祖譲りのすぐれた商才によって経済的な地位を高めたユダヤ人は、さらに出自の宗教（ユダヤ教）がもつ伝統の重みから逃れて、社会に「同化」しようと努めた。まずは子供たちにドイツ語による教育をほどこすことからも知られるように、この国にあって同化し、社会的地位の向上をはかることはすなわち、ドイツ化、オーストリア化することに他ならなかった。

「ウィーン世紀末文化」の担い手はこの子供たちの世代から生まれるわけだが、これには時を同じくして成された教育制度の充実もあずかって大いに力があった。前世紀なかばのマリア・テレジアとヨーゼフ二世による義務教育制度の導入などの教育改革を引きついで、十九世紀なかば以降、小学校からギムナジウムを経て大学へ、というシステムが整備され、帝国各地から優秀な若者たちを吸収したのである。

それまで高等教育から排除されていたユダヤ人の子弟は、ドイツ文化への「同化」を目指し、こぞって大学教育を受けることになった。その多くが帝都ウィーンに向かったため、世紀の変わり目には、ウィーンの知的な職業、たとえば法律、医学、ジャーナリズムなどにあって、ユダヤ人は最大の比率を占めるまでになる。

ユダヤ人の「同化」、ドイツ化はしかし同時に「反ユダヤ」の風潮を高めることにもなった。時期を同じくして盛りあがってきた諸民族（オーストリアは少く見積もっても十一の民族をかかえていた）の権利拡大運動、ナショナリズムの方から見るなら、商才にたけて成り上がってゆくユダヤ人は正面の敵ハプスブルク帝国と一心同体でしかなかった。

旧来の人種・宗教面からの「ユダヤ人憎悪」に加えて、経済・政治面からの「反ユダヤ主義」が大いに盛りあがって、民族の狭間にあるユダヤ人を絶好の攻撃目標としたのである。ボヘミア生れの典型的な「同化ユダヤ人」マーラーの有名な言葉は、そのあたりの事情と心情とを十分に語ってなお余りがある。

ぼくには三重の意味で故郷がない。オーストリア人のなかではボヘミア人。ドイツ人のなかではオーストリア人。世界にあってはユダヤ人。どこにいても余所者で、どこでも歓迎されない。

だがしかし、というべきだろう。こうした絶対的な被差別感は、この時代のウィーン独特の状況にあってはむしろ相対化され、ユダヤ人には逆に、既成のものにとらわれることなく、自由に発想する能力がそなわったようである。その状況とは、一方で、多民族国家の首都としてのウィーンがもつコスモポリタン的な性格、文化の多層性であり、また一方で、ヘルマン・ブロッホが「価値の真空」と呼ぶ時代状況――あらゆる尺度や価値が相対化されるアナーキーな状況である。

輻輳した時代状況、多面的多層的な文化状況のなかにあって、つねに「新参者」「異邦人」であることを意識させられているユダヤ人がみずからの位置を見定めようとしたとき、まずはごく自然に自己観察がなされることになった。強靱な自己観察は新しい語り口を必要とし、新しい語り口によっておのずから既成のものが解体されるに到るのである。

もちろん、この時代に独創的な仕事をしたのはユダヤ人ばかりではない。エルンスト・マッハ、カール・メンガーをはじめとして、思想や学問の領域に限ってみても多くの名前を挙げることができる。だが、これらの人々の仕事にあっても、ユダヤ人をはじめとする異質な要素との接触が大いに刺激となったにちがいない。

ウィーン、ひいてはオーストリアがもっとも創造的であった時代は、表面にあらわれない潜在的な意味を読みとる能力、多様性の底にある構造を見抜く能力が、同時に厳密な実証主義と結び合っていた時代だ、といわれる。生と世界の全体を見渡しながら、個々人が自己実現をはかるべく緻密な作業を行なっていた、ということだろうが、その前提には、つね日頃から同国内の異人種・異文化と接することによって身についた「一つの見方にとらわれない」という態度があった、といってもいい。

これこそ、人種や国籍にとらわれることなく、自由に越境しうる多種多様な思想・文化が、並行して生れ、並立して共存したゆえんである。それかあらぬか、一九三八年、ナチス・ドイツに「合邦」され、ユダヤ人を筆頭とする「異分子」がそれこそ徹底的に取り除かれてしまうと、オーストリアの知的活動はとたんに生彩を失ってしまうのである。その二〇年前、第一次大戦ののちに諸民族が独立してオーストリア帝国が消滅し、小国の首都におちぶれてしまったとはいえ、ウィーンはなおこの二〇年間は「ヨーロッパの精神の首都」と呼ばれていたのにもかかわらず。

主要参考文献（邦語文献に限る）

T・W・アドルノ（龍村あや子訳）『マーラー』法政大学出版局、二〇〇二年
池内紀『ウィーンの世紀末』白水社、一九八一年
H・キューン他編（岩下眞好他訳）『グスタフ・マーラー』泰流社、一九八九年
M・クリュル（水野節夫他訳）『フロイトとその父』思索社、一九八七年
P・ゲイ（田中祐介訳）『シュニッツラーの世紀』岩波書店、二〇〇四年
P・ゲイ（鈴木晶訳）『フロイト』（1・2）みすず書房、一九九七年、二〇〇四年
K・E・ショースキー（安井琢磨訳）『世紀末ウィーン』岩波書店、一九八三年
E・ジョーンズ（竹友安彦他訳）『フロイトの生涯』紀伊國屋書店、一九六九年
W・M・ジョンストン（井上修一他訳）『ウィーン精神』（1・2）みすず書房、一九八六年
A・ジルバーマン（柴田南雄監修・山我哲雄訳）『グスタフ・マーラー事典』岩波書店、一九九三年

E・ツェルナー（リンツビヒラ裕美訳）『オーストリア史』彩流社、二〇〇〇年
S・トゥールミン他（藤村龍雄訳）『ウィトゲンシュタインのウィーン』TBSブリタニカ、一九七八年
野村真理『ウィーンのユダヤ人』御茶の水書房、一九九九年
N・バウアー゠レヒナー（高野茂訳）『グスタフ・マーラーの思い出』音楽之友社、一九八八年
H・ブロッホ（菊盛英夫訳）『ホフマンスタールとその時代』筑摩書房、一九七一年
B・ベッテルハイム（森泉弘次訳）『フロイトのウィーン』みすず書房、一九九二年
A・マーラー（石井宏訳）『グスタフ・マーラー』中央公論社、一九八七年
村井翔『マーラー』音楽之友社、二〇〇四年
R・モンク（岡田雅勝訳）『ヴィトゲンシュタイン』（1・2）みすず書房、一九九四年
H・A・リー（渡辺裕訳）『異邦人マーラー』音楽之友社、一九八七年
N・ワーグナー（菊盛英夫訳）『世紀末ウィーンの精神と性』筑摩書房、一九八八年

7 文化メトロポーレ・ウィーンの光と影
——シュニッツラーの作品に映し出された十九世紀末ウィーン

◎平田達治

一 城塞都市から文化メトロポーレへ

■十九世紀末のウィーンとアルトゥール・シュニッツラー

環状道路の建設が軌道に乗った一八六〇年代後半から、これが完成し、分離派やユーゲントシュティールの芸術運動がエロスを解禁して、活発な創作活動を展開していた十九世紀の世紀末のウィーンほど、輝かしい光彩を放っていた都市は、他にほとんど見出し得なかったであろう。さらにハプスブルク帝国の長い歴史の中でも、このときのウィーンを凌駕する帝都繁栄の時代は、またなかったであろう。しかしこれは、同帝国が民族間の抗争によって瓦解の一途を辿る中で、帝都ウィーンだけが享受し得た繁栄であり、最後の光芒であった。なぜなら世紀の転換からわずか十数年にして、世界大戦に突入し、その敗戦とともに帝国は崩壊、ウィーンは一共和国の首都に転落してしまったからである。

ウィーンは十九世紀後半に、中世以来の、広大な斜堤《グラシー》（Glacis）を具えた稜堡と城壁から成る城塞施設をすべて解体撤去し、そのあとに環状道路を敷設して、それに沿って宮廷オペラ劇場やブルク劇場、美術史美術館や自然史博物館、国会議事堂や新市庁舎、大学など、リベラリズムに根ざす芸術、文化、立憲君主制、地方自治に資する公共建築物を建て上げ、文化メトロポーレとして、それまで経験したことのない成熟した世紀末を迎えたのである。帝都ウィーンのそうした実態を、そして崩壊へと向かう多民族国家の首都が孕む矛盾を、克明な風俗描写をもって描き尽くした作家こそ、他ならぬアルトゥール・シュニッツラー（一八六二～一九三一年）であった。恋愛三昧に耽り、人生を謳歌していた当時の世相を、まさしく彼自身が解禁し、大胆に採り入れたエロスの手法、性愛のモチーフをもって、微に入り細を穿って見事に描き、同時に彼らの心に巣くう孤独、悲哀、死の不安を浮かび上がらせ、得も言えぬメランコリーの陰影深い作品を書き残したのである。彼にそれができたのは、死後三五年も経ってはじめて公表された自叙伝『ウィーンの青春』に赤裸々に記されているように、ウィーンの同化ユダヤ人の著名な医者の家庭に生まれ育ち、咽喉科の専門医であった父の許に治療に通ってくる舞台俳優たちを通して、早くからウィーンの演劇に触れ、自らも若き医者としてさまざまなアバンチュールを経験し、いわば都市遊民としての豊富な体験を深く身に付けていたからである。

文学芸術運動がカフェを拠点にして興るのは、この時期のウィーン、次いでプラハに見られた現象であり、同時に郷土文学から都市文学への変容を予告するものでもあったが、まさにシュニッツラーはその先駆者、開拓者となったのである。一八九〇年頃からヘルマン・バール、ベーアー＝ホフマン、フェーリクス・ザルテン、ホーフマンスタールらとともに、ミヒャエル広場にあった文学カフェ「グリーンシュタイドル」で青春ウィーン派を立ち上げ、父の反対を押し切って文学の道を目指した。そして三〇歳のときに発表した一幕連作劇『アナトール』が大成功を収め、一気に世紀末ウィーンを代表する作家になった。この作品は、軽はずみなふさぎ屋を自認するアナトールを主人公に、彼を取り巻く七人の女性との愛のアバンチュールを軽妙洒脱に描いたものであるが、そこにはすでに、当時のウィーンの風俗習慣に熟知し、階級社会の実態に通暁していた彼の本領の一端が現れている。第二幕「クリスマスの買い物」を例に、それを見てみよう。

雪がちらつくクリスマスの夕暮れ、ウィーンの繁華街で、アナトールは新しい恋人への贈物を探している。これだけでケルントナー通りやアム・グラーベン街のクリスマスの情景が彷彿される。彼はかつて関係があった同じ上流階級のガブリエーレに遭遇し、今では関係も解消している彼女に、新しい恋人への贈物選びを手伝って欲しいと頼む。ガブリエーレは元彼の新たな恋人のことをもっと知りたいと思い、アナトールに訊ねるのである。

シュニッツラーと同年生まれにして、彼同様、医者でもあり作家でもあった森鷗外は、明治四二年（一九〇九年）にこれを「耶蘇降誕祭の買入れ」の題で翻訳しているが、その訳では、この場面が次のようになっている（ただし、傍線は筆者）。

人物：アナトオル。ガブリエエレ。時：クリスマスの夕。午後六時。雪ちらちらとふる。
場所：ヰインの町。
女（ガブリエエレ）：ところで、どんなご婦人でせう。（間）ほんたうの貴婦人ですか。
男（アナトオル）：さあ。そうなってくると貴婦人というものの概念から論ぜねばならぬという始末になりますて。もし貴婦人というのは上流社会の婦人だと御解釈になると、此の場合にはあたりませんなあ。
女：それでは中流社会ですか、下等社会ですか。
男：よろしい。先づ下等社会だといつておきませう。
女：わたしもそんなことかと存じてゐました。
男：皮肉をおつしやりつこなしですよ。
女：大抵どんな女と御交際になるということは察しがつきますわ。（間）そうですね。痩せぎすで、頭の毛はブロンドなのでしょう。

鷗外の訳以来、①小宮豊隆（岩波文庫）、②角信雄（新潮文庫）、③番匠谷英一（実業之日本社版『シュニッツラー選集』）の訳のいずれをとっても、下線の部分は、①では「あなたの趣味は知っています……きっとどこかに際立ってよいところがあるに違いない――ほっそりしていてブロンドで」、②では「まぁ言ってみれば、こんなふうの方じゃありませんの」、③「でも、あなたの、お好みは存じていますもの　まあ、こんな風の方じゃないでしょうか――ほっそりとした、ブロンドの」、となっている。

原文は „Ich kenne ja Ihren Geschmack... Wird wohl wieder irgend was vor der Linie sein – dünn und blond !“ であるが、下線を付した部分が鷗外訳ではまったく訳されず無視されているし、その他の訳ではいずれも女性の体型か何かに取り違えられている。このシュニッツラー文学理解の要諦とも言える箇所の、邦訳者が重ねてきた重大な誤りを最初に指摘したのは、カール・E・ショースキー著『世紀末ウィーン・政治と文化』の翻訳者の安井琢磨氏であった。

安井氏は、「私はドイツ文学者でないから大きな口はきけないが、三つの邦訳〔筆者注：番匠谷訳は取り上げられていないので、これを除く上記三訳〕の違いはどれも „Linie“ ということばの意味を正確に理解していないところから来ているように思われる」と指摘し、„Linie“ が第三区のザンクト・マルクスから第九区のリヒテンタールに至る、全長十三キロの、ウィーンを囲む半円形の土塁 „Linienwall“ の略語であることを説き、「この土塁は破毀改修され、ほぼ同じ経路に沿って今日のギュルテル（Gürtel）が造成されたが、世紀末になってもリーニエという言葉は一般に使われていたらしい。シュニッツラーの作品 „Liebelei“（『恋愛三昧』）の中に „bei der Linie“、„Die kleine Komödie“（『小コメディー』）の中に „über die Linie“ などの用法が見えるのはその証拠である。

ウィーンの都心（Innere Stadt）を囲むリングシュトラーセを第一環状道路とすれば、リーニエ＝ギュルテルは第二環状道路とも言うべきものであった。二つの環状道路に挟まれた地域はVorstädte、リーニエの外側の地域はVororteと呼ばれた。Vororteはウィーンの末端部である。このように見てくると上記の原文は『あなたの趣味は知っています』という台詞を受けて、『多分またリーニエの向こうのどなたかでしょう』とでもなるであろう」と述べている。(1)

これは正鵠を得た恐ろしい指摘であった。『アナトール』に関する明治以来の邦訳がすべて間違っていたことが、白日の下にさらされたのである。翻訳には所詮、誤訳が付きものだといった類の誤りではない。当時のウィーンの現実の地図の上に、実際にも一種の流行現象にもなっていた階層の異なる男女の性愛物語を展開し、世紀末ウィーンの世相を見事に捕捉したシュニッツラー文学の本質を、邦訳者はいずれも正しく解していなかったことが明らかにされたからである。故に、翻訳を通して読んできた日本の読者は、彼の文学の要諦を理解できずに、その横を素通りしていたとさえ言わねばならない。というのも、この初期作品だけではない。常にシュニッツラーとともに語られる彼の代表作『恋愛三昧』（Liebelei、一八九五年十月九日にウィーン・ブルク劇場にて初演）や『輪舞』（Reigen、一九〇〇年私家版出版、一九〇三年初版、一九二〇年十二月二三日にベルリン小劇場にて初演。ウィーンでの初演は一九二一年二月一日、ドイツ民衆劇場の室内劇場にて）においても、第一区の都心に住む上流階級の男性と「リーニエの向こう」に住む女性が、作品を構成する重要な二つのタイプとして取り上げられ、その対比対立が主題となっているからである。もしも上の鷗外の訳が単なるケアレスミスであったならば、彼が再びこの語句に出合ったとき、その本意を正しく理解して、正しい訳を施していたはずである。鷗外はその三年後に邦訳した『恋愛三昧』でも、この重要なことば「リーニエ」を訳さずに無視している。すなわち、第一場の最後のところで、主人公のフリッツは今付き合っているクリスティーネが「今度はいつお目に掛かれるのでせう」と再会を迫るのに対して、フリッツは「そんなら又あした逢はうね。あの公園にしよう。このあひだのところだ。そう。六時だよ。好いかい」と返事する。原文は ....dort bei der Linie wie neulich... um — sagen wir, um sechs Uhr ... ja? Ist's dir recht?" となっているが、再び「リーニエ」が訳されていない。ここは「この間と同じあのリーニエのそばの、公園にしよう」とならなければならない。公園が重要なのではなく、「リーニエのそば」が重要なのである。

この劇では、都心に住む裕福な若者フリッツが同じ上流階級の人妻と不倫関係にあって、それに悩んでいる。友人テオドールはその悩みを癒してやろうと、小市民出のナイーブな娘クリスティーネを紹介する。彼女は郊外のリーニエ近くの屋根裏に住むコーラスガール、父親はヨーゼフシュタット劇場のしがないバイオリン弾きであった。そうしたフリッツにとって彼女との付き合いは、一時の遊びにすぎないはずだった。ところが、フリッツは彼女に、これまで付き合った上流階級の女性にはない新鮮さを感じ、その控え目な純真さに強く惹かれる。クリスティーネはウィーンの身分社会のルールをわきまえ、フリッツとの結婚は望むべくもないと知りながらも、本気で彼を愛するようになる。かつて自分の妹に愛のない結婚を強いた父親は、娘の恋愛は所詮不幸に終わると予感しながらも、娘の気持ちを慮って静かに見守るのだった。フリッツは彼女の献身的な愛情に心洗われる思いがして、幸福な新生活を夢みる。しかし時すでに遅く、人妻との不倫の精算をその夫から突きつけられ、決闘で落命する。クリスティーネはフリッツが他の女のために命を賭したと聞かされて、強い衝撃を受け、しかも墓参にも弔いにも行けないことを知るや、自ら死を選ぶ。

フリッツは死を覚悟して決闘に及ぶ前に、リーニエの近くに住むクリスティーネの屋根裏部屋にやって来る。一場の冒頭で紹介されている、豪華な調度品が備わったフリッツの立派な住まいに引き替え、彼女のそれはまことに粗末である。しかし、シューベルトの胸像と造花を飾り、僅かとはいえ蔵書を置いて、清新な生活を送っている彼女の部屋に、彼は楽園にも似たものに感じる。この対立の構図は、内環状道路と外環状道路によって階層性が鮮明に刻印されているウィーン固有の都市構造の中でこそ、はじめて成立するものである。

■『舞姫』のベルリン

ほとんど同時代に森鷗外は、ベルリンを舞台に、シュニッツラーの作品に比肩しうる見事な都市小説『舞姫』を書いている。当時のベルリンは、東北側に位置する中世以来の古い地区の古ベルリンと、西半分の逆三角形を成す新しい地区から成り、円と三角形、曲線と直線を無理やりに接合した急造の新大都であることを見せつけていた。鷗外はこの対照的な両空間を巧みに取り込み、日本の官費留学生が、長官から命じられた公務と異国の舞姫に惹かれていく私的心情の狭間で揺れる、その姿を見事に形象化している。

官命を受けてベルリンへ来た太田豊太郎は、ウンター・デン・リンデンに代表される公的な空間と、古寺「クロステル巷」（鷗外は日記では「僧坊街」と記している）に象徴される、貧しい私的空間の、ちょうど境界に位置するモンビシュウ街に住んでいたが、大学で法学、政治学の他に歴史学などを学ぶうちに、官に仕える機械的人間にすぎない自分の生き方に疑問を抱き、クロステル巷の古寺でのエリスとの出会いを契機に、彼女の住む世界へ惹きつけられていく。長官からは「帰国せよ、さもなければ職を解く」との手紙が、続いて母の訃報が届く。かくして故国との繋がりを失った豊太郎は、いよいよエリスと離れがたい関係となり、本来異邦人の入ることの許されない古ベルリンの「迷宮の空間」へと陥っていく。しかし「帰国すれば学成らず汚名、留まれば学資なし」の彼の言に表れているように、心はいまだ二つの空間の間で揺れていた。そこへ友人相沢から、天方伯に随行してベルリンへ来ている、会いたいとの手紙が届く。天方伯一行が逗留するのは、官庁街ヴィルヘルム通りの真ん中に建つ豪華ホテル「カイザーホーフ（Kaiserhof）」である。豊太郎が同棲するエリスの住まいは、このホテルの対角線の彼方に位置する。しかもそちらは貧しい屋根裏部屋であるのに対して、カイザーホーフは贅を尽くした一階の空間をもってその豪華さが強調され、立体的な都市構造上でも屋根裏部屋の対極を成す。エレベーターなどの文明の利器がなかった当時は、階下ほど「高級な階（Nobelstock）」として富裕層が、上の階になるほど、「天に身を落とす」という格言があるように、貧民層が住むという、垂直的住み分け構造が定着していた。『舞姫』はこの構図を見事に取り込んでいるのである。

鷗外がこれほど見事に当時のベルリンの構造的、社会的ディーテルを盛り込んだ小説を描き得たのは、自らそこに住み、ドイツ女性との恋愛をも体験して、ベルリンの都市空間に精通していたからである。その彼が、シュニッツラーの翻訳においては、重要なキーワードの「リーニエ」を二度にわたって見過ごしているのは、ウィーンにはさほど通じていなかったからだとしか考えられない。一八八四年十月からほぼ四年に及んだ鷗外のドイツ留学の間、彼がウィーンに滞在したのはただの一回、八七年九月、国際赤十字日本代表石黒忠直に同行して、カールスルーエの国際会議に出席したあと、一行とともに十一日間滞在したときだけである。土地の人間には身に染み込み、自明の理となっているのに、余所者や一時の滞在者はよく理解できない通称なり俗称なりが、まま存在する。「リーニエ」がまさにそれであり、それこそが他の語では表し得ないその土地の性格、特徴をニュアンス豊かに言い表し得るものなのだ。

円形城塞都市ウィーンの成立

一五二九年、トルコ軍は二五万とも三〇万とも言われる大軍でウィーンを包囲した。この第一回攻囲戦のとき、ウィーンは陥落の危機にさらされ、中世に構築された城塞施設が時代遅れになっていたことが判明する。ニュルンベルクの出版人ニクラス・メルデマンはこの大事件に対するキリスト教世界の関心の大きさを察知し、トルコ軍が退去したと聞くやウィーンに赴き、攻囲戦の様子を

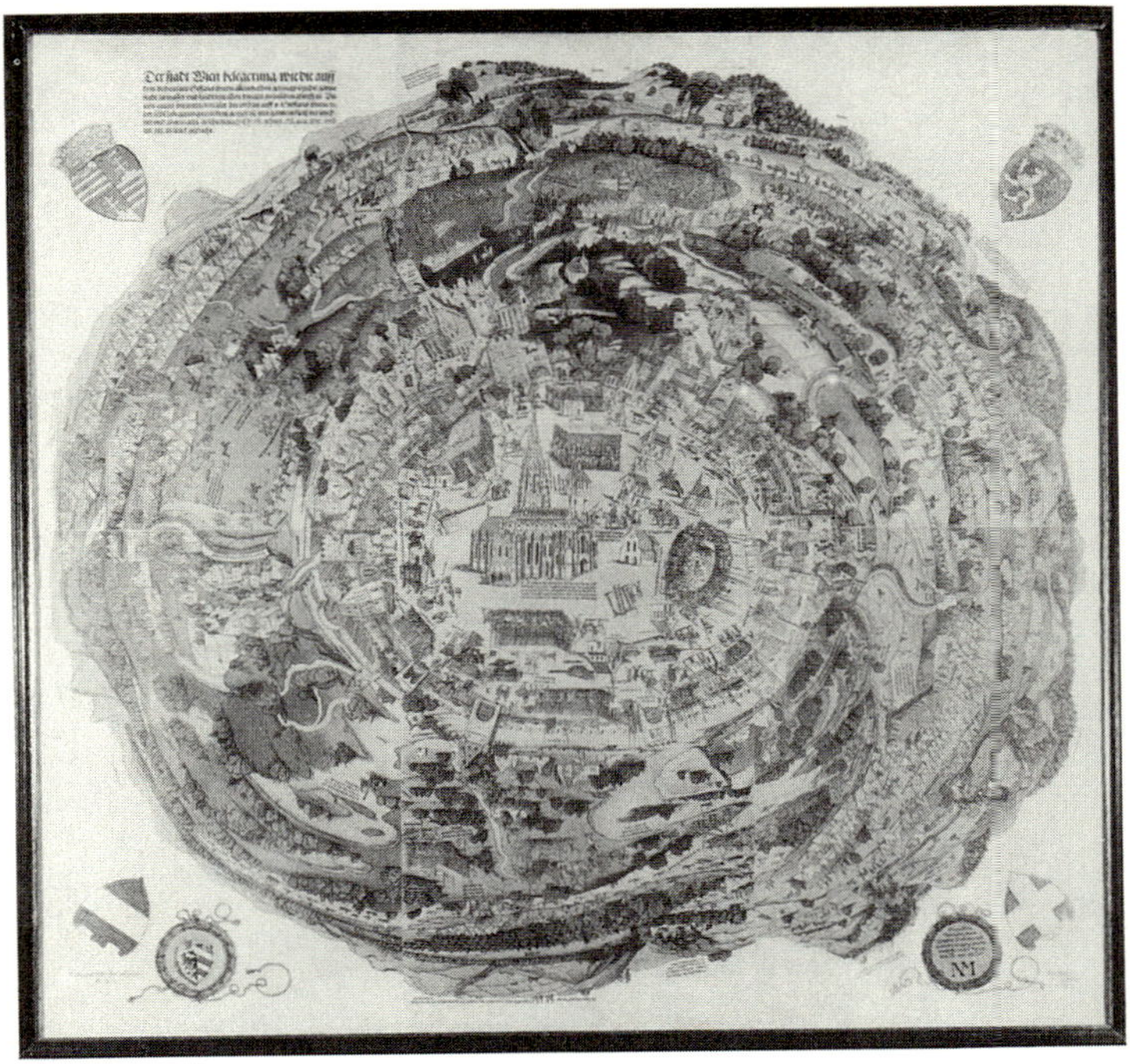

❶ニクラス・メルデマン制作のトルコ軍攻囲図〔1529年〕

シュテファン大寺院の塔上から描いていた画家がいたことを知り、その下絵を入手して版画を製作し、ニュルンベルクで売り出した。現在ウィーン市歴史博物館に展示されているこの鳥瞰図には、トルコ軍の布陣の様子が詳細に描き込まれており、すでにウィーンが円形城塞都市を形作っていたことが見て取れる。

この攻囲戦の結果、ウィーンでは城塞の改築、補強が急務となり、トルコ軍が退去した翌年から早速、強固な稜堡《バスティオーン》(Bastion)を具えた城壁の構築、幅広い斜堤《グラシー》(Glacis)の敷設に着手した。前者は、城壁をよじ登って城内へ侵入しようとする敵を狙撃する好位置を確保するためであり、後者は、当時数百メートルとされた大砲の射程距離を上回る斜堤を設けて、弾丸が城壁あるいは城内に届かないようにするためであった。かくして皇帝フェルディナント一世（一五二六～六四年）のとき、主としてニュルンベルクの築城家や、当時この分野の先端技術を誇っていたイタリアから技師を招いて、着手された城塞の改築補強工事は、フェルディナント二世（一六一九～三七年）、フェルディナント三世（一六三七～五七年）の各皇帝の時代へと受け継がれ、約一世紀半後の、レオポルト一世（一六五八～一七〇五年）統治の一六七二年に、円形構造の城壁を一巡して、ようやく一五〇年ぶりに完了した。かくしてウィーンは、堅牢な十二基の稜堡を有する城壁と、その外側に四五〇メートルに及ぶ幅広い斜堤を具えた、当時としては最強、最大の円形城塞都市となった。フォルベルト・ファン・アルテン・アレン作成の精緻な銅版画「ウィーン市鳥瞰図」（一六八三年、ウィーン市歴史博物館所蔵）には、その全景が見事に描き出されている。それを見れば、のちに環状道路建設を可能にする空間（斜堤）を保有し、シュニッツラーに『輪舞』執筆の「舞台《シャウプラッツ》」を提供する完全な円形都市が出来上がっていたことが、一目で分かるのである。しかし、このとき「リーニエ」はまだどこにも存在していなかった。それが構築されるのはトルコ軍の第二攻囲戦のあとである。

■「開かれたゲットー」レオポルトシュタット

ウィーンのユダヤ人地区レオポルトシュタットが造られたのも、この時代であった。ここはもと

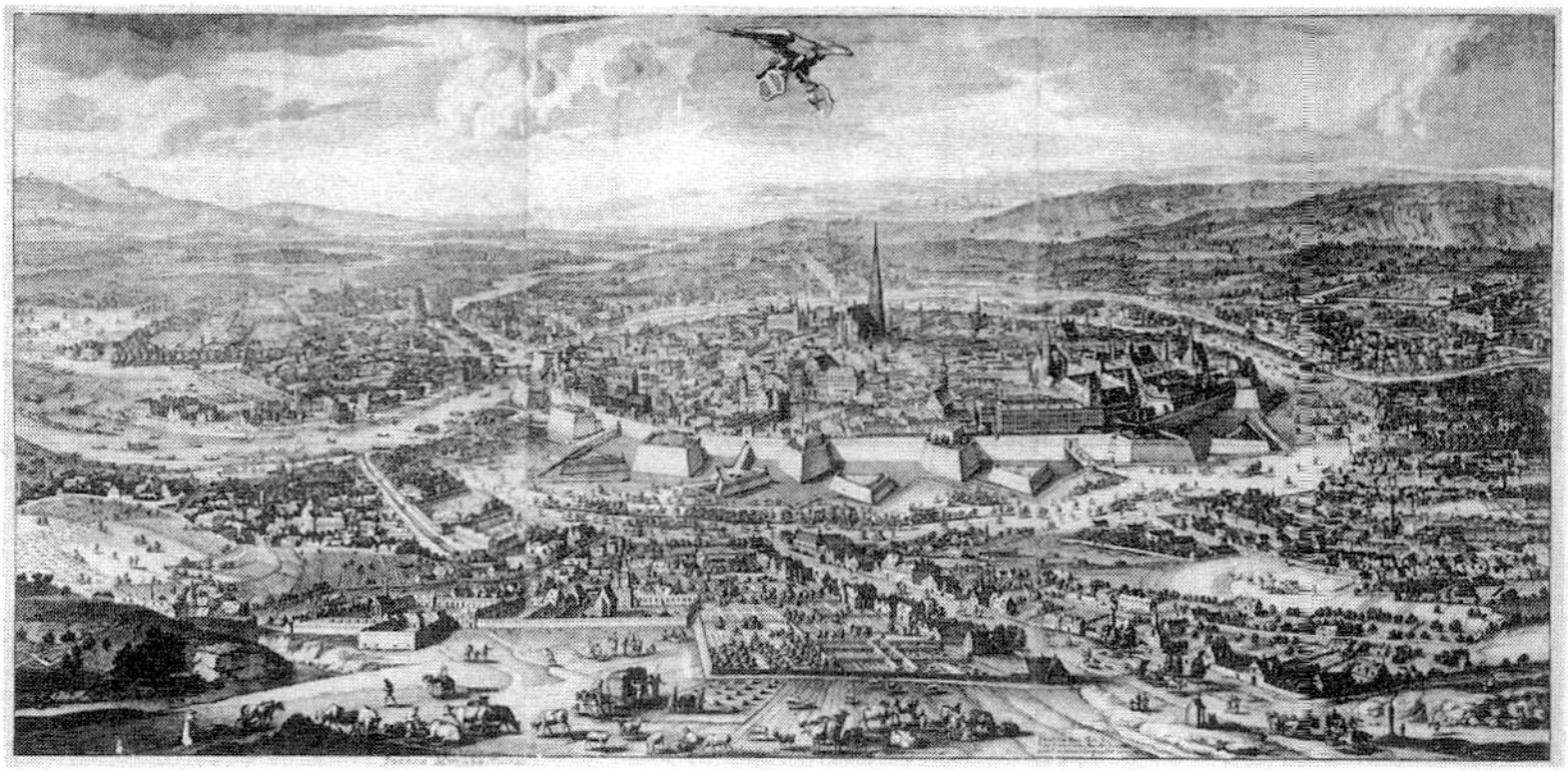

❷ 1680年頃のウィーン市鳥瞰図〔フォルベルト・ファン・アルテン・アレン画、1683年〕

もとドナウ川の中州《ヴェルト》（Werd）で、西寄りの上手中州《オベラー・ヴェルト》は「ロスアウ」と呼ばれ、現在第九区に属しているのに対し、南東寄りの下手中州《ウンテラー・ヴェルト》は一六七〇年以降「レオポルトシュタット」と命名され、一八五〇年にはウィーン市に編入されて、第二区となった。中州はしばしば洪水に見舞われることから、居住には適さない劣悪な土地とされてきた。ヨーロッパにおいては、キリスト教徒以外のユダヤ人やアルメニア人など、被支配弱小民族をそうした場所へ封じ込め、ゲットーが作られたのである。ウィーンのレオポルトシュタット、プラハのヨゼフォス、クラクフのカジミエーシュなどは、みなユダヤ人ゲットーが置かれていた地区で、いずれももとは中州あるいは河川敷だったところである。

レオポルトシュタットには十四世紀初頭から人が居住するようになり、市中との往来の度が加わるにつれ、十五世紀中葉にはドナウ運河に常設の木橋「シュラーク橋」〔この橋は、一八一九年に掛け替えられ、当時の皇太子の名を採って「フェルディナント橋」となり、さらに第一次大戦後「スウェーデン橋」と改名された〕

❸18世紀初頭のレオポルトシュタット〔中央に見えるのがシュラーク橋。橋のたもとにある建物はウィーン最初のカフェ〕

が架けられ、一七八二年まではこれが同地区と市中とを結ぶ唯一の橋であった。しかも十九世紀後半に鉄道網が発達するまでは、人も物資も河川による輸送が主であったから、この場所がドナウ川を使って運ばれる物資の荷揚げ、集積の拠点となっていった。そもそもシュラーク橋のシュラークは「シュラークバウム」、すなわち国境や税関に備え付けられている「遮断棒」のことで、ここに税関があったことを物語っている。こうして交易商人や荷役業者、それに従事する人夫がここに集まり、活気ある場所になっていったのである。彼らの多くはユダヤ人やアルメニア人で、「カヴァ」、すなわちコーヒーは彼らやこの地区に滞在したトルコの使節団を通して、先ずこの地区に伝わったのである。「コルツィツキー伝説」が伝えるコーヒーのウィーン伝来（一六八三年）よりも二〇年も前のことである。

ウィーンには十二世紀以来、ユダヤ人の居住が確認されているが、しかし、彼らはことある毎に謂われなき「血の中傷」の犠牲となって、市中から追放された。一六二五年にようやくフェルディナント二世がユダヤ人にこの下手中州への居住を許可し、これが「開かれたゲットー」レオポルトシュタットの始まりとなった。「レオポルトシュタット」の地区名は、一六六九年にレオポルト一世が妃マルガリーテ・テレサの讒言に乗って再度ユダヤ人を追放し、その翌年ウィーン市が彼らの居住地を引き取って、皇帝の名を付けたことに由来する。以後この地区はレオポルトシュタットと呼ばれるようになったが、プラハのヨゼフォス、クラクフのカジミエーシュなどとは違って、これはユダヤ人にとって屈辱的な名称なのである。十九世紀には再びユダヤ人の流入、居住が増え、アウガルテンやフォルクスプラーターを擁する庶民の街、歓楽の街として発展した。因みに、シュニッツラー自身も、この地区のイエーガーツァイレ（現在のプラーター通り）の十六番地に生まれている。当時生家の前のネストロイ広場には、レオポルトシュタット劇場、のちのカール劇場があって、少年シュニッツラーはそこではじめてウィーンの演劇に触れたという。二〇世紀初頭には主にガリツィアから東方ユダヤ人が多数流入し、その多くはこのレオポルトシュタット地区に住みついた。ヨーゼフ・ロートやマネス・シュペルバーもそうした一人だった。

■リーニエの構築と、第一郊外地区《フォアシュテーテ》、第二郊外地区《フォアオルテ》の成立

一六八三年七月、カラ・ムスタファ率いる二五万のトルコの大軍がウィーンに襲来し、南東郊外のザンクト・マルクス（第三区）から北西郊外のデーブリング（第十九区）に及ぶ大半円形の陣を敷いて、帝都を包囲した。トルコ軍は西側のブルク稜堡の辺り（現在のブルクリング、ブルク門のある辺り）に集中攻撃を掛け、その攻防は七月一五日から九月八日まで断続的に続いた。首都防衛軍は敵に利する恐れのある郊外の民家を焼き払い、僅か二万人足らずの兵力を城内に集結させ、決死の

防衛戦を展開し、トルコ軍の城壁突破を辛うじて食い止めた。このとき「キリスト教徒の魔法の岩」といわれたブルク稜堡の城壁一枚が、まさしくヨーロッパ世界とイスラム世界とを分かつ最後の壁であった。このあとトルコ軍は急に攻撃を中止して、部隊を北西郊外のカーレンベルクの裾野に集結させる。自軍陣営にペストが発生したからだとか、秋の深まりを嫌ったからだとか、諸説が伝わっている。このとき援軍を率いてウィーンに駒を進めていた皇帝軍司令官レオポルト・フォン・ロートリンゲン公カール伯から、全軍の指揮権を委ねられたポーランド王ヤン・ゾビエスキ三世（一六二九〜九六年）がトルコ軍を急襲し、激しい野戦の末、敵軍を敗走させ、ウィーン第二攻囲戦は終わった。時に一六八三年九月十二日のことであった。カラ・ムスタファはこの責任を問われ、同年十二月二五日にベオグラードで処刑されている。

またしても敵軍の首都包囲を許し、郊外の村々を焼き払って防衛に徹しなければならなかった苦い経験から、トルコ軍の追討に赫々戦功をあげて宮廷作戦会議の議長の職に就いていたサヴォイ公・フォン・オイゲン（一六六三〜一七三六年）は、一七〇一年一月、斜堤の外側に拡がる地区をも外敵から守るため、これらの地区を取り囲む土塁の構築を皇帝に進言、同意を得て直ちに実行に移した。同年三月二六日から住民を総動員して着工され、トルコ軍が敷いた布陣そのままに、ドナウ下流の南東部のザンクト・マルクス（モーツァルトが眠るザンクト・マルクス墓地のあるところ）から、上流の西北部リヒテンタール（フランツ・ヨーゼフ駅の北側）に至る、全長一二・四五二キロに及ぶ大半円形の防塁《リーニエンヴァル》（Linienwall）が、僅か三ヶ月という驚くべき速さで建設されたのである。その造りは高さ約三・八メートル、外側に二・八メートルの掘り割り、内側には杭を並べたものにすぎなかったが、第一郊外地区「フォアシュテーテ」(Vorstädte) の外側、すなわち第二郊外地区「フォアオルテ」(Vororte) との通行、税関目的の九基の門も設けられた。かくも短期間に完成し得たのは、当時約八万人だったとされるウィーン住民のすべての成人男子が駆り出され、工事に従事したからである。このとき構築された「リーニエンヴァル」にも、外側一九〇メートル、内側二三メートルが家屋の建築禁止地帯に指定された。この空間が十九世紀末に外環状道路、つまり「リーニエ」と呼称される「ギュルテル」となり、都市鉄道建設の用地として役立てられるのである。

ウィーンの場合は、市街地を囲んでいた幅広い斜堤を含む城塞施設が撤去されて、その跡に環状道路と公共建築群が、そして「リーニエンヴァル」の跡には外(第二)環状道路のギュルテルと都市鉄道が建設されるようになったことを考えると、ウィーンの発展には、十八世紀までに構築された城塞都市構造が如何に深く関わっているかが理解されよう。しかもベルリンとは違って、十九世紀後半まで円形都市形態をそのまま保有していたことも、その後の文化メトロポーレへの都市改造を一気に成功させ得た要因であった。ベルリンの双子都市構造とは異なり、ウィーンはバロック時代の城塞都市と十九世紀末の文化メトロポーレ・ウィーンとは、ともに中心軸を共有し、同心円を成しているのである。

第二攻囲戦のとき家屋が焼き払われた郊外地区が、「リーニエンヴァル」の構築で安全な第一郊外地区に生まれ変わったのを契機に、オイゲン公をはじめとする大貴族が先ずここにベルヴェデーレ宮、アウアースベルク宮など、大庭園宮殿を造営した。次にこの地区に進出してきたのはブルジョア市民であった。彼らは都心からこの第一郊外地区を通って遠隔地へと伸びる街道沿いに、工場や店舗を構え、商工業活動を活発化させた。J・D・フーバーの見事な鳥瞰図（一七七六年）からもはっきり見て取れるように、北西にヴェーリング通りが延びるアルザーグルント地区、南へ向かう街道が通るヴィーデン地区、西へヨーゼフシュテッター通り、アルザー通りが延びているヨーゼフシュタット地区などが、貴族とともにブルジョア住民の進出が進んだ第一郊外地区（Vorstädte）である。

しかしこれらの地区でも、外縁部のリーニエに近いところは、商工業活動を支える従業員が居住する空間となった。さらにあの「リーニエの向こう」、すなわち第二郊外地区（Vororte）は、もっぱら労働者や母子家庭などの下層住民が住む貧しい地区となり、都心の第一区や第一郊外地区の貴族、企業、大型商店を下支える労働力の供給源となったのである。こうした住み分け構造はE・リヒテンベルガーが説くように[2]、マリア・テレージア時代（一七四〇〜八〇年）の終わりにはすでに固定化し、十九世紀には第一郊外地区に住む官僚、インテリなどの中間層の人口が増えて、階層社会の固定化が一層進んだ。

■環状道路の建設から文化メトロポーレへ

十九世紀に入ると、封建主義農業経済にかわって都市流通経済が進むにつれ、ウィーンの人口は

❹ 1774〜76年にかけてのウィーンを描いた鳥瞰図〔J. D. フーバー画、1776年〕

増加の一途を辿り、五〇年で倍増、一八五〇年には五〇万近くに達した。他方では、武器の飛躍的な発達によって有効性を失いつつあった城壁、斜堤を撤去して、首都の大改造を断行すべきとの声が急激に高まった。三月革命の混乱がようやく納まった一八五七年十二月、皇帝フランツ・ヨーゼフ一世は城塞施設を撤去して、環状道路の建設を命じる勅書に署名、首都改造の大工事が始まった。軍はサルジニア戦争（一八五九年）、普墺戦争（一八六六年）で敗北を重ねて発言力を失い、かわっ

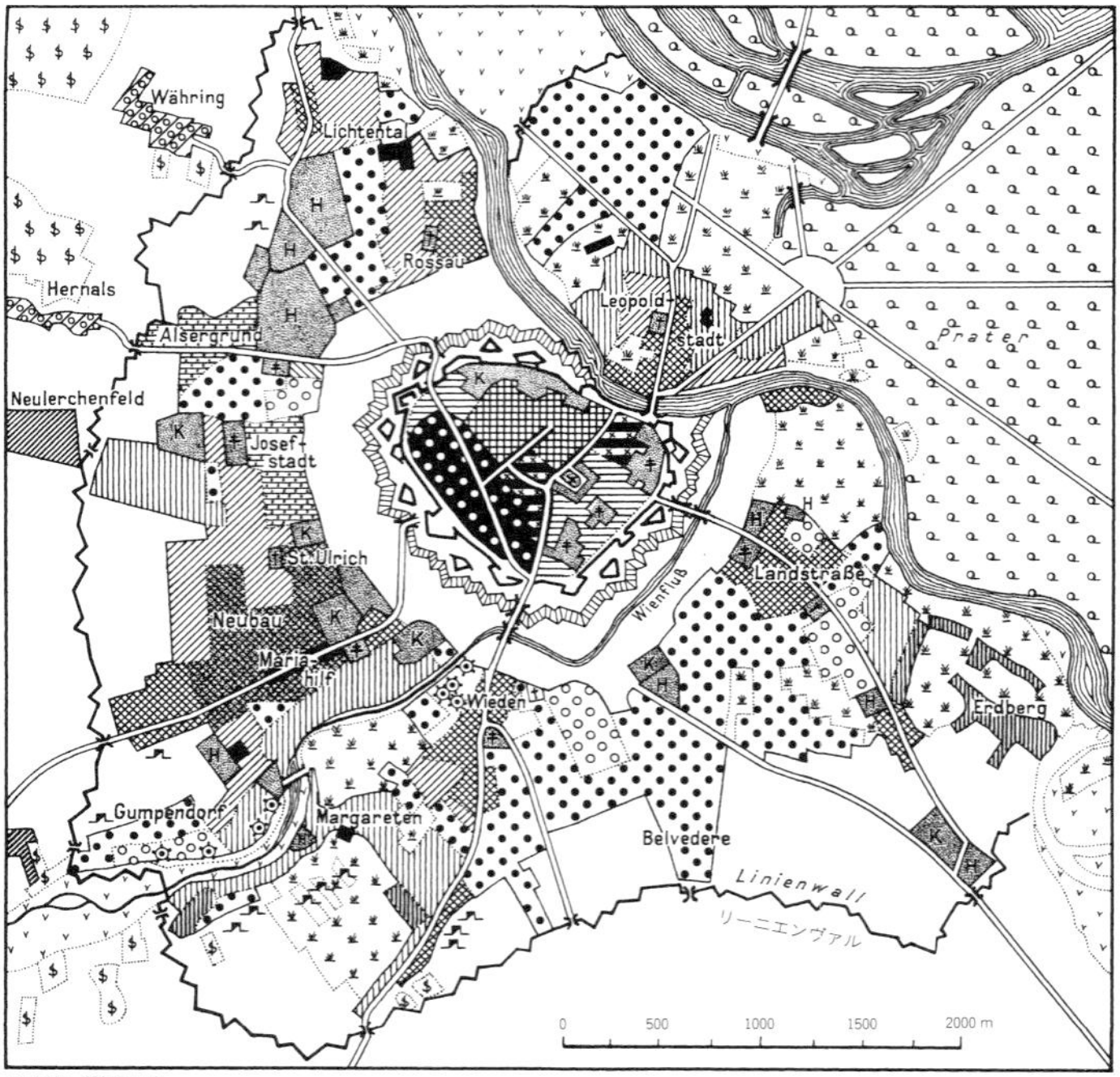

旧市街（第１区）
- 貴族と政府地区
- 卸商および銀行家の多いブルジョア地区
- 商工業者の多いブルジョア地区
- 官吏の多いブルジョア地区

フォアシュテーテ（第一郊外地区）
- 幹線道路沿いの旅館、飲食業
- 官吏の多い地区
- 商工業地区
- 零細手工業労働者および日雇い労働者地区
- 日雇い労働者地区
- 貴族の夏の宮殿の庭園
- ブルジョアの別荘地区
- 庭師の居住地区

フォアオルテ（第二郊外地区）
- 零細手工業労働者および日雇い労働者地区
- 避暑地を兼ねた葡萄栽培農村

公共施設と大まかな土地利用
- 公共施設（K…兵舎 H…病院 ✝…修道院）
- 工場
- 水車
- 煉瓦製造所
- 主要商店街
- 野菜耕作地
- 葡萄畑
- 中州

❺ 1770年のウィーン住み分け階層地図〔リーニエンヴァルも書きこまれている〕

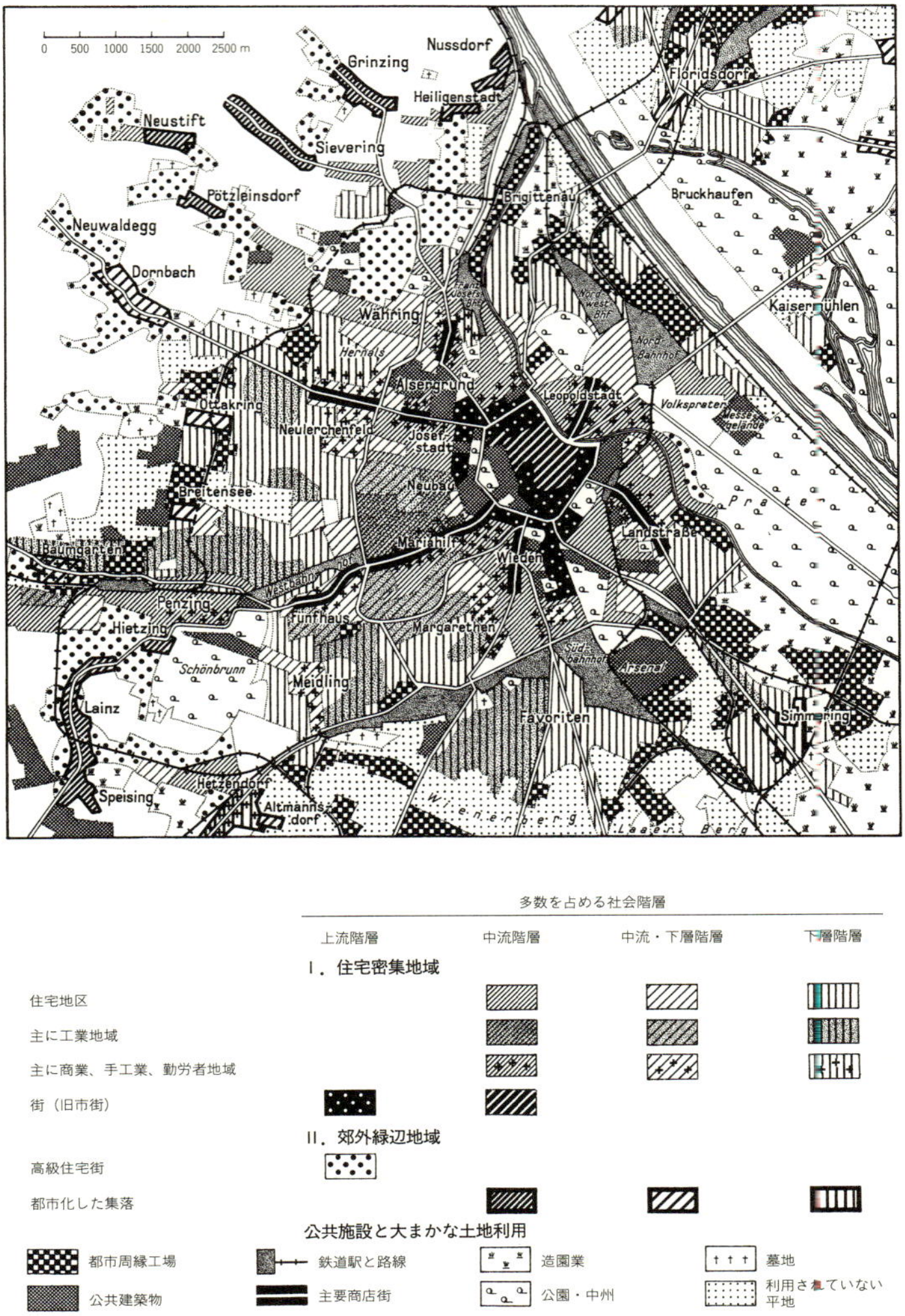

❻ 1914年のウィーン住み分け階層地図

てリベラル派が主導権を握る中で、環状道路は国際コンペを採用して建設されていったのである。その結果、軍事、教会関係の建物はすべて排除され、かわってオペラ劇場、ブルク劇場、大学などの芸術文化の殿堂、議事堂、新市庁舎などの立憲君主制を支える公共建築物が、この空間を飾ることになった。城塞都市ウィーンは今や文化メトロポーレへと大変身を遂げたのである。これにはユダヤ人の土地所有を認め、彼らの財力を積極的に活用する政策も、大いに貢献したのである。

着工から三〇年を経て環状道路が完成したとき、第一区の市街地区と第二区から第九区までの第一郊外地区とは、前頁の階層地図❻が示す通り、完全に繋がって一体化した。次に都市改造の重点は、第一郊外地区《フォアシュテーテ》と第二郊外地区《フォアオルテ》の間に横たわっていた「リーニエンヴァル」の撤去、その跡への都市鉄道、外環状道路《ギュルテル》の建設へと移り、世紀末にはその大部分が完成する。そして一八九〇年には第二郊外地区の市への編入も決まり、ウィーンは隙間なく張りめぐらされた蜘蛛の巣のように、中心から周縁部へ、上流、中流、下層階級へと下降する階層性円形都市となったのである。その特徴をフルに生かして書かれたのが、シュニッツラーの代表作『輪舞』である。

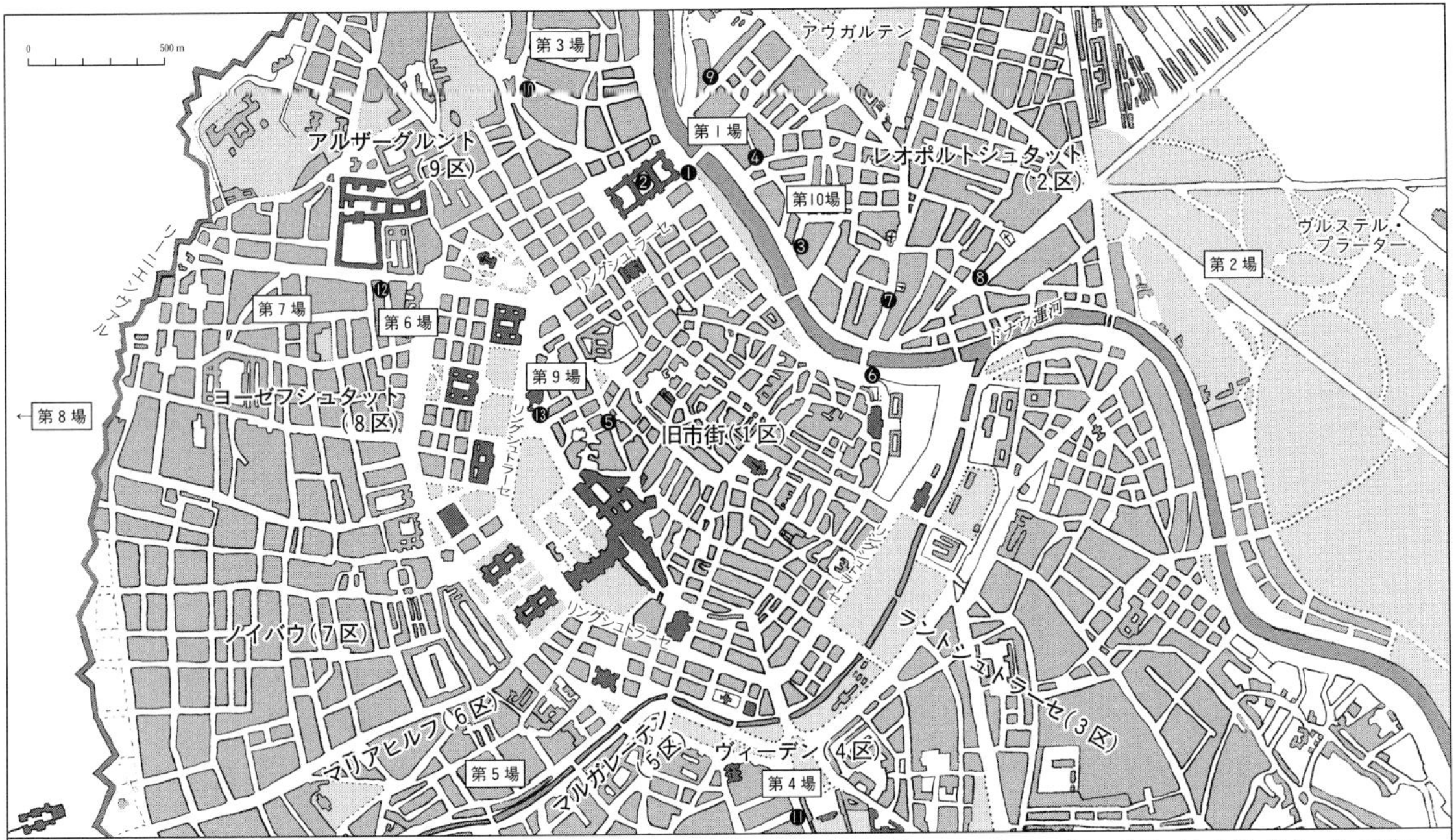

❶アウガルテン橋 ❷ロスアウアー兵営 ❸グローセ・シッフガッセ ❹クライネ・シッフガッセ ❺ヘレン・ガッセ ❻フェルディナント橋 ❼ターボーア通り ❽プラーター通り ❾レンブラント通り ❿ポルツェラーン・ガッセ ⓫シュヴィント・ガッセ ⓬ヴィッケンブルク・ガッセ ⓭ブルク劇場

❼『輪舞』各場の舞台となった19世紀末のウィーンの各地区〔第8場の舞台は、この地図の外側（矢印の方向）に設定されている〕

二　世紀末の円形都市ウィーンを舞台にした『輪舞』

■第一場　娼婦と兵隊　アウガルテン橋の、レオポルトシュタット側のたもと（第二区）

『輪舞』の第一場「娼婦と兵隊」は次のような会話で始まる。

兵隊（口笛を吹きながらやって来る。兵営へ帰る途中である）
娼婦「ちょっと、可愛い天使さん」
兵隊（振り向いてたものの、またそのまま行こうとする）
娼婦「あたいと遊ばない」
兵隊「ふん、おれが可愛い天使かい」
娼婦「決まっているじゃないの。あたいのところへおいでよ。すぐそこだから」

作者は第一場の時間と場所を「夜遅く、アウガルテン橋のたもと」に設定している。アウガルテン橋は、環状道路の北西角のショッテン門《トーア》からフランツ・ヨーゼフ河岸《カイ》を横切って、第二区の下アウガルテン通りへ通ずる道の、ドナウ運河を跨ぐところに架かっている橋で、第二区と都心を繋ぐ最初の橋「シュラーク橋」に次ぐ二番目の橋として、一七八二年に架設された。最初は木の橋であったが、一八七二年には鉄の橋に架け替えられた。現在の橋は第二次大戦後に建設さ

❽「輪舞」第１場

れたものであるが、その欄干には、絵画《マーレライ》、詩歌《ポエジー》、産業《インドゥストリー》、天文学《アストロノミー》のアレゴリー像を頂く四本の石柱が立つ先代の橋、すなわちこの作品に出てくる橋の銅板レリーフがはめられており、当時を偲ぶことができる。そして橋の手前のマリア・テレージア通り沿い（第九区側）には、この場面成立の構成要件にもなっている兵営「ロスアウアー兵営《カゼルネ》」（別名「ルドルフ兵営」）がある。状況から判断して兵隊は今レオポルト側から兵営に帰ろうとして、その橋のたもとで娼婦に声をかけられたのである。

ウィーンの階層社会は、すでに見たとおり、都心から第一郊外地区、第二郊外地区へと、外部へ遠ざかるに従って次第に下降し、それが環状道路やリーニエによって鮮明に視覚化されているところに顕著な特徴がある。なかでも、第一区と第二区との間には最大の落差が横たわっているが、それでいて両空間を分かっているのは運河一本、橋一基にすぎず、中間層の住む都市空間が存在しないのである。

ヨーゼフ・ロートは『放浪のユダヤ人』の「西のゲットー・ウィーン」の章で、こう書いている。因みに、『輪舞』の時代とロートのウィーン体験の時期とは、十五年程度の違いがあるにすぎない。

レオポルトシュタットは自らの意志でできたゲットーである。そして他の地区とは多くの橋でつながっている。それらの橋を商人、行商、証券ブローカー、経営者など、要するにそこに移住して来た東方ユダヤ人の非生産分子が、日がな一日渡り続けるのである。しかし朝の通勤時間には、これらの非生産分子の子孫たち、すなわち工場や事務所や銀行や編集局やアトリエで働く商人の息子たちや娘たちが、この同じ橋を渡るのである。

東方ユダヤ人の息子たちや娘たちは生産的である。両親が……行商を続けていてもかまわない。若者たちは最も才能豊かな弁護士であり、医者であり、銀行家であり、ジャーナリストであり、俳優なのである。[3]

ロートが「ウィーンへやって来る東方ユダヤ人は、二〇の地区（現在は二三区）から成る市の第二区レオポルトシュタットに住みつく」と書いているように、彼にとってこの地区は東方ユダヤ人の街であった。そして「種なしパン島《マッセッスインゼル》」（Mazzesinsel）と蔑称されていた第二区の住人から、さして幅広くはないドナウ運河を越えて、第一区で活躍する生産分子に、つまりはウィーン社会に同化して、それなりの地位を得て成功するには、一世代を要すると説いている。しかし、ウィーンではまた決して不可能でないことをも示唆している。シュニッツラーも「第十場」でそれを暗示する台詞を娼婦に言わせている。

「すぐそこだから」と誘う娼婦のことばから、橋のたもとはレオポルトシュタット側のたもとでなければならない。「あたいのところへ」と誘う娼婦のその住処が、現実に存在する「シッフ・ガッセ」(Schiffgasse) の界隈に設定されているからだ。シッフ・ガッセには当時グローセ (大) とクライネ (小) の二本があり、両者は交差するようにして接していた。ただし後者は現在、後述するように別の名に変わっている。

ロートは「クライネ・シッフガッセ」についても言及し、「レオポルトシュタットやブリギッテンアウ (アウガルテンの北側、当時は第二区に属していたが、現在は第二〇区) には、東方ユダヤ人の紳士服の仕立屋が大勢住んでいる。ユダヤ人は天才的な仕立屋である。しかし、第一区のヘレン・ガッセに酒場を持ち、『モード・サロン』を持っているのと、クライネ・シッフガッセで奥の台所を仕事場にしているのでは、大変な違いなのだ(4)」と、第一区と第二区の格差を強調している。ロートはさらに次のように述べている。

一体誰がクライネ・シッフガッセまで入ってくるだろうか。どうしてもそこまで行かなければならぬ事情がない限り、誰でも横を素通りしたいのである。クライネ・シッフガッセには玉葱や石油の臭い、鰊や石鹸の臭い、滌ぎ水や家財道具の臭い、ベンジンや煮物鍋の臭い、黴やハム、チーズの臭いがぷんぷんと漂っている。クライネ・シッフガッセには見るからに汚い子供たちが遊んでいる。……

貧しいユダヤ人の仕立屋はこんなところに住んでいるのだ。……その住まいたるや、たった一つの部屋と、たった一つの台所から成っているにすぎない。神がユダヤ人を統治している不可解な掟によって、貧しい東方ユダヤ人の仕立屋となると、六人またはそれ以上の子沢山であるが、そのくせ助手はごく稀にしかいない。がちゃがちゃミシンが鳴り、麺を打っている製麺板の上にはアイロンが載り、夫婦のベッドの上では仕立屋が寸法を取っている。こんな仕立屋のところへ一体誰が訪ねて来るであろうか。……彼には生地を裁断する腕があり、その仕事ぶりは見事なものである。ひょっとすると二十年後の彼は、第一区のあのヘレン・ガッセに正真正銘のモード・サロンを持っているかも知れない。しかし、それはおそらく誠実に働いて手に入れたものであろう。東方ユダヤ人とて決して魔法使いではない。彼が手に入れるものはなにもかも、艱難辛苦の賜物なのである。(5)

住み分け階層図に鑑みて言えば、同じ二区でも東の旧シュラーク橋、現在のスウェーデン橋を渡ったターボーア通りから、シュニッツラーの生家があったプラーター通り周辺は、貴族が都市宮殿を設けたり、シュニッツラー一家のような同化ユダヤ人のブルジョアが居住する空間になっていった。その北東奥の、王家の狩猟場を開放して開設された遊園地ヴルステル・プラーター（現在のフォルクスプラーター）は、ちょうど『輪舞』が書かれた一八九七年には有名な「大観覧車《リーゼンラート》」(Riesenrad) を建設して、ウィーン子の人気を攫い、大変な賑わいを呈していた。当時はまさに人口が急増していた時代である。因みに、ウィーンの人口は環状道路の建設が決まった一八五七年には四七万六千人、第二郊外地区を市に編入した一八九〇年には一三六万五千人、世紀末の一九〇〇年には一六七万五千人に達していた。ただし、このときロンドンは四三〇万人、パリは二七〇万人、新興の都市ベルリンもウィーンを抜いて一九〇万人を数えている。ウィーンの人口が最大になったのは一九一〇年の二〇九万人で、その後はヒトラーによるオーストリア併合（一九三八年）直後を除いて、下降線を辿り、現在は一五五万人程度に減少している。また第二区レオポルトシュタットの人口は一八五七年には五万六千人、一八九〇年には十五万八千人に達していた。ただし、一九〇〇年には北半分が分離して第二〇区となったために、十四万四千人に減少しているが、両者を併せると二六万五千人に達している。

　アウガルテン橋を渡った西寄りの空間は、もともとゲットーがあったところで、これが解体したあとも、カルメリーター広場を中心に貧しいユダヤ人、とくに東方ユダヤ人が住みついていた先のクライネ・シッフガッセも、そうした裏通りの一つだった。一部屋ないしは二部屋の狭小住宅はまだ上の部類で、多くはいわゆるバッセナ・ヴォーヌング（Bassenawohnung）、すなわち各階の廊下にしか水道の蛇口がなく、これを同じ階の住人が共同で使用する共同式アパートが大部分で、おまけに一室を別人が昼夜分け合って同居する、いわゆる又借り人（Untermieter oder Bettgeher）式の住み方が常識となっていた。のちに売れっ子作家となるロートも、一九一四年にガリツィアから出てきた当初は、アウガルテン近くのレンブラント通りに、まさしくこうした又借り人として住んでいた。ウィーンのユダヤ人人口は　一八六〇年には市の人口の二・二パーセントの六二〇〇人であったが、七〇年には同六・六パーセントの四万二〇〇人、八〇年には同一〇・一パーセントの七万二六〇〇人、さらに九〇年には八・七パーセント、一九〇〇年には八パーセント、一九一〇年には八・六パーセントと比率は低下しているが、全体数はそれぞれ十一万五〇〇〇人、十四万七〇〇〇人、十七万五三〇〇人と増加の一途を辿った。[6]

ところで、現在の市街地図にはどこを探してもクライネ・シッフガッセの名は見出せない。というのも、一九一九年に地元の政治家の名を採って、フランツ・ホーホエードリンガー・ガッセ(Franz Hochedlingergasse)に改名されたからである。わたしは幾度もこの小路を歩いているが、今ではもうユダヤ人職人の店もシュニッツラーやロートが伝える当時の雰囲気も存在しない。『ウィーン文学散歩』の著者R・ミクリンも、「ここには見るべきものも、過去の雰囲気も存在しない。新築の建物と改築された泡沫会社乱立時代の家屋が並ぶごく普通の通りになっている。数十年前には主としてトルコやユーゴスラヴィアからの出稼ぎ労働者《ガストアルバイター》が住む、安く暮らせる地域であった。しかし、都心に近いことから、最近では土地の評価が高くなった。レオポルトシュタットが人々の避ける落ちぶれた地区であったあの時代は、ますます想起されなくなっている」[7]と書いている。

最初の場面に戻ろう。レオカーディアと名乗るこの娼婦は、兵隊のフランツが門限の一〇時までに営舎に帰らなければならないから、と言うのを聞いて、運河の土手の草むらでことを済ませてしまう。のちの場面に登場する上流階級の殿方、婦人方にはとてもまねのできない、如何にも兵隊と娼婦ならではの、場所や雰囲気を選り好みしない性交である。ことに及ぶ箇所は検閲制度のあった当時のこととて、波線で示されているが、ことが終わったあと、「ベンチの方がよかったのに」と娼婦に言わせているあたり、効き目十分な一語である。まさにアウガルテン橋のレオポルトシュタット側のたもとは、娼婦と兵隊が交わるのに最も似つかわしい場所であった。

シュテファン・ツヴァイクは『昨日の世界』の中で、「当時においては、商売女を見つけることよりそれを避けるほうがむずかしかったほど、彼女らは歩道にちらばっていた。そのうえ更に、無数の『非公開の家』、ナイトクラブ、キャバレー、踊り子や女歌手のいるダンス・ホール、サービス・ガールのいるバーがあった[8]」と、ヨーロッパにおける売春の蔓延について赤裸々に綴り、「昼も、夜更けから明け方までも、行きずりが通る度に何度でも、……誘いかけの微笑を見せる」路上での娼婦のアタックを、「遊撃の売春」と名付けている[9]。

第二場 「兵隊と小間使い」 ヴルステル・プラーター（第二区）

第一場に登場した兵隊フランツはマリーという小間使いと連れだって日曜日の晩、プラーターでデートを楽しんでいる。場所はヴルステル・プラーターから暗い並木道へ通じる小径。ト書きでは猥雑な音楽が鳴り、下卑たポルカの一種、「五クロイツァー舞踏曲」を吹くラッパの響きも聞こえてくる、とある。

プラーターは先にも触れたように、もともと王家の狩猟場であったが、啓蒙君主のヨーゼフ二世が一七六六年に市民に開放し、その一部がヴルステル・プラーターともフォルクスプラーター（今日ではもっぱら後者の呼称が使われている）とも呼ばれる遊園地となった。ト書きにある遊園地内の並木道沿いには、ウィーン名物のカフェも店を開いていた。

ウィーン万国博覧会もここプラーターで開催されている。ドナウ川の治水工事の完成によって得られたロンドン万国博（一八六二年）の十二倍という広大なゲレンデに、大円形ホールを初めとする約二〇〇の展示館《パビリオン》や各種庭園を造営して、一八七三年五月開幕した。この万国博には、日本からも八〇人が名古屋城の金の鯱など六千点の展示品を持って協賛し、岩倉使節団一行もこの万国博を視察し、皇帝フランツ・ヨーゼフ一世にも謁見している。そして日本の職人たちの活躍が注目を惹き、その後日本ブームが起こっている。プラーターはこの万国博を契機に最も活気ある遊園地となり、円形大ホールもそのまま残され、既述のように世紀末には大観覧車が建設されて大人気を博した。映画『第三の男』でも、大観覧車はプラーターを象徴する建造物として登場する。そうしたプラーターは小市民たちの「大きな世界」。第一区では引け目を感じる小市民も、ここなら肩が凝らず気楽に楽しめ、若い娘は恋人を、成り立ての娼婦も上客を摑まえて、それぞれ成功を喜ぶことができた。シュニッツラーの友人で、同じ青春ウィーン派のメンバーだったフェーリクス・ザルテンは、ヴルステル・プラーターを女性とデートするのに最適の場所として挙げ、次のように書いている。

すべての者がここでは相手を探し求めているのだ。そして成功しない者はいない。ここでは男性の連れができない娘も、娘を仕留めることのできない男性も、またいないのだ。……ランデブーのためにここへやって来る若き少尉は、ここヴルステル・プラーターでは社会的に最高のランクの人間であり、疑いもなく最も高貴な人間なのだ。ここでは相手を見下すこともできる。彼がここで出会うお針子は、少尉が持ち合わせている品のある作法、彼の優しい態度ですでに半ば射止められてしまうのだ。彼は貴婦人に対するように、彼女の手に接吻する。将軍の夫人の手にだって、これ以上に恭しく口づけしえないほどに。そして彼は確信してもよい。こいつはいけるぜ、と。[10]

❾「輪舞」第2場

第二場の二人はこうしたプラーターで、一番賑わう日曜日の夕方に逢い引きをしているのである。兵隊は小間使いの腰に手を回し、ホールから洩れてくる音楽にのって、踊るようにしながら闇の中を進み、原っぱの柵に突き当たって倒れたところで、ことに及ぶのである。それを暗示する波線のあと、「さあマリーさん、いつまでもそんな草の中に座っていないで」と呼びかけている。ザルテンも「緑の原っぱが下の方のドナウ川の岸まで拡がっている」と書いている通り、ここはまさにランデブーが究極の目的を達成し得る格好の場所であった。ザルテン以上に、シュニッツラーはここを知っていたのだろう。人物、場所、状況の設定の見事さに改めて驚くばかりである。

小間使いが十時までに帰らねば奥様の機嫌が悪いからと、帰りを急ごうとするのを、兵隊は第一場とは反対に、ダンスホールの「スヴォボダ」でもう少し踊ろうよと、引き留めにかかっている。これは、日曜日の兵営の門限が平日よりも二時間遅い、十二時であることに因る。オットー・フリートレンダーもウィーンでは門限が十時であったことを証言している。

十時には家の門が閉められるのである。十時以後に帰宅する者は、ベルを鳴らし五ペニッヒ硬貨《ゼックセルル》を払わなければならず、おまけに管理人のボトルバとかノヴォトニィとかいう男がゆらゆら炎が揺れる蠟燭を手に、ナイトガウンを何とか着込んで、スリッパを引きずってやって来るまで、むろん暗く寒い街頭で待たなければならない。(中略)要するに、ウィーンっ子は何故十時以後に帰ろうとはしないのか、よく知っている。——これは煩しい五ペニッヒ硬貨《ゼックセルル》のためだけではなく、良き評判を得るためでもあるのだ。というのも、あの人はよく十時以後に帰宅するとの噂が立てば、決して良い結果にはならないからだ。……街娼も十時以後なら遠慮なく声をかけてくる。[11]

第二場の場面に戻ろう。ことが終わったあと、兵隊は小間使いにどこに住んでいるのかと訊ね、送っていくからと言う。これに対して、彼女は「ポルツェラーン・ガッセ」と答え、彼女の勤めている家の住所が明かされ、次の場がそこになることが予告される。因みに、「ガッセ」(Gasse)はドイツ語で通常「小路」を意味し、「通り」(Straße)より狭い「横丁」、「裏通り」を指すが、ウィーンでは必ずしもそうではなく、立派な通りでも「ガッセ」という名称が付いている。「ポルツエラーン・ガッセ」や先の「ヘレン・ガッセ」はまさにその代表例である。ポルツェラーン・ガッセはショッテンリングから先の兵営の西横を通って、やや曲線を描くように北のフランツ・ヨーゼフ駅へと至る、市電《トラム》も通う通りである。通り名「陶器《ポルツェラーン》通り」は元ここに陶器工場があったことに由来する。

ここ第九区アルザーグルントはヨーゼフ二世が創設した有名な「ウィーン公共病院」――シュニッツラーもここで医者の実習を行った――をはじめ、さまざまな専門病院が集中しているところで、「病院地区」と呼ばれている。もとはドナウの支流アルザーバッハ川沿いに開けた地区であったが、一八五〇年にウィーン市に編入されて第九区となり、医者の他、弁護士、企業家、自由業の人たちなど、主として新興のブルジョア市民が住む地区となった。ユダヤ人の成功組がレオポルトシュタットから出て好んで移り住んだのも、この地区であった。次の第三場はそのポルツェラーン・ガッセが舞台となる。

■第三場「小間使いと若主人の青年」ポルツェラーン通りの親の家の青年の部屋（第九区）

ト書きによると、時、場所、状況は、次のような設定になっている。

熱い夏の午後。両親は田舎へ行っている。料理女も外出している。小間使いは台所で愛人の兵隊に手紙を書いている。若主人の部屋から呼び鈴の音がする。彼女は腰を上げて、その部屋へ行く。若主人は寝椅子に横たわって煙草を燻らせ、フランス小説を読んでいる。

ここには、一家が小間使いの他に料理女を雇っていること、両親がどこか田舎へ避暑に出かけており、この家が可成りの金持ちであることなどの情報が盛り込まれている。さらに青年の読んでいる本がフランスの小説であり、好みの酒がコニャックであることから、彼が相当のフランス贔屓のダンディストであることも察しがつく。そしてシュニッツラーを含め、青春ウィーン派の面々がそうであったように、いやウィーンのほとんどの文化遊民がそうであったように、この青年もことが終わってから、「友人シュレルが来たら、ぼくはカフェにいるからね」と小間使いに言い残して出ていくという、その言動から、行きつけのカフェ、つまり「シュタム・カフェ」(Stammcafé)を持つ、カフェの常連であることも分かるのである。現代ウィーンのカフェの名店「ハヴェルカ」の常連であるアルフレート・シュメラーは、「もしわたしが家にいなければ、ハヴェルカにいる。もしわたしがハヴェルカにいなければ、ハヴェルカへ行く途中だ」と、ユーモアたっぷりに詠っている。

M・ヨーンは泡沫会社設立時代の各階層とその住宅事情を図表表示しているが[12]、それを要約すれば、次のように分類できるだろう。

(1)上流階層＝上級及び下級貴族、次いで官僚貴族と金で称号を得た貴族、大企業家。これらの大部分は封建制の貴族グループに属し、とくに王家一族が住む王宮を頂点に、大貴族が住む第一区の環状道路沿いの都市宮殿《シュタットパレ》、大邸宅が彼らの住まい。(2)中流階層の上＝商工業者、自由業者、家主や地主、上級官僚や高級サラリーマンで、最初の自由業の者までがブルジョア階級に属し、大邸宅や5LDK以上の大きい住宅に住み、家主、地主までは持ち家に住む。(3)中流階層の下＝小規模商工業者、下級サラリーマンがこの小ブルジョア階級に属し、四部屋までの中ないしは小住宅に住む。(4)下層階層＝下級官吏、熟練労働者、一般労働者、奉公人、日雇い労働者と続き、小または狭小住宅に住む。さらにその下の最下層のプロレタリアート、貧民、失業者は住まいのない、いわゆるホームレスで、バラックや地面に穴を掘って住んでいたとされる。そして全階層を通して持ち家に住むのは一七・五パーセント、四部屋までの小住宅に住む者が九・三パーセント、それ以下の狭小住宅に住む者が七三・二パーセントを占めていた。警察は「浮浪者取り締まり法」を盾に、彼らを矯正目的の労働を課す「作業所《ヴェルクハウス》」へ送り込んだ。その他の者は餓死や凍死を免れるために、「貧民収容所《アジュール》」に頼らざるを得なかった。公設のそうした施設は二カ所ぐらいしかなく、収容人員もせいぜい五百人程度だった。環状道路の輝きの影で、こうした下層民が多数「ニーリエの向こう」に住んでいたのである。トラクターや起重機などのなかった時代に、環状道路建設というあれだけの大工事を為し得た背景には、安い賃金で働かされた多数の労働者、とくにチェコやイタリアから来た労働者の存在があった。「リーニエの向こう」には、彼らが住むバラック小屋、いわゆる「チェコ村」や「イタリア村」がたくさん出現していたという。こうした階層別の住宅事情からも、ポルツェラーン通りに住む一家が可成りのブルジョアであることは、容易に理解できるだろう。

次にもう現在の日本ではほとんど皆無となり、その名称も死語となってしまった「小間使い」に触れておかなければならない。ウィーンを描く小説、演劇、オペレッタに必ずや登場するお馴染の脇役であるからだ。小間使いには何かロマンチックなイメージを抱きがちであるが、年若い少女のときから貴族やブルジョア家庭に住み込み、劣悪な条件のもとで働かされていたのが、彼女たちの現実の姿だった。『オーストリア文学とハプスブルク神話』の著者クラウディオ・マグリスは同著の中で、彼女たちのことを次のように説いている。

浮気心をそそる小間使いに意地の悪い女主人公。オーストリア文学を貫いているこの二様の女性像には、官能を刺激する一種独特のむなしさが表されている。……宮廷では若き大公の恋の目覚めとその成就は、臈長けたる愛の姫君の手に委ねられるように、裕福なお屋敷では、魅力溢れる小間使いが若旦那様に恋の作法の手ほどきをする。いいように利用されるこの若い娘を取り囲んでいるのは、一種の贖罪コンプレックスともいうべきもので、このコンプレックスゆえに小間使いが理想化され、かりそめの官能の喜びの象徴に仕立て上げられるのだ[13]。

彼女たちは、自分たちが仕える上流家庭の息子たちの性のお相手を半ば強制的にさせられ、万一子供でも孕むようなことがあれば、たちまち暇を出され、娼婦へ転落する運命にあった。十九世紀末のウィーンでは娼婦の三人に一人は、このいわゆる「お屋敷の女奴隷たち」であったと言われている。私生活まで雇用主に監視させる奉公人法、暇を出されたらすぐに警察へ届けなければならない浮浪者取締法などによって、彼女たちは人権も行動もがんじがらめに縛られていたのである。S・ツヴァイクも次のように書いている。

❿「輪舞」第３場

父親たちは家に可愛らしい女中を傭ったが、その任務は若者に実地で教えることであった。というのはそのような父親たちには、若い男がこの面倒なことを自分の屋根の下ですませ、それによって外部に対しては品行が守られ、おまけに彼がどこかの手くだのうまい女の手中に落ちるかも知れぬ危険を断つほうが、まだしもに見えたからである[14]。

現代社会の倫理観からすれば、女性の人権を踏みにじった「親ばか」の極致と言わねばならないだろう。しかし当時はこのばか親が良家の家父長として威張っていたのである。

若主人は部屋まで来させた小間使いのマリーから、飲もうとしたコニャックが鍵のかかったところへしまわれていて、その鍵を料理女が持って外出していると聞くと、代わりに冷水を一杯持って来てくれないかと頼む。部屋を出るとき小間使いが寝そべっている若主人の方を振り返り、また若主人もそれを意識して目をそらす。小間使いは水を持ってくる前に鏡の前で巻き毛を直す。これは明らかに若主人の気を惹こうとするためであり、また若主人もそれを十分意識しているのだ。小間使いは水道を出しっぱなしにしてから、その水をコップに入れて持ってくる。今度は寝椅子のところまで来て、それを手渡すが、作者はそこに「二人の手が触れあう」という一語を入れて、ことへの発展を軽妙に予告する。

一旦部屋を出ようとする小間使いはドアのところで意味ありげに振り返

り、若主人が自分を見つめていることを知って微笑する。彼女にその気のあることを知った若主人は、またベルを鳴らして彼女を部屋へ来させ、如何にも口実と分かる質問で彼女を引き留め、ついには「君のブラウスをよく見たい」と言いつつ、それを引き開け、胸に口づけして強引にことに及ぶ。彼女も「いやだわ、アルフレート様てっば」と言うものの、大して抵抗しない。ことの最中にベルが鳴り続けるが、彼はうっちゃっておけと言って、彼女を簡単にわがものにしてしまう。ことが終わると、彼の態度はがらりと変わり、彼女を避けるようにして、友人の「ドクターが来たら、ぼくはカフェにいるからね」と言い残し、さっさと出て行く。これは合意の性行為ではあっても、男の方が気ままに振る舞い、女の方が男の気を惹くべく言いなりになっていて、社会的主従関係がそのまま性行為に持ち込まれている。次の第四場では男女の関係は逆転し、小間使いにならば難なく為し得た行為が、自分より身分の高い人妻には気後れして、ことがうまく運ばないのである。社会的身分関係が性行為の際にも人間を縛るそうした現実を、シュニッツラーは見事に演出している。

▨第四場　「青年と人妻」　シュヴィント街の、とある家の客間　（第四区）

第四場は『輪舞』の中でも最もインパクトのある一場である。「夕暮れ。シュヴィント通りの、とある家の、陳腐な粋がかった家具調度のおかれた客間」が舞台で、ト書きにはさらに次のように記されている。

（先の）若主人がちょうど部屋へ入ってくる。帽子を被り、紳士用のコートを着たままで、蠟燭に火を灯す。それから隣室へ通じるドアを開けて、ちょっと中を覗く。蠟燭の灯りが客間から床を越えて、奥の壁際にある天蓋付きのベッドのところまで達する。寝室の隅の暖炉からは、赤味がかった炎の光りがベッドの帳まで拡がっている。――若主人は寝室の様子を見て回ったのち、香水吹きを取って、すみれの香水の細かな霧を寝具に吹きかける。それから彼はその香水吹きを持って両方の部屋を歩きながら、絶えずその小さいスポイトを押し続けたので、まもなくどこもかしこもすみれの匂いが漂う。それから彼はコートと帽子を脱ぎ、青いビロードの肘掛椅子に腰を下ろし、紙たばこに火を付けて、ふかす。しばらくすると、また立ち上がり、緑の鎧戸が閉まっていることを確かめる。突然彼はまた寝室に行き、ベッド脇のサイドテーブルの引き出しを開ける。中を探って、鼈甲のヘアピンを見つける。それをどこに隠すか、その場所を探すが、結局自分のコートのポケットに仕舞込む。それから彼は客間にある箪笥を開けて、コニャックの瓶とリキュールグラスが二つ載った銀盆を取り出し、それらすべてをテーブルの上に置く。それから再びコートのところへ行き、今度は小さな白い包みを取り出す。それを開けて、コニャックに添えて置く。再び箪笥のところへ行き、二枚の小皿と食事用具一式を取り出す。小さな包みから砂糖にまぶした栗を一つ取り出して、食べる。そしてコニャックを一杯注いで、すばやく飲み干す。それから時計を見る。部屋の中を往ったり来たりする。――大きな壁鏡の前で彼はしばらく立ち止まって、ポケット用の櫛で髪や小さい口髭を整える。――そこで彼は控えの部屋のドアのところへ行って、耳をそばだてる。何の気配もない。ベルが鳴る。若主人は軽くびくっとする。それから肘掛椅子に腰を下ろすが、ドアが開いて、若い女性が入ってきたとき、ようやく立ちあがる。

小道具の設定まで細かく書き込んだ、実に詳細なト書きである。舞台ではここまで一人芝居として演じられるわけだが、テクストを読む読者もその場面をありありと浮かべることができる。若主人の青年は先に来て、逢い引きの道具立てがすべて整っているか見て回り、自分で砂糖菓子まで持参する気の遣いようである。彼の落ち着かない態度から、期待に心を弾ませ、緊張している様子が見て取れる。それは、相手の女性がやっとのことで逢い引きに応じてくれた上流階級の人妻であることに起因する。女性は厚いヴェールを被り、部屋へ入ってからドアを閉め、興奮を抑えずにいられないかのように、左手を胸に当てて、一瞬立ち止まる。若主人は彼女のそばへ歩み寄り、左手を取って、黒い糸で刺繍した白い手袋の上に接吻する。そして「有難う」と言う。これが彼の最初の台詞である。

「シュヴィント・ガッセ」(Schwindgasse) は、上級貴族とブルジョアの融和共生するシュヴァルツェンベルク広場《プラッツ》から少し南へ行った、第四区ヴィーデン地区にある実在の通りである。第四区は一八五〇年に市に編入されてからは、企業家、外交官、医者、芸術家など、ブルジョア・インテリ階級が好んで住みつき、市民から羨望される高級地区となった。現在も各国大使館が集まり、大使館地区にもなっている。こうしたことから、ト書きにあるこの部屋は、上流階級の男女がお忍びで使っている貸し部屋であると考えられる。先客の鼈甲のピンが残っていたり、コニャックが用意されていたりすることからも明らかだ。

この第四場でシュニッツラーが描こうとしたのは、性交においても社会の地位、身分関係が強く作用し、心理的に決定的な影響力を及ぼすという事実である。ただし第三場とはまったく逆に、小間使いなら簡単にものにした若主人も、密会の相手が自分より上の上流階級の人妻となると気後れしてしまい、うまくことを運ぶことができない。社会的階級意識、劣等意識に因る萎縮がまさしく男の「一物」そのものに作用するのである。若主人の青年にはそうした人妻を相手にするのは今回が初めてで、それゆえ完全に舞い上がってしまっているのだ。それは、女性が服を脱ぐのを手伝おうとして、「ぼくに手伝わせて下さい」と言うところを、慌てて「ぼくを……」と言ってしまう彼のしどろもどろの言葉にも現れている。だから、ことに及ぼうとしてもうまくいかず、「こんなことになりそうな気がしていたんです」と、言い訳に努めなければならない立場に立たされるのだ。

⓫「輪舞」第４場

青年は第三場で読んでいたスタンダールの『恋愛論』に出てくる騎兵隊の話を引いて、「夢中になって愛していた女性と何した場合には、……ちょうど今日のようにうまくいかなかったというのです」と、言い訳にもならない言い訳を繰り返し、やっと思いが叶って、幾晩もともに過ごしながら、ただうれしさのあまり泣くばかりで、何もできなかった騎兵将校の話まで持ち出す。ところが女の方は『でも泣かなかった人だってたくさんいるでしょう』と軽く彼をいなし、「もう五分だけいてあげる」と余裕のあるところを見せながら、接吻をもって自分の方から誘い掛けるのである。今度はうまく成功して、若主人は辛うじて面目を保つ。ことが終わると、第三場とは反対に、女の方が「もう八時だわ、家に帰らなければ」と言い出して、さっさと立ち去るのである。それに引き替え、男の方は再会の約束を取り付けたことを喜び、これで「お上品な奥方と関係ができたというものだ」と、一人悦に入っている。ここでは、第三場とは男女の関係が完全に逆転しているのである。

女の方は、最初は来るだけでも大変だった、妹のところへ行くと言って出てきたので、五分しかいられないと、如何にも浮気を恥じ、戸惑っているような素振りを示す。これこそ計算づくの、見せかけの品づくりにすぎない。実は、彼女は火遊びの手管を十分心得たしたたかな人妻なのである。この面の経験も豊富だった作者シュニッツラーは、動かぬ物証をもってそれを証明している。すなわち、女はひと目を避けるように厚いヴェールで顔を覆ってやって来たが、服の下にはコルセットを付けず、すぐさまことに応じられるように、最初からその気で来たことがすぐに分かるように仕組まれているのだ。そして一旦ベッドに入るや、先ほどの恥じらう態度を一変させ、コケッティッシュな声で「ね、早くいらっしゃいな」と催促し、一回目が不首尾に終わるや、今度は自分の方から積極的に仕掛けるのである。そして一応無事ことを済ませるや、靴下や靴を履くのを手伝わせ、服を着終えて寝室から出てくると、口では「地中へ潜り込みたい気持ちだわ」と恥じらいながら、チョコレートを一つつまんで口に放り込み、一人で先に平然と去っていく。数ある情事を経験している自分には、今日の逢い引きは不出来な一つにすぎないとでもいうふうに。

ツヴァイクも『昨日の世界』の中で、当時、淑女、貴婦人はみなコルセットを着用し、身体を隠蔽する、隠蔽の道徳、隠蔽の習慣を守っていたと、興味深い事実を伝えている。

……あらゆる点で自然を圧迫している着つけをしたかつての『貴婦人』が、何と笑いを誘うことだろう！ 胴の真中では硬い烏賊の甲でできたコルセットによって胡蜂《すずめばち》のように締めあげられ、下半身はふたたび大きな釣鐘のように広くふくらまされ、頸は顎の高さまで閉ざされ、足はほんの爪先をのこして被いかくされ、……手は盛夏でさえも手套を被せられ、この今日ではすでに歴史的となり終った「貴婦人」なるしろものは……憐れむべき救いようのない不幸なるものという印象を与えるのである。(15)

女性が『貴婦人』の印象を与えねばならぬとすればするほど、いよいよそのありのままの形は見えないようになっていなければならなかった。けれども根本においては、この……流行は、ただ時代の一般的な道徳傾向に従順に仕えたものであり、その道徳傾向の最大の配慮は、被い、かつ隠すということであった。(16)

ここからも先の人妻は不倫を楽しみ、背徳の快楽に耽っているのは明らかである。古いモラルが未だ存在し、厳しい性の掟が生きていた当時、表面上は、このルールに従わねばたちまち名誉や地位を失墜する恐れがあったが、その裏では不倫に走り、情事を楽しむことも、とくに上流社会、ブルジョア社会ではまま見られたのである。しかし人妻との情事が一旦発覚すると、決闘沙汰に発展して、男のいずれかが落命せざるを得なかったのである。あの『恋愛三昧』のフリッツのように。

この『輪舞』は、人妻が不倫に走る場を夫のそれよりも先に置くという配列の妙をもって、社会的に寛大な扱いを受ける殿方だけでなく、厳しい制約を受けていたはずの女性たちも、蔭でこうした情事を楽しんでいたことを見事に暴いて見せている。

■第五場　人妻とその夫　夫婦の寝室（第五区ないしは第六区）

第五場は唯一通常の夫婦の寝室での会話である。すなわち、先の「エンマ」と呼ばれている若奥様が自宅寝室のベッドに横たわり本を読んでいるところへ、夫が寝巻き姿で入ってきて、結婚生活について自説を説くという設定になっている。時刻は夜の十時半、フリートレンダーが言及している「十時に床につく」ウィーンの習慣がここでも確認できるが、場所の特定はない。しかしほぼ環状道路に沿って時計回りに進んできた――ただし第三場だけは少しそれからはみ出している――場所の展開からすれば、第五区マルガレーテン地区か第六区マリアヒルフ地区と考えてよいであろう。

夫婦というものは、惚れ合っていることをときどき忘れた方が、また新鮮な気持ちで惚れ直すこ

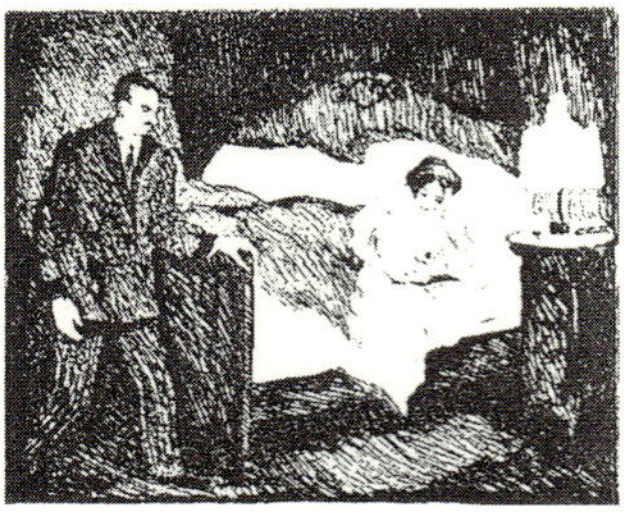

⑫「輪舞」第５場

とができて、新婚のような気分が蘇るものだ、だから今こうして惚れ直しているのだよ、と夫は手前勝手な自説を説く。すると妻は「もしわたしの方がそうでなかったら」と挑発すると、夫は良家出身のわが妻を「君たちは清らかな身で、ぼくたちの前にやって来る」と持ち上げ、「ぼくたちが相手にする奴というのは、とてもたまらない連中ばかりだからね」と、結婚前に幾度も女を経験していることを仄めかし、同時にそうした女は「とてもたまらない連中ばかりだ」と扱き下ろす。ところが今夫から誉められている妻は、前場で若主人相手に情事を楽しんでいたわけで、それを知っている観客や読者には、夫が何とも滑稽に見えて仕方がない。これはロンド形式によってはじめて可能となる見事な仕掛けである。

夫は自分たちの不道徳振りを「経験を積む」男の特権として正当化し、「自分たちが相手にする連中」は精神的にも物質的にも貧しく、「おまえみたいな、ちゃんとした奥様にはこれほど嫌なものはないはず」と妻に阿て、手前勝手な自説を説く。そして妻には良妻賢母のモラルを押しつけて貞淑を強い、男が女と遊ぶほうが夫婦円満になると強弁を弄する。ここには見かけは良家の理想の夫婦を装いながら、その実、互いに相手を裏切り、浮気や不倫を重ねている欺瞞に満ちた夫婦関係が浮き彫りにされ、世紀末ウィーンのモラルを欠いた性の実態が見事に描き出されている。しかも作者が安易な批判に走っていない点も見逃してはならない。それらを含めて成熟した社会の成熟したドラマであると言えよう。

■第六場　夫と可愛い娘　料亭「リートホーフ」の個室（第八区）

この場と次の第七場はともに「可愛い娘《ジューセス・メードル》」（Süßes Mädl）が主役である。第五場で妻に貞淑の美徳を説き、良妻賢母の役割を押しつけたあの夫が、この第六場では「可愛い娘《ジューセス・メードル》」を料亭「リートホーフ」の別室に連れ込んで相手をさせ、ことに及ぶ場面である。

この「可愛い娘《ジューセス・メードル》」について述べる前に、まず「リートホーフ」の場所を確認しておこう。これは、ウィーンの「カルチェラタン」とも呼ばれる第八区「ヨーゼフシュタット」のヴィッケンブルク・ガッセ十五番地にあったレストランで、大学や公共病院に近かったから、客は自ずと大学の教官や医者、学生たちが多かったという。シュニッツラーは『夢物語』（Traumnovelle）〔スタンリー・キューブリック監督の映画『アイズ・ワイド・シャット』の原作と言った方が、若い方にはよく通じるかも知れない〕にもリートホーフを登場させ、物語の発端となる場所をこの界隈に設定している。夜の往診を終えて帰宅途中の医師フリードリーンに、若い娼婦が「先生《ドクター》、一緒に来ない？」と声をかけ、「君、どうしてぼくのことを知っているの」と訊く彼に、「知りゃしないわ、でも、この地区はみんな先生《ドクター》でしょう」と言わせている。

「リートホーフ」という店名は創業者の食料店主ヨーゼフ・リートホーフに因む――ウィーンのカフェの店名もオーナーの名を採ったものが多い――もので、この地区が市に編入された一八五〇

⓭『輪舞』第６場

年に、あるレストラン経営者がこの店を引き取って別室付きの料亭に改造し、これが当たって、大学や病院関係者で賑わうようになった。ウィーン市長だったカイエーターン・フェルダー、整形外科の教授アドルフ・ロレンツ、同じく外科の権威として名を成すアントン・アイゼルスベルクらも、この店の常連だった。リートホーフの売り物は、格好の逢い引きの場として利用できる「別室《シャンブル・セパレ》」であった。シュニッツラー自身も「可愛い娘《ジューセス・メードル》」の一典型と呼んでいるジャネッテ・ヘーガーと付き合っていた頃、逢い引きの場所としてここをよく利用していた。さらにこの『輪舞』の第八場、九場の「女優」のモデルとされるアデーレ・ザンドロックも一八九五年一月、ブルク劇場への移籍が決まったとき、このリートホーフでシュニッツラーやザルテン、ベーア＝ホフマン、ローベルト・ニールらの友人を招いて晩餐会を開いている。こうした「別室」はシュニッツラーの小説『ベルタ・ガルラン夫人』にも描かれているように、人目を忍ぶ男女が食事をしながら密会できる場所として、ウィーンでは大いに重宝され、静かな人気を呼んだ。晩婚の傾向が強かった上流階級の子息たちは、独身時代に後腐れのない「可愛い娘《ジューセス・メードル》」を相手にアバンチュールを楽しんだが、そのためにもこうした「別室」が必要だったのである。

　リートホーフの別室で良家の夫から食事をご馳走になり、その求めに応じて身を任せた「可愛い娘《ジューセス・メードル》」は、その少し前に第一区のジンガー通りをぶらついているところを、この紳士に声を掛けられ、誘われるままについてきたのだ。しかし誰にでもついていくわけじゃない、元の恋人によく似ていたからついてきたのだと、最初はおぼこぶってみせ、こんなに早く身を任せたのは、ワインのせいだ、「あんた、きっとお酒の中に何か入れたんでしょう」と、すべてを酒のせいに転嫁する。紳士の方は、妻とは別世界の、「リーニエの向こう」に住むこの娘に好奇心を抱き、何か秘密めいたいかがわしさを嗅ぎ取って性的興奮を覚え、彼女の男関係や家族のことを根掘り葉掘り訊ねる。ただし、自分の方はグラーツからときどき商用でウィーンに出てくるのだ、と嘘をつく。しかし彼女の方が一枚上手で、「心配しなくったっていいわよ、押しかけて行きゃしないから」と、すぐに相手の嘘を見抜き、自分が一時の遊び相手にすぎないことをちゃんと心得ている。そして「奥さんもきっと、あんたみたいなことをやってんでしょうから」と、男の痛いところを衝いて、たじたじとさせるのである。結局最初からの思惑通り、次回はもっと落ち着いたところで逢おうと、二人は約束し、関係の続くことが告げられる。

さて、シュニッツラーの作品にしばしば登場し、世紀末のウィーンに欠けてはならぬ存在となった「可愛い娘《ジューセス・メードル》」とは、一体どのような女性をいうのであろうか。先にも引用した『ハプスブルク神話』の著者C・マグリスは、「ハプスブルク世界のきわめて微妙なニュアンスを、つかみがたい雰囲気を、そしてそれらに包まれた象徴的な人物形象を捉えて、不滅のものにした」のが作家シュニッツラーであり、その一つがこの「可愛い娘《ジューセス・メードル》」であると指摘している。[17] シュニッツラーがそれを為しえた背景には、彼自身に彼女たちとのさまざまな青春の体験があったからで、これが大いに寄与しているのである。死後三十数年を経てようやく解禁刊行された自伝『ウィーンの青春』には、そうした体験が赤裸々に語られており、「可愛い娘《ジューセス・メードル》」の実態を知る貴重な資料ともなっている。

一八八一年の十一月のある夕暮れ、ノイバウ〔筆者注：第七区〕、ヨーゼフシュタット地区の、市街地区通りを通り抜けていく散歩道の一つで、わたしたち〔筆者注：法学部学生の友人とシュニッツラー自身〕が二人の若い娘にふたことみこと、ことばをかけたところ、首尾よく聞き入れられたので、一緒に彼女たちを連れて行くことになった。彼女たちを言い表すのに適した『可愛い娘《ジューセス・メードル》』という名称はいまだなかったとはいえ、彼女たちは――少なくともそのうちの一人は単に『可愛い娘《ジューセス・メードル》』と呼ばれるにとどまらず、彼女以前にも何千人もの可愛い娘がいたにしても、やはり『初代』の可愛い娘と呼んで然るべき正統な権利を主張しうる人物であった。そして、わたしはこの人物像が個人的な形姿としてではないにしても、いわば『理念』として、わたしの文学的発展にとって重要なものにならずにはおかないことを、すでに予感していたに違いない。……彼女はある劇場のコーラス・ガールだった。ちなみに、わたしは彼女を自分自身のために次のような言葉で記述した。あるウィーンの女性のプロトタイプ。魅力的な体つき。踊るために生まれてきたようだ。小さな口元、それは口づけのために作られたかのようだ。二つの輝く、生き生きとした目。素朴な好みの、お針子タイプの服装、――軽く身体を揺するような歩き方、すばしっこくて、天真爛漫――声は明るく――言葉は自然な方言で、ビブラートする。……――ちょっぴり性急なところが見られるものの、生の喜びに満ちている。『若いときは一度だけだわ』と、半ばどうでもいいといったふうに肩をすぼめながら言う。――だから、手をこまねいて逸してよいものは一つもないと、彼女は考えている。……彼女は別れてまだ数週間にしかならない前の恋人のことを平気で口にし、彼女を簡単に口説けると思っている実に多くの男たちを、今どのようにあしらっているか、微笑みながら得意げに語るのである。[18]

別の箇所ではアニーという女性を可愛い娘《ジューセス・メードル》の典型として挙げ、次のように語っている。

……わたしが知り合った娘たちの中から『可愛い娘《ジューセス・メードル》』の正真正銘の典型として、一人を挙げなければならないとすれば、それはあの三天使ホール〔筆者注：第四区にあった歌謡ホール〕の、ある家庭舞踏会の最初のワルツのときに出会い、意気投合したあの小柄でブロンドのアニー以外にはあり得ないだろう。彼女は身を持ち崩していたが、罪深さはなく、無邪気ではあったが、生娘のふうではなく、かなり正直だったが、ちょっぴり嘘つきで……恋人としては考えられ得る限り最も市民的で、最も無私な女の子だった。[19]

アニーがその無邪気な顔と子供のような体つきにもかかわらず、すでにかなりの経験があることは、知り合った最初のときに、わたしの愛撫に応えてくれた躊躇いやその熱い口づけに熟達していることから判断して、思い違いする余地はなかった。[20]

こうした自らの体験と作家としての冷静な分析によってこそ、十九世紀末のオーストリア文学に欠けてはならない象徴的人物像を形象化し、不朽のものならしめ得たのである。

シュニッツラーは実際に関係のあったジャネッテ・ヘーガーの家庭環境についても、『ウィーンの青春』に詳しく記しているが、[21] 第六場に登場する作中人物の「可愛い娘《ジューセス・メードル》」の場合も、それとさして変わらない設定になっている。十九歳の彼女自身の他に、母、姉、妹に、男兄弟が二人を加えた六人家族で、父を欠く母子家庭であった。兄は理容師、弟はまだ学校、姉は花屋の売り子となっている。彼女たち『可愛い娘《ジューセス・メードル》』の境遇は社会階層の下位に属する、貧しい小市民階級という点で、ほぼ共通している。そしてみな「リーニエの向こう」か、その界隈に住んでいるのである。

⑭ジャネッテ・ヘーガー〔シュニッツラーと関係があった最初の「可愛い娘」〕

こうした女性像が「リーニエの向こうの女性」という表現で言い表すことができた点にこそ、ウィーンの一大特徴がある。それはすでに幾度か強調しているように、ウィーンがこの時代まで完全な円形構造を維持し、都心から円周部へと進むにしたがって、ほぼ一律に住民の階層が低くなる住み分け構造が形作られていたからである。しかも環状道路とリーニエ（ギュルテル）、すなわち内環状道路と外環状道路という二つの環状道路によって明確に顕在化していたからである。そしてリーニエの向こうからリーニエの内側へ、さらに（内）環状道路を越えて一区の都心へと住まいを移し、職場を変えることは、まぎれもなく栄達、出世を意味することが、誰にもすぐに理解できたのである。芸術の世界では美貌と才能に恵まれれば、境界線を飛び越えて、第一区の「大きな世界」へ、上流社会の社交界へ登り詰めることもまた可能であり、あまねく市民の注目を惹いた。その最たる例が、あの画壇の帝王ハンス・マカルトの絵によっても知られる大女優シャルロッテ・ヴォルター（一八三四〜九七年）であった。子沢山の貧しい家庭環境に生まれ育ちながら、方言癖を克服して、持ち前の美貌と素晴らしい演技力、圧倒的な声量によって、舞台女優の道を登り詰め、ブルク劇場の大女優としてその黄金時代を築き、伯爵夫人に納まっている。

■第七場　可愛い娘と詩人　詩人の書斎（第八区）

第七場では、ヨーゼフシュタット地区に住む「詩人」と「リーニエの向こう」に住む「可愛い娘《ジューセス・メードル》」の違いが、詩人の名前、名声へのこだわりと、そんなことにはまったく無頓着な娘の天真爛漫さとの対照性として捉えられている。

詩人は「可愛い娘《ジューセス・メードル》」と一日ウィーンの森の散策を楽しみ、自分の住む書斎へ戻ってきてなお、彼女を「きみは美しい、そればかりか自然だ、神聖な素朴そのものだ」と、神聖視してやまない。

⑮「輪舞」第７場

「大きな世界」において地歩を固め、名を成そうと詩人は、評判、名声など、「大きな世界」が下す評価を気にせずにはいられない。そんなことにはまったく無頓着な娘との自然の散策は、彼には解放感をもたらす一服の清涼剤であった。しかし自分の書斎へ帰ってくると、もう普段のスノビズムの生地が出て、彼女が名前も知らずに自分についてきたことが不思議でならず、「ぼくが何という名か知りたくないのかい」と敢えて訊ね、人間の最も本能的な行為に及ぶ直前にも、自分の名前を名乗り、彼女の反応を求めずにはいられない。ことに及んで「天にも昇る気持ちだ」と漏らした、その口が渇かぬうちに、「ぼくのペンネームはビーピッツというんだ」と切り出し、ブルク劇場の芝居を書いている詩人だぞ、と胸を張るのである。しかも何の関心も示さない彼女、世間の常識に照らせば無知に他ならない彼女を、「無知なるが故に神聖」と崇めるが、それは自分流に理屈づけて、自分に必要な相手に仕立てる行為に他ならない。悲しいかな彼は、そうしてはじめて可愛い娘との性行為を己に許すのである。スノビズムの深みにはまった因果である。人間が最も本能的な行為に及ぶ際にも、職業、身分が課す社会的制約から逃れられない一例を、ここに見ることができるのである。

ところで、詩人の住まいはどこにあるのだろうか。ブルク劇場の作家という彼の言葉からも、劇場の向かいの、環状道路を西へ渡った第八区ヨーゼフシュタットと考えるのが最も妥当であろう。現在もここには文人、芸術家、大学教授たちが多く居住する。その一人、作家ミロ・ドールもこの地区の良さをこと細かく語っているが、その一節を引いておこう。

　ヨーゼフシュタットに中庭つきの住まいを持っていると、どこか郊外に住んでいるような印象を受けるのである。同時にまた都心にいるのだという意識も当然ある。というのも、どの方向へ行くにしても、この都市を出るまでに数キロの家並みを通り抜けて行かねばならないからである。このようにヨーゼフシュタットでは、自由であると同時に安全にかくまわれていると感じることができる。この静かな、旧市民的な地域において、人は最も目立たずに大都会の住民でいられるように思う[22]。

　このように都心と郊外の双方の雰囲気を有し、両者を繋ぐ中間的性格を担っていたのが、第八区である。作者シュニッツラーが「可愛い娘《ジューセス・メードル》」にウィーンの森に準えられる自然の素朴さを担わせ、詩人に都心の「大きな世界」のスノビズムを代表させて、その両者の出会いの場として第八区ヨーゼフシュタットを設定していることに、彼の知識と感性に裏付けられた鋭い土地勘なるものを感じずにはいられない。このようにこの第七場は、ウィーンが単に円形都市であるにとどまらず、内環状道路と外環状道路の間にある第一郊外地区《フォアシュテーテ》、その外側の自然に包まれた第二郊外地区《フォアオルテ》、さらにその外側に拡がる自然という三重、四重の円形構造を形成していたからこそ、実現し得た一場である。

⑯「輪舞」第８場

■第八場　詩人と舞台女優　郊外にある旅館の一室　（フォアオルテ）

ウィーンから馬車で二時間ほどの郊外の静かな旅館の一室で、先の詩人とその愛人である女優とが逢い引きしている場面である。まわりの牧歌的な世界とは反対に、ここで展開されているのは、男女の社会的地位をめぐる葛藤である。しかも男女が「大きな世界」での社会的優劣をつけようとするこの葛藤が、女性の地位向上を体現し、主張し得る女優のイニシアティーブで仕掛けられ、ウィーンから二時間も離れた、いわば中立的な場所で行われている点に、この場の設定の妙がある。しかもここでは、先の第七場とは逆に、詩人は女優によって地位も誇りも肩書きも形無しにされてしまうのである。

詩人は女優にあなたをどう呼べばいいのかと訊かれると、先の娘にはあれほどこだわった肩書きをあっさり捨て、「どうかローベルトと呼んで下さい」と答える。しかし女優はそれを無視し、親称のローベルトどころか、「カエル」とか「コオロギ」とか「白痴」とか、ひどい渾名を浴びせて相手をさんざん扱き下ろし、こうして欲しい、ああしてくれと命令し、懸命に主導権を取り戻そうとする詩人を、「馬鹿みたい」の一言で一蹴する。

このように女優は詩人に命令し、扱き下ろすことで、当時の男性優位の社会習慣、常識を逆転させている。まさに男の立場を奪い、男の役を演じているのだ。そのためにはロマンチックな情緒を否定し、女性らしさの一切を放棄してかからねばならなかった。それを演じることができる人物、それは演ずることを生業とする「女優」となっている点が、効果満点である。ここに登場している女優も、ウィーン最高のブルク劇場のトップ女優として設定されており、詩人から「誰か自分以外の男とできているのじゃないか」、「支配人だろう」と勘ぐられると、「失礼ね、コーラスガールじゃあるまいし」と一蹴し、舞台を通して達成した男社会での対等の地位、強いられる性からの解放を体現し主張しているのである。「芸術への愛を共通の義務としていた」芸術の都ウィーンでは、女優こそ芸術の名において男性優位のルールを撃ち破ることもできたのである。あの大女優ヴォルターのように。

■第九場　舞台女優と騎兵大尉の伯爵　女優の豪華な部屋（第一区）

女優の寝室。贅沢な調度。真昼の一二時。窓のブラインドは降りたままである。ベッド脇の小卓の上では蠟燭が灯っている。女優はまだ天蓋付きのベッドに寝ている。掛け布団の上には新聞がたくさん載っている。伯爵が竜騎兵大尉の制服で入ってくる。彼はドアのところで立ち止まる。このようにト書きにはあるが、場所は特定されていない。しかしブルク劇場の女優ということから、その近くの第一区のどこかと考えられる。

男性支配の時代、男性優位の社会において、ブルク劇場で主役を張り、対等の地位、権利を主張し得るこの女優のモデルこそ、実際にブルク劇場の女優だったアデーレ・ザンドロック（一八六四〜一九三七年）で、一時はシュニッツラーの恋人でもあった。ロッテルダムに生まれたが、舞台女

⓱アデーレ・ザンドロック
〔シュニッツラーと恋愛関係にあった当代きっての人気女優〕

優だった母親とともにベルリンへ移って、ドイツ語をマスターし、母同様舞台女優となった。「ミンナ・フォン・バルンヘルム」役で認められ、一八八四年にウィーンへ来て、八九年からは「ドイツ民衆劇場《フォルクステアーター》」の舞台に立った。そして九五年にブルク劇場の監督ブルクハルトに認められて同劇場に移り、シュニッツラーの『恋愛三昧』のクリスティーネ役を演じて、一躍人気女優となるが、それにはシュニッツラーとの個人的な関係も大いに関わっている。最初シュニッツラーは彼女を「演技は素晴らしいが、図々しくて、芸術的良心に欠ける」と批判していた。九三年に彼の新作『メルヒェン』（一八九一年）のドイツ民衆劇場での上演が決まったとき、ザンドロックは主人公ファニー・テーレン役を演じるのはわたししかいないと積極的に働きかけ、主役を射止める。するとそれまで彼女に批判的だったシュニッツラーは一転してそれを喜び、同年十月二四日、新進作家と売り出し中の女優がはじめて直接知り合う機会を持つ。その後二人は急速に親密の度を加え、翌年の大晦日《ジルベスターアーベント》の夜をともにして、第八場の詩人と女優同様の関係になった。このときザンドロックはシュニッツラーより一つ下の三〇歳、現代劇を得意とし、自ら新時代の女の生き方を実践する人気上昇中の女優だった。シュニッツラーは作家としてはまだ新人であったから、関係ができたことを喜んだのはむしろ彼の方だったらしい。彼が彼女に求めたものは、むろん精神的なものであった。しかし彼女は人気女優にありがちな自己中心的な性格で、もっぱら性的快楽を求め、彼を独占しようとした。「彼女はいつも閨房とベッドへの憧れを抱いている」とシュニッツラーは嘆いているが、それまでとは違って、男性をリードする女性を彼女においてはじめて経験したのである。

⑱『輪舞』第9場

男女平等の主張を盛り込んだ『メルヒェン』は、一八九三年十二月に民衆劇場でザンドロックの主演で初演された。ところが、余りにも赤裸々な現実を見せつけられた観客はこれに強い拒否反応を示し、上演はただの二回で中止となる。加えて、演劇界のスキャンダルに異常なほど関心を示すウィーン子の間で、この作品は意図的に彼女に合わせて書かれたものだとの、シュニッツラー中傷の噂が立った。これに対してシュニッツラーは、特定の女優のために特定の役を捏造したとの憶測だけは断固容認しがたいと、新聞紙上で反論した。さらに一八九四年秋、『恋愛三昧』が完成したとき、ホーフマンスタールはこれに感銘を受け、ブルク劇場に上演を働きかける。同劇場の監督ブルクハルトは最初、主役のクリスティーネ役には別の女優を考えていたが、翌九五年五月ザンドロックのブルク劇場への移籍が決まると同時に、彼女は前から希望していたクリスティーネ役を射止める。またしても彼女は移籍の条件として、愛人の新作の上演を求めたとの噂が立った。こうした騒ぎが続いて、二人の関係は次第に冷えていった。しかしウィーンではスキャンダルは付きもので、却ってそれが新作への関心を盛り上げるのである。『恋愛三昧』も一八九五年十月五日、ブルク劇場でザンドロックの主演で上演され、大成功を収める。かくしてシュニッツラーは文字通り、「ブルク劇場の劇作家」となったのである。

第九場に戻ろう。豪華な調度品の置かれた寝室、正午であるのに未だ天蓋付きのベッドに寝ている女優、その掛け布団の上にはいくつも新聞が載り、如何にも劇評を気にする舞台人の顔が覗いている。そこへやって来たのは伯爵の称号を持つ竜騎兵大尉《ドラゴーナーリットマイスター》である。

現在とは異なり、勇敢な軍人こそ人の鑑であり、軍隊こそ国の要とされた十八、十九世紀においては、各国元首はみな軍の最高司令官として軍服を着用して、公式行事に臨んだ。とくに皇帝フランツ・ヨーゼフ一世はエリーザベト妃公認のお相手シュラット嬢と散策するときも、軍服姿であった。その皇帝にお仕えするハブスブルク帝国の軍人もまた、街頭、サロン、劇場など、どこにおいても軍服を、どの国の軍服よりも美しい軍服を着用していた。そして市民に最も愛された音楽は、軍楽隊によって演奏されるラデツキー行進曲であり、女性の人気を攫ったのは若い将校たち、なかんずく騎兵隊の将校たちであった。彼らは自前で馬を調達しなければならず、通常富裕な貴族にしか勤まらなかったからでもある。そして、とくに竜騎兵隊は最も華麗な騎兵隊とされ、数ある兵科の中でも最

⑲第6竜騎兵連隊少尉の軍服を着たホーフマンスタール〔1898年〕

も上位の兵科と見なされていた。ホーフマンスタールはまさにその竜騎兵隊の少尉であったが、その軍服を着た姿は写真で見る限りでも、凛々しくかつダンディーぶりが窺える。

伯爵は自分の身分と年齢――四〇歳を少し越えていると判断される[23]――に鑑み、真っ昼間にこうした軍服姿で女優の寝室にまで入ってきたことを照れて、「とてもこんなところへは」とか、「これは光栄です」とか、言い訳を並べる。そして二人の会話から、伯爵は昨晩はじめて女優の舞台を見たこと、そのあと彼女の具合が悪くなったと聞いて急遽駆けつけてきたことが分かるが、これは伯爵を籠絡し、パトロンになってもらおうとする彼女の策略である。伯爵はハンガリーの小都市シュタイナマンガー〔筆者注：ウィーンから南へ約一二〇キロにある現ハンガリーのソンボトヘイ、現在の人口は約八万五千人〕の守備隊勤務で、刺激を求めてウィーンへ出てきて、知り合った女性とよろしくやっていたことが明かされる。女優は伯爵殿の御発展振りは人づてに聞いていると言って彼を煽て、御上品な伯爵殿にぞっこんで、あなたお一人のために舞台に立っているのですよ、と媚びるのである。この攻勢に伯爵は朝食前から何するわけにはいかないとたじろぐが、女優の強引な誘いに抗しきれず、真っ昼間からその場でことに及ぶのである。

第一場の兵隊とは異なり、自己の地位と身分にこだわって、気分と場所が整わなければと尻込みする気取り屋の竜騎兵大尉の伯爵も、所詮は女好きの男性にすぎないことを露呈する。ことが終わったあとも、女優は誘惑の手を弛めず、伯爵に再会再訪を約束させる。こうして伯爵は彼女に籠絡され、パトロンに納まることを予感させて、幕が下りるのである。ここには、ウィーンで人気女優として立っていくためには、演じる愛を見事に演じ、身分高く地位ある紳士の庇護支援に与らねばならなかったことが暗示されている。

ハプスブルク帝国の軍の規定では、ほぼ十九世紀を通して、将校が結婚するには多額の結婚供託金（Heiratskaution）を積み、加えて所属部隊の将校集会の同意を必要とする規定があった。端的に言って、当の将校が万一戦死したとき、未亡人に支給しなければならぬ年金を自前で供託させておく制度である。つまり軍の官僚機構は、将校が結婚すると、国庫の負担が増える恐れがあるので、結婚件数を極力制限し、また未亡人への国庫年金の支給を回避しようとしたのである。そのため、ここに登場する竜騎兵大尉のように、四〇過ぎというかなりの年輩でなお独身の将校が多数いたのだった。こうした独身将校が地方の駐屯地勤務の退屈さに身をもてあまし、人妻や女優とのアバンチュールを求め、あるいは娼家に通うために、都会へ出てくるというのは、ごく当たり前の日常現象だったのである。こうした当時の事情を知ると、どこか垢抜けしない気取り屋伯爵の姿が、一層鮮明に浮かび上がる。そしてそれを見事に形象化しているシュニッツラーの筆の冴えが感じられるのである。

■第十場　アウガルテン橋に近い、シッフ・ガッセ界隈の娼婦の粗末な部屋（第二区）

時刻は朝の六時頃、場所は窓が一つしかない、娼婦の貧しげな部屋。汚れた日覆いが下ろされたままである。擦り切れたカーテン。箪笥の上には、写真が二、三、立ててあり、低俗趣味の安物の婦人帽が載っている。鏡のうしろには安物の日本製の扇子が覗いている。赤味がかったテーブルクロスを敷いた机の上では、石油ランプがくすぶり、紙製の黄色い笠が掛かっている。その脇には飲み残りのビールのはいったジョッキと半ば空になったコップ。ベッドの横の床には、今し方急いで脱ぎ捨てたかのように、女性の衣服がだらしなく散らかっている。ベッドには娼婦が眠り、静かに寝息をしている。寝椅子の上には、羅紗のオーバーを着た伯爵が横たわり、帽子が寝椅子の頭部の床の上に転がっている。

如何にも娼婦の部屋であると納得させる、詳細な状況描写である。前場の舞台が女優の豪華な部屋だったので、その違いは一層鮮明である。この部屋の主は、第一場で兵隊を誘い込んだあの娼婦レオカーディアである。だからここは、彼女たちが毎日出かける溜まりのカフェのあるシッフ・ガッセの界隈、すでに説明した第二区レオポルトシュタットでも最も貧しい場末なのだ。しかもこの家は何人か娼婦が住んでいる娼家なのである。

目を覚ました伯爵が驚くのも無理はない、女優の部屋にいたのなら不似合いではないが、伯爵が場末のしがない娼家にいてはまったく恥の上塗りである。だから自分の意志で来たのではない、意識を失って担ぎ込まれたのだと、まだ二、三時間しか経っていない昨夜の行動を懸命に思い出し、自分に対し自分を弁明しようとする。つまり誉れ高い竜騎兵大尉の伯爵が身を置く上流社会と、街頭で客引きする街娼が属する底辺の世界、この両者間の距離と落差は、彼には意識を喪失した形でしか踏み越えられない。たとえば鷗外の『舞姫』の最後の場面で、ホテル・カイザーホフの天方伯の前で、エリスを見捨てて帰国することを承知した太田豊太郎が、エリスの待つ貧しい屋根裏部屋へそのまま帰れず、自分の罪の意識を混濁させ、それから逃れようとするために、雪の舞う厳寒の夜のベルリンを彷徨し、人事不省になってはじめて帰り着く、あの行動と似ていると言えよう。というのも、伯爵はまだ残る酔いを振り払って、「そうだ、われわれはザッハーを出て、そして途中でもう……そうだ間違いない、ルルと一緒に馬車で来たのだ……」と、第一区の有名なホテル「ザッハー」から馬車でここへ来たことを、ようやく思い出すのである。

伯爵が馬車で移動した距離はせいぜい二キロ程度、歩いても三〇分余りであるが、第一区のホテル「ザッハー」からの社会的距離と落差は実に大きく、単にドナウ運河に架かる橋一つを渡るだけの物理的移動ではない。最高地区の最高の都市空間にある最高級ホテルから、最も貧しい地区の最もおぞましい空間への移動なのである。体面にこだわる気取り屋紳士の伯爵にとっては、酒の助けを借りてしか越えられない落差であり、移動なのだ。同時に伯爵が娼婦を持ち上げ、「いい男が見つかるのでは」とか、「もっと出世できるのに」と言うのは、彼女の目に接吻する行為同様、この距離を少しでも縮めようとする諂いである。これに対して娼婦は、身分の高い人間ほど自己の露わな本能、つまり性欲を繕って隠蔽しようとすることを知り尽くしているから、「何もしなかったことにしてもらいたい」と乞う伯爵に、「そんな男はいるもんか、一人だっていやしない」と、伯爵の手前勝手な言い分を一蹴し、男の偽善を暴くのである。男の性欲を即物的に満たしてやることで糊口を凌ぎ、何ら恥じることのない娼婦には、自分が哀れだとか、同情を買いたいとかいう意識はない。「来月になったら、あたいたち街へ移るのよ〔筆者注：「街」は第一区以外の地区から第一区へ行くときに使う表現である〕。シュピーゲル・ガッセへ」と、この引っ越しを出世として誇りに感じている。同じ娼婦館でも、ロートが言うように、一区のそれと二区のそれでは大違いなのだ。凋落を予感させる貴族や軍人、頽廃を極めるブルジョア階級と、他方、欺瞞に満ちた市民道徳に抗ってしたたかに生きる娼婦とを対比させることで、作者は来るべき時代を暗示し、予告しているかの如くである。

厳しい階層社会においては通常決して同席できない伯爵と娼婦のその距離を、「性」がその強力な吸引力によって縮め、万能の「接着力」によって接合して、『輪舞』は幕を閉じるのである。それぞれ職業も身分も異なる男女五人が「性」によって繋がり、環状道路をほぼ右回りに辿ってきた「輪」は、最後に伯爵と娼婦、第一区と第二区という、最大の格差によって上下にずれて大きく開いていた口を閉ざして、「輪舞」を完成させたのである。まことに見事な手法と言わなければならない。ここまで見てきたように、この輪にはあたかも染色体の輪の如く、十九世紀末の帝都ウィーンのディテールに富む情報が実に大量に書き込まれているのである。『輪舞』が都市文学の傑作たる所以である。

ドイツ文学における「おぞましき像＝都会」、「望ましき像＝田舎」の伝統を脱して、十九世紀末に見事な変容を成し遂げ、素晴らしい光彩に輝いた都市こそ、斬新な都市の文学、都市の芸術を生み出したウィーンであり、プラハであった。そしてその扉を開いた作家たちこそ、都市に生まれ育った同化ユダヤ人の子弟たちであった。

注

（1）安井琢磨「シュニッツラーの初期作品。——岩波文庫訳を参照しつつ」『図書』一九八七年一二月号、岩波書店
（2）E. Lichtenberger: *Stadtgeographischer Führer Wien.* Wien: Borntraeger, 1978, S. 12 f.
（3）ヨーゼフ・ロート著・平田達治訳『「放浪のユダヤ人」(Juden auf Wanderschaft, 1927) とエッセイ二篇』鳥影社 二〇〇九年、五七-五八頁
（4）ロート 前掲書、六七-六八頁
（5）ロート 前掲書、六八-六九頁
（6）Hans Tietze: *Die Juden Wiens.* Wien: Mandelbaum, 1987, S. 203 f.
（7）Richard Miklin: *Literarische Spaziergänge durch Vergangenheit und Gegenwart.* Stuttgart: Klett-Cotta, 2000, S. 102
（8）シュテファン・ツヴァイク著／原田義人訳『昨日の世界』(*Die Welt von Gestern*) みすず書房、第一巻、一二九-一三〇頁
（9）前掲書、一三二-一三三頁
（10）Felix Salten: *Wurstelprater.* Wien: Fritz Molden, 1973, S. 104 ff.
（11）Otto Friedländer: *Letzter Glanz der Märchenstadt. Das war Wien um 1900.* Wien/Müünchen: Molden-Taschenbuch-Verlag. 1976, S. 173 f.

（12） Michael John: *Wohnverhältnisse sozialer Unterschichten im Wien Kaiser Franz Josephs.* Wien: Europaverlag, 1984, S. 82

（13） クラウディオ・マグリス（Claudio Magris）／鈴木隆雄他訳『オーストリア文学とハプスブルク神話』（*Der habsburgische Mythos in der österreichischen Literatur*）書肆風の薔薇、一九九〇、二五一頁

（14） ツヴァイク　前掲書、一二六頁

（15） ツヴァイク　前掲書、一一三－一一四頁

（16） ツヴァイク　前掲書、一一四－一一五頁

（17） マグリス　前掲書、三〇五頁

（18） Arthur Schnitzler: *Jugend in Wien. Eine Autobiographie.* 1968, Wien-München-Zürich. S.113 f.

（19） Schnitzler, ibid., S.150 f.

（20） Schnitzler, ibid., S. 149 f.

（21） Schnitzler, ibid., S. 282 f.

（22） Milo Dor: *Meine Reisen nach Wien.* Eisenstadt: Edition Roetzer, 1974, S. 100

（23） 平田達治「『輪舞』の「騎兵大尉」は何歳ぐらいか」（『オーストリア文学』第一九号（二〇〇三）、三一－三六頁、参照

あとがき

今思い返せば、もう十三年も前のことになる。当時、東京の朝日カルチャーセンターでヨーロッパ文化史について幅広い視点から一連の講座を企画開講されていた饗庭さんが、その一環として「ウィーンの歴史と文化」という講座をも企画され、わたくしも講師の一人として参加させて頂いた。この講座のことを旧知の編集者である大修館書店編集部の康駿さんに話したところ、第一線の講師がそろった充実した内容に興味津津の反応を示され、それをもとに本にまとめることはできないだろうかという話になった。幸い康さんは饗庭さんとも面識があったため、わたくしも加わって饗庭さんとの打ち合わせを経たうえで、康さんが執筆依頼の交渉を進め、その過程でもとのメンバーから入れ替わりがあったものの、企画はしだいにまとまっていった。そして一九九九年三月には、執筆予定者の大半が大修館書店の会議室に集まり、担当分野の割り振りや内容案なども一応固まって、執筆に入ることになった。こうした企画の具体化に当たって、最初から情熱を傾注して執筆者の人選や本の構成に尽力し、実務的な作業をも精力的に進めて下さったのが、康さんであった。ところがしばらくして康さんが諸般の事情から、この企画に専従することが不可能となり、出版計画は何時しか冬眠状態になってしまった。冬眠は十年近くに及び、もう蘇ることなく、そのまま永眠するのではと危ぶまれたが、一昨年から康さんが再び本書の仕事に復帰専従することができるようになり、それとともに本書の出版計画は冬眠から醒めて、見事に蘇ったのである。

『メルヒェン都市・ウィーンの最後の光芒』の著者オットー・フリートレンダーは言っている、ウィーンを輝かせているものこそ、「ウィーンに寄せる人々の愛である」、と。この企画を永眠させず、冬眠から蘇らせたのも、ひとえに康さんのウィーンに対する熱い愛であると言わねばなるまい。康さんは机上での編集処理だけに留まることなく、企画が冬眠している間にも、自ら幾度かウィーンやプラハに足を運び、執筆者たちの言説内容を自分でも実地に検証し、遺漏なきを期そうとされたのである。そして、幾多の紆余曲折を経てこの企画が十年振りに蘇ったときには、カルチャーセンターのときからこの企画に関わってきた饗庭さん、加藤さん、わたくし、そして本の企画当初からの執筆者であった西原さん、檜山さん、さらに後から加わった伊藤さん、小宮さんという七人の執筆者が、それぞれ専門とする分野におけるウィーン文化論を展開する形で、改めて本にまとめることとなった。こうして芸術・文化のメトロポーレ・ウィーンを論ずる一冊『ウィーン――多民族文化のフーガ』が、ついに出版の運びとなったのである。本書はまことに康さんの弛まぬ努力と熱意の賜である。編集、校正の作業の間にも、そうした熱意がひしひしと伝わってきて、各執筆者とも自ずと身を引き締めて、これに応えるべく努めたのである。その熱意の表れのひとつが本書に挿入された三点の地図である。各担当者から寄せられた資料をもとに、限られたスペースに有用な情報を盛り込むべく、康さんが自ら図面を描いたものが基になっている。ヨーロッパの都市文化を理解するための基礎になるのは、地図とその土地の歴史を頭に入れて、現地に身を置くことというのが年来のわたくしの持論であるが、康さんの地道で手間のかかる作業により、その目的にかなう出来栄えになったのではないかと思う。

聞くところによると、康さんは三十七年間お勤めになった大修館書店編集部の現役をこの春、一旦退かれるとのことである。康さんにとっても本書は、長い編集のお仕事の中でも思い出深い一冊になったことであろう。そして今改めて、対象に対する情熱を共有する優れた編集者との出会いこそ、本出版の、とくに複数の執筆者による共著出版の必須条件であることを、つくづくと感じずにはいられない。これはおそらく執筆者全員に共通の思いであろう。読者諸賢も、ウィーンに対する編集者の康さんとわれわれ執筆者一同の、尽きせぬ愛情を感じ取って下さることと思う。そうした本の執筆に参加させてもらったことをとても嬉しく、光栄に思うとともに、長年にわたる康さんの行き届いた心配り、編集作業における入念な目配りに、筆者一同に代わって衷心より感謝する次第である。

二〇一〇年二月一日

平田　達治

② ㊧ Web Britannica
㊨ le Temps
③ Universität Wien
④ ArtsJournal
⑤ 大修館書店

7 文化メトロポーレ・ウィーンの光と影

①〜② Historisches Museum der Stadt Wien
③ *Das Wiener Kaffeehaus*. 66. Sonderausstellung des Historischen Museums der Stadt Wien, 12. Juni bis 26. Oktober 1980. Von den Anfängen bis zur Zwischenkriegszeit. (Ausstellungskatalog)
④ Historisches Museum der Stadt Wien
⑤ ⑥ Elisabeth Lichtenberger: *Stadtgeographischer Führer Wien*. Borntraeger, 1978.
⑦ 作成：平田達治（Karl Baedeker: *Baedeker's ÖSTERREICH-UNGARN Handbuch für Reisende*. Leipzig: Verlag von Karl Baedeker, 1890 にもとづき作図）
⑧〜⑬ Heinrich Schnitzler, Christian Brandstätter und Reinhard Urbach (Hrsg.): *Arthur Schnitzler. Sein Leben・Sein Werk・Seine Zeit*. Frankfurt am Main: S. Fischer Verlag, 1981.
⑭ Arthur Schnitzler: *Jugend in Wien. Eine Autobiographie*. Mit einem Nachwort von Friedrich Torberg. Wien-München-Zürich-New York: Verlag Fritz Molden, 1968.
⑮ ⑯ Heinrich Schnitzler, Christian Brandstätter und Reinhard Urbach (Hrsg.): *Arthur Schnitzler. Sein Leben・Sein Werk・Seine Zeit*. Frankfurt am Main: S. Fischer Verlag, 1981.
⑰ Renate Wagner: *Frauen um Arthur Schnitzler*. Wien: Jugend und Volk Verlagsgesellschaft, 1980.
⑱ Heinrich Schnitzler, Christian Brandstätter und Reinhard Urbach (Hrsg.): *Arthur Schnitzler. Sein Leben・Sein Werk・Seine Zeit*. Frankfurt am Main: S. Fischer Verlag, 1981.
⑲ Helfried Seemann und Christian Lunzer (Hrsg.): *Album. Die k. und k. Armee 1860-1914*. Wien: Verlag für Photographie, 1996.

カバー

Historisches Museum der Stadt Wien, Archiv Verlag Styria, 伊藤哲夫

Buchverlag, 1977.
㉑ 撮影：伊藤哲夫
㉒ ㊨ 撮影：伊藤哲夫
㉓ Renate Goebl, et al.: *Klassizismus in Wien*. Ausstellungskatalog des Historischen Museums der Stadt Wien, 1978.
㉔ ㉕ 撮影：伊藤哲夫
㉖ ㊤㊧・㊤㊨・㊦㊧ 撮影：伊藤哲夫
　㊦㊨ 撮影：康駿
㉗ Wiener Stadt- und Landes Archiv
㉘ 作成：伊藤哲夫（ナーゲルの図と今日の都市地図にもとづく）
㉙〜㉞ 撮影：伊藤哲夫
㉟ ㊤ 撮影：伊藤哲夫
　㊦ Österreichische Postsparkasse［Foto: Luzia Ellert］
㊱ ㊲ 撮影：伊藤哲夫
㊳ 伊藤哲夫『アドルフ・ロース』鹿島出版会、1980

3 ウィーン・バロック
① Web Gallery of Art
② PlanetWare
③ 撮影：饗庭孝男
④ 撮影：伊藤哲夫
⑤ Führerbroschüre der Karlskirche, Wien［Foto: Michael Oberer］
⑥ 撮影：伊藤哲夫

4「音楽の都」ウィーンの秘密
① 写真提供：オーストリア政府観光局［Foto: Trumler］
② Achim Bednorz, Köln
③ Historisches Museum der Stadt Wien
④ Wien Museum Karlsplatz
⑤ Classical Notes

5 劇場都市ウィーンとオペラの世界
① Richard Alewyn und Karl Sälzle: *Das große Welttheater — Die Epoche der höfischen Feste in Dokument und Deutung*. Rowohlt, 1959.
② The Hector Berlioz Website
③ Wikimedia

6 学際都市ウィーン
① Richard Dehmel Website

写真・図版出典一覧

オーストリア=ハンガリー帝国地図：

作成：加藤雅彦（Renate Basch-Ritter: *Österreich-Ungarn in Wort und Bild*. Graz, Wien, Köln: Verlag Styria, 1989 および Paul Robert Magocsi: *Historical Atlas of East Central Europe*. Seattle & London: University of Washington Press, 1993 にもとづき作図）

1910 年頃のウィーン主要部地図：

作成：平田達治（Karl Baedeker: *Baedeker's ÖSTERREICH-UNGARN Handbuch für Reisende*. Leipzig: Verlag von Karl Baedeker, 1910 にもとづき作図）

1 多民族文化の都

① ㊤ Österreichische Nationalbibliothek
　㊦ Historisches Museum der Stadt Wien
② Kunst Historisches Museum, Wien
③ Österreichisches Bundesministerium für Land- und Fortwirtschaft
④ Knize HP
⑤ Archiv Verlag Styria
⑥ 撮影：加藤雅彦
⑦ Österreichische Nationalbibliothek

2 ウィーンの都市空間と建築

① Reinhard Pohanka: *Das römische Wien*. Pichler Verlag, 1997.
② 作成：伊藤哲夫
③〜⑦ 撮影：伊藤哲夫
⑧ Hilda Lietzmann: *Das Neugebäude in Wien*. Deutscher Kunstverlag, 1987.
⑨ Reinhard Pohanka: *Eine kurze Geschichte der Stadt Wien*. Böhlau Verlag, 1998.
⑩〜⑬ 撮影：伊藤哲夫
⑭ Johann Bernhard Fischer von Erlach: "Entwurf einer historischen Architektur." 1721.
⑮〜⑲ 撮影：伊藤哲夫
⑳ Felix Czeike und Walther Brauneis: *Wien und Umgebung*. DuMont

著者紹介（50音順）

饗庭　孝男（あえば　たかお）
青山学院大学名誉教授（フランス文学／文芸評論）

伊藤　哲夫（いとう　てつお）
国士舘大学理工学部教授（建築家）

加藤　雅彦（かとう　まさひこ）
元 NHK 解説委員（欧州問題研究）

小宮　正安（こみや　まさやす）
横浜国立大学教育人間科学部准教授（ヨーロッパ文化史）

西原　　稔（にしはら　みのる）
桐朋学園大学音楽学部教授（音楽社会史）

檜山　哲彦（ひやま　てつひこ）
東京芸術大学音楽学部教授（ドイツ文学／ドイツ=ユダヤ文化史）

平田　達治（ひらた　たつじ）
大阪大学名誉教授（ドイツ・オーストリア文学／都市文化研究）

ウィーン――多民族文化《たみんぞくぶんか》のフーガ

NDC234／xvii, 348p／20cm

初版第1刷――2010年3月20日

著　者――饗庭孝男《あえばたかお》／伊藤哲夫《いとうてつお》／加藤雅彦《かとうまさひこ》／小宮正安《こみやまさやす》／西原 稔《にしはらみのる》／檜山哲彦《ひやまてつひこ》／平田達治《ひらたたつじ》

発行者――鈴木一行

発行所――株式会社大修館書店

〒101-8466 東京都千代田区神田錦町3-24

電話 03-3295-6231 販売部／03-3294-2356 編集部

振替 00190-7-40504

[出版情報] http://www.taishukan.co.jp

装丁者――中村友和

印刷所――壮光舎印刷

製本所――牧製本

ISBN978-4-469-21328-7 Printed in Japan